続・討論する歴史の授業

物語る授業と授業案づくり

田中 龍彦

地歴社

まえがきにかえて

　前著『討論する歴史の授業⑤』は「ベトナム戦争」と「沖縄復帰」で終わっているので、読者からその後の授業も紹介して欲しいという要望をいただいた。前著刊行後、「討論する歴史の授業」について研究集会などで報告する機会も増え、わかりやすく話せるよう理論的に整理しておく必要も感じていたので、その理論編も加えて、『続・討論する歴史の授業』という書名で続巻を刊行することにした。

　続巻は、第1部を「授業の理論と方法」とし、第2部で授業案を紹介する構成とした。

　第1部では、「物語が対話と討論を生む」として、生徒各自が物語世界を構築して討論することによって、先人の経験を自分ごととして学び成長することができること、それはまさに“主体的かつ対話的で深い学び”の実現であることを明らかにしようとした。これによって私の授業の原点に位置する安井俊夫実践と物語という方法との関連も理解することができた。

　そして前著を刊行して数年後のいま、「討論する授業」は授業するたびに生徒との対話を経て改善されていくものであることを、続巻で読者に伝えたいとも思った。本文にも記したが、授業案は永遠に完成しないのである。そこで授業案が改善される過程を具体的に伝えるべく「授業案を改善する」と題して、次の3本を収録することにした。

　「1年生最初の授業 〈 サル(?)から人間へ 〉」

　「教科書記述への疑問から改訂した授業 〈 黒船がきた 〉」

　「討論授業経験のない3年生の授業 〈 大日本主義か小日本主義か 〉」

　さらに、テストをどうしているかとたずねられることが多くなったので、「テストをつくる」と題して「単元テストで教え合いをつくりだす」と「定期テストで授業を再現する」の2本を収めた。

　そのため第2部のスペースが十分取れなくなり、中学校社会科最後の授業で戦後史との接続とまとめを意識しておこなった「国際社会」の単元 12 時間分の授業案を収めるのが精一杯になった。掲載できなかった授業案については、他日を期したいと思う。

著　者

　なお、本書および『討論する歴史の授業』①〜⑤巻に掲載されている「貼りもの資料」の画像データが必要な方には、巻末奥付に記載されている著者の住所に連絡いただければ、いつでもお送りできる。

［目次］

まえがきにかえて・・・3

第1部　授業の理論と方法

1　物語が対話と討論を生む

はじめに・・・8

1　物語が共感と切実な思いを生みだす・・・8
❖生徒の気持ちが動く物語と動かない物語・・・8
❖物語は想像の世界・・・9
❖物語のなかで「他人」のことが自分ごとになる・・・10
❖生徒は自分ごととして真剣に対話する・・・10

2　歴史を物語り、生徒が対話し討論する授業が生みだすもの・・・11
❖「物語る授業」が「討論する授業」を実現する・・・11
❖主体的な学び・・・11
❖対話的な学び・・・11
　(1)歴史的な出来事や人物との対話による学び・・・11
　(2)生徒どうしの対話による学び・・・11
❖深い学び・・・12
　(1)　先人の歴史的な経験をふまえて、自らの判断力を鍛える・・・12
　(2)主体的で協同的な学びを実現する・・・12

2　物語の「筋」と生徒の成長をかさねる

❖生徒が求めているものをとらえる・・・13
❖生徒が納得できる「筋」をめざす・・・13
❖生徒は成長することによって未来の展望をつかむ・・・13
❖物語空間が「共感」と「切実さ」を生みだす・・・14

3　教科書をどう使うか

❖教科書を前提とするからこそ生徒は授業に引き込まれる・・・15
❖授業の前段で教科書を学ぶ・・・15
❖歴史を学び、歴史で学ぶ・・・15
❖「考える授業」を際立たせる受験指導・・・16

- 4 -

4 授業案をどう使うか

❖ 語りやすいように語る・・・17

❖ 授業案で授業を改善する・・・17

❖ 授業案は永遠に完成しない・・・18

5 授業のレベルアップめざして

❖ 「聴くこと」からはじまる・・・19

❖ 「聴くこと」に注意力を集中させる・・・19

❖ 相手の方を向いて聴く・・・20

❖ 相手の方を向いて発言する・・・20

❖ 聴いていない生徒がいたら所属する班に指示を出す・・・20

❖ 話し合い活動の後、必ず発言させる・・・21

❖ 班やグループでのはなしあいのやり方・・・21

❖ 班の代表は班としての発言を決定しなければならない・・・22

❖ グループでのはなしあい後の代表発言・・・22

❖ 班でのはなしあい後の代表発言・・・23

❖ 話し合い活動後の代表発言・・・23

❖ メンバーには代表を選んだ責任もある・・・24

❖ 話し合い活動をレベルアップして討論へ・・・24

❖ 論題は社会科授業の目的を意識して・・・25

❖ 選択肢を設けた論題はなくしたい・・・26

6 授業案を改善する

1 1年生最初の授業 〈 サル(?)から人間へ 〉・・・27

2 教科書記述への疑問から改訂した授業 〈 黒船がきた 〉・・・35

　　通信プリントによる意見交流・・・45

3 討論授業経験のない3年生の授業 〈 大日本主義か小日本主義か 〉・・・49

　　前半・・・50

　　後半・・・71

　　学級での討論・・・78

　　通信プリントによる意見交流・・・81

7 テストをつくる

1 単元テストで教え合いをつくりだす・・・85

❖ 単元テストとは・・・85

❖ 学習班で助け合う・・・85

❖再テストの実施・・・86

❖テスト勉強での教え合い・・・86

2　定期テストで授業を再現する・・・94

❖授業の流れを再現・・・94

❖１つの学年を複数の教師で担当する場合・・・94

❖生きた知識の定着度をみる・・・94

❖思考・表現力をみる・・・95

第２部　授業案

戦後の国際社会

［01］世界で起きていること・・・98

［02］冷たい戦争・熱い戦争・・・114

［03］平和会議かミサイルか・・・121

［04］泥沼の中東戦争・・・129

［05］核戦争後の地球Ⅰ・・・139

　　　核戦争後の地球Ⅱ・・・143

［06］恐怖の核戦争・・・149

［07］気候大異変Ⅰ・・・159

　　　気候大異変Ⅱ・・・159

［08］核と温暖化・・・164

［09］国連は何をしているのか・・・176

［10］予言・・・187

第1部 授業の理論と方法

1 物語が対話と討論を生む

はじめに

　私が「討論する授業」をおこなうようになったきっかけは、『討論する歴史の授業①』にも書いたように、安井俊夫氏の授業実践を知ったことであった。とはいえ、私は安井氏の授業そのものを観たことはない。そのため、これまでの安井実践の追試では、安井氏の実践記録や論文から実際の授業を想像し、自分なりに再現しようと試行錯誤してきたに過ぎない。

　安井氏の実践記録を初めて読んだとき、「こんな授業ができるようになりたい」と強く思ったものだった。とにかく、そのときの印象は強烈だった。新採3年目で、授業がうまくできず悩んでいた頃だったこともあり、「理想の授業像に出会えた」という気持ちだった。しかし、安井氏の実践記録をいくら読んでも、具体的な授業方法についてはわからなかった。そのため、自分で試行錯誤するしかなかったのである。

　その安井実践を自分なりに追試しながら、安井氏の授業の特徴は「共感」と「切実さ」にあると考えてきた。安井実践を分析した多くの研究者もそのように特徴付けていた。しかし追試した授業を、後で詳しく述べる「授業案」の形にして全体を文字化してみると、「生徒に共感や切実さが生まれるのは、そこに『物語世界』が生まれているからではないか」と考えるようになった。そのことが最もよくわかるのは「スパルタクスの授業」（『討論する歴史の授業①』48ページ参照）である。

　「共感」とは、他者と同じような経験や思いがあるために生まれてくる感情である。だから、現在とはまったく異なる環境を生きた古代ローマのスパルタクスへの共感など幻想であり、事実にもとづく歴史理解とは無縁だとの批判も承知している。しかし、生徒の時空を超えた共感と切実な思いを原動力に、スパルタクスの行動について事実をもとに考えさせることは可能なはずである。実は、その共感と切実な思いを生みだす方法が授業を物語ることなのである。

1　物語が共感と切実な思いを生みだす

❖生徒の気持ちが動く物語と動かない物語

　前述のように、安井実践を自分なりに追試し授業案の形に文字化してわかったことは、安井実践において生徒が歴史的な出来事を自分ごととして考えようとするのは、教師が物語る歴史的な出来事を聴いた生徒が、その内面に構築した物語世界の出来事を自分ごととして切実に感じるから、ということだった。

　一般に、物語とは「時間的な展開がある出来事を言葉で語ったもの」（橋本陽介『物語論　基礎と応用』2017年、講談社）とされる。この定義に従うと、たとえばワークシートの問題に「1467年、（　①　）が起きた」とあったとすると、この（　①　）に「応仁の乱」と書き入れれば正解となり、こうしてできあがった「1467年、応仁の乱が起きた」という文章も、乱のない状況から乱が起きた状況への変化という時間的な展開を述べているため、短いながらも物語となる。

　しかし、授業でこうした短い物語を並べるだけでは、生徒は断片的な出来事の羅列としての歴史を学ぶことしかできない。それは例えて言えば、年表を覚えるようなものでしかない。それに対し、応仁の乱を、「全国の武士たちが、都に陣をかまえて戦を始めた。そのために都は焼け野原になってしまった。どうして、こんなことになってしまったのか？　当時の都は、どうなっていたのか？　そもそもの始ま

-8-

りは、1467年の戦いだった。その戦いとは・・・」と、語り出したらどうだろうか。この場合も、「時間的な展開がある出来事を語ったもの」だから、もちろん物語になっている。いずれの場合も物語ではあるのだが、この二つには大きな違いがある。二つの物語の、その違いとは何なのか。それは、生徒を相手に語ったとき明らかになる。

後者の場合、「次はどうなるんだろう」と、聴いている生徒が引き込まれるのに対し、前者の場合には、生徒が引き込まれるようなことはない。そこに大きな違いがある。では、なぜその違いが生まれるかというと、物語の構成が違うからである。

後者の物語は「起承転結」の構成をとっていくのに対し、前者は「起」と「結」が直結しているだけなのである。それが例文の「1467年、応仁の乱が起きた」である。授業でこのように語っても、生徒に「次は・・・」という気持ちは生まれない。これは「起」と「結」をつなぐ中間部を欠いているため、中間部への関心（「次はどうなるんだろう」）は出てきようがないからである。

そこで私の授業づくりでは、起・承・転・結という4つの柱を立てることを基本に進めることになる。授業案では、この4つの柱が4つの「提言」となり、ここに肉付けをする形で、それぞれ10個ずつの「助言」を打ち、1時間の授業としている。「肉付け」といったのは、ここに現実に生きた人間を登場させるからである。

「起承転結」とは、起点と終結点を波瀾万丈（「承・転」）の中間部でつなぐ物語の構造を表現したものである。これが生徒を引きつける授業づくりの要諦だと私は理解している。そのため、私の授業づくりでは、まず歴史的な出来事に「起承転結」を見いだすことからはじめることになる。このことは一見難しそうだが、すでに安井氏という先達がおられるので、まずは模倣からはじめればよい。

なお、授業案を「起承転結」という物語形式で説明したのはわかりやすさのためであり、もちろん他の形式もありうる。肝心なことは、授業で生徒を引きつけることのない「死んだ話」ではなく、生徒を引きつける「生きた話」をするということである。

❖ 物語は想像の世界

私は中学生の頃から映画が好きで、よく観ていた。今は、面白い映画を観ると、「映画は映像でみせることで観客を引きつけるのに対して、授業は話でみせないといけないなぁ」などと、自分の授業をふり返って反省することがある。授業でも内容が映像的にイメージできるようにしないと、生徒は生きいきとした物語世界を構築できないからだ。見たことも聞いたこともないものは、生徒も想像しようがない。そのため授業では、内容に関連する画像や映像・モノ教材の提示が不可欠になる。

たとえば、授業に登場する人物の顔も、具体的にわかった方がイメージしやすい。そのため写真や肖像画がある場合には、「貼りもの教材」として提示するようにしている。顔を見せると、「この人が、こんなことをしたんだ」とか、「やっぱり、これは何かやりそうな顔だなぁ」など、生徒のつぶやきが聞こえる。

映画も教材として使っているが、映画は生徒の想像力の働きを弱めてしまうことがある。映画と授業とは目的が違う（娯楽のための映画であれば、受け身で楽しめればよい）からかもしれない。また、ドキュメンタリー映画と銘打たれれば、内容が真実だと思い込んでしまうこともある。ドキュメンタリーといっても編集された映像ではあるため、そこには制作者側の意図が反映されているので注意が必要になる。とはいえ、参考になることは多い。

同じように、授業づくりの参考になるものに落語がある。映画と違って話でみせるのが落語である。聴き手は、落語家が話す言葉から情景を想像する。かつて「へっついの幽霊」という落語を聴いたのだ

が、そのときは、「へっつい」が何だかわからずに聴いていた（あとで「かまど」だとわかったが）。それでも、落語自体は面白く笑って聴いていた。ただこのとき、「最初から『へっつい』が何かわかっていたら、もっと楽しめたのに。」とあとで思った（じつは、「へっつい」を「せっちん」と勘違いしていたため、話の内容に理解できない部分があった）。

こうしたことは授業でも同じで、教師の語る物語世界が、そのまま生徒の内面に再現されているわけではない。生徒は自分の経験にもとづいて、主観的な物語世界を構築している。そのため、できるだけ教師と生徒のそれぞれが構築する物語世界が一致するように、画像や映像またはモノ教材を使うなど授業方法に工夫が必要になる。そして、後に述べるように、生徒が構築したその物語は、「歴史の事実」との対話、それに「他者」（＝教室の仲間）との対話によって、より客観的なものになっていく。

❖物語のなかで「他人」のことが自分ごとになる

映画もリピーターがいるように、落語も話される内容は同じであるにもかかわらず、何度も聴いてしまう（そして、聞くたびに同じところで笑ってしまう）。つまり、結末を知っているにもかかわらず、それでも聴いてしまう（笑ってしまう）。歴史の授業も「結論がわかっている」という点では同じである。歴史的出来事の結末は、教科書に書かれているからだ。

結末がわかっているにもかかわらず、教師が語る物語に生徒が引き込まれるのは、登場する人々の思いと行動を、生徒が内面に構築した物語世界の中で自分ごととして聴いているからである。つまり、はるか昔の他人のことにもかかわらず、その人の行動や気持ちが直にわかる気がするのだ。

自ら構築した物語世界は、自らの心の中の世界であり、だからこそ切実感が生まれる。生徒はそれを、「ドキドキした」とか「ワクワクした」と、授業感想で表現している。

❖生徒は自分ごととして真剣に対話する

歴史を物語る授業に対して、ワークシートを使った（　　）の穴埋め授業をつまらなく感じるのは、そこには生きた人間が登場しないからである。（　　）に歴史的事件の結末までの出来事を書き入れる欄があったとしても、そこで求められているのは、答えとなる事実を、教科書から捜す作業でしかない。そんな他人ごとを調べる作業からは、「ドキドキ感」も「ワクワク感」も生まれてはこない。

教科書に書かれていることを説明する授業でも、同じことが言える。結末に向かう当時の人々の行動に自分を重ねるからこそ、その先を「聴きたい」とか「知りたい」という意欲が生まれてくるわけだから、結末にいたる教科書的な説明だけでは、生徒の興味を引きにくくなるのは当然のことである。

だから、結末から「説明する」のではなく、結末がまだ定まらない時空を生きた人々の思いや行動を「物語る」ことが大切になる。その方が、生徒は自分が構築した物語世界で、結末を知らない人々の思いや行動を自分ごととして想像できる。そして、教師も生徒に対して、「この場面でどうするのか」とか「この判断は正しかったのか」と、訊ねることができるのである。

このときの判断は、もちろん「事実」にもとづき、他の生徒も納得するような論理的なものでなければならない。それは、後述の２つの対話によって実現することになる。

なお、授業で歴史を物語る場合、当然、教科書を使うことになる。教科書には歴史学で共有された成果が生徒に理解できるように書かれているはずである。だから、物語を単なる空想ではなく、「事実」にもとづくものにするためにも、教科書は大切になる。そこで、後に詳しく述べるように、授業前段において教科書に書かれている歴史的事実を全員に確認させることが必要になる。

2 歴史を物語り、生徒が対話し討論する授業が生みだすもの

❖「物語る授業」が「討論する授業」を実現する

　私たちが映画を観たり小説を読んだりする場合、はじめからそこで展開される物語の中に入り込むわけではない。映画や小説の物語が進むにつれ次第にその中に引き込まれ、そして入り込んでいく。それは、授業でも同じことである。そのため授業では、生徒が興味を持つような内容、意外性のある内容を組み入れたり、貼りもの資料やモノ教材を準備するといった工夫が必要になる。

　ここで物語論を展開する用意はないが、これまで述べてきた「物語る授業」とは、時間と人間の想いを含んで展開する出来事（＝歴史）を「物語」という人類の知恵（方法）で表現しようとする授業、言い換えれば「歴史の授業」における「物語」という方法の応用なのである。物語ることで生徒は授業に引き込まれ、そこで話される歴史の出来事を自分ごととしてとらえる。教室の全員が自分ごととして考えるのだから、熱のこもった本音の討論も可能になる。私の「歴史の授業」は「物語る授業」を方法とする「討論する授業」ということもできる。

　やや詳しく述べれば、教室の生徒全員が授業に引き込まれる（参加する）ことで、教室に物語空間が生まれ、生徒一人ひとりに物語空間の共有感覚が生まれる。そして、その共有感覚をもとに、各人が自分ごととして感じた登場人物への共感などを仲間とともに語りあう（意見を出し合う）ことで、さらに物語へのかかわりを深めていく。こうして、それまで他人ごとだと思っていた、はるか昔の出来事が、自分ごとのように感じられ、感じたことをもとに考えた意見を出し合い、出し合った各自の意見の妥当性を仲間と考え合う場面が討論となっているのである。

　こうしたことを、授業を進める側が意識しておくことで、次のような生徒の「学び」が生まれてくる。

❖ 主体的な学び

　生徒は歴史の物語世界に入り込み、自ら物語世界をつくりだそうとすることによって、これまで自分とは関係ないと思っていた歴史的な出来事を自分ごととして探究するようになる。「物語る授業」によって生まれるこの構えの変化と能動性が、生徒を主体的な学びに向かわせる。

❖ 対話的な学び

(1) 歴史的な出来事や人物との対話による学び

　「物語る授業」によって内面に能動性が生まれた生徒は、歴史的な出来事を物語世界の中で自分ごととして追跡し、歴史的事実との対話をおこなうことになる。つまり生徒は、その後の事件の展開や登場人物の行動などを想像しながら、事実はどうだったのかという探究に向かうことになる。

(2) 生徒どうしの対話による学び

　教師と生徒との問答や生徒どうしの話し合い活動を交えた「物語る授業」によって、教室内に物語空間が生まれる。生徒は、それぞれの内面に物語世界を構築していくのだが、それと同時に授業が展開している教室で他の生徒と物語空間を共有するかたちになる。そのため、生徒の内面に仲間とともに物語を経験しているという個人を超えた感覚が生まれる。それは、劇場という空間で一緒に映画を観たり落語を聴いたりすることで一つの物語を共有し、共通の感情を抱くのと似ている。これが教室空間では初めから全員が仲間どうしであるため、感覚の共有感はいっそう強くなる。この共有感覚は、学級で協同的な学びを実現するためにもきわめて重要なはたらきをしている。

さらに、授業が受け身のかたちで観ている映画などと違うのは、話の途中で教師からの発問により立ち止まり、個人で考えたり、生徒どうしで意見を出し合ったり、同じ論題について学級の全員で討論をおこなうなど、自らが物語の内容にかかわっていく点である。そうした生徒どうしの対話や学び合いが活発におこなわれることにより、個人的な狭い経験にもとづく思い込みが正されたり、表現や判断の論理が鍛えられていくことになる。

❖ 深い学び

(1) 先人の歴史的な経験をふまえて、自らの判断力を鍛える

授業の終盤には、生徒は歴史的な出来事を自分ごととして「どう判断し行動したら良いか」を考える場面に遭遇する。つまり、生徒は授業で学んだ先人の歴史的な経験をふまえて、これからの世界を生きていくために必要な判断力をトレーニングすることになる。この授業過程を区別して取りだせば、「討論する授業」と呼ぶことができる。

(2) 主体的で協同的な学びを実現する

生徒は、物語る授業・討論する授業による学びを「たのしい授業」だったと感想に記している。しかし授業で、単に楽しいことだけを求めているのではない。授業は生徒の全員参加で進められなければならず、そのためのルールも身につけなければならない。そのルールを生徒たち自身で考え実施できれば、授業はさらに楽しく充実した時間となる。

そこで学習班-の指導などを通して、学習集団としての学級を生徒にとっての学びの空間にしていくことが大切になる。つまり授業では学習内容の指導とともに、協同的な学びができるように学習集団への指導も必要になる。もっとも、単に「たのしい」という生徒の感覚も常に大事にしなければならない。それは、楽しくなければ生徒は授業に参加してこないからである。

「授業に、参加していて楽しい」「授業で、友だちと意見を言い合って楽しい」「同じことを考えている人がいた」「別の考え方もあることがわかった」というように、主体的で協同的な学びが実感できるような時間として授業が存在する。教室という空間が存在する。そうすることで、生徒は仲間とともに自分自身の成長を確かめることができ、「たのしい授業」だったと記憶に刻むことができるのであろう。

2 物語の「筋」と生徒の成長をかさねる

❖生徒が求めているものをとらえる

　前述のように、安井実践の要（かなめ）は歴史を物語るところにあり、物語られることにより生徒は自らの物語世界を構築して、歴史的な出来事を自分ごととして追究しているということだった。歴史的な出来事の結末は、現代においてはすでに知られている。そのため歴史を物語る授業においては、結末に至るまでの過程を追体験できるようにすることが大切になる。

　これに対し、歴史的な出来事の結末を教えることを要とする授業においては、結末を必然化させたとされる事実が、結末までの経過として生徒に説明されることになる。そこには生徒を引き込む生きた話は出てこない。安井実践があきらかにしたことは、生徒は、先人の試行錯誤を含む生きた経験と思いを自分ごととして学べる授業をこそ求めているということだった。先人の生きた経験を自分のものにして生徒は成長したいのである。歴史の授業は、その機会を提供するものでなければならない。

　もちろん、授業で「説明」する場面がまったくないわけではない。しかし、一方的に「説明」しようとすると生徒は受け身になってしまう。そうすると、下手をすると生徒が寝てしまう事態にもなりかねない。そこで「説明」する場合でも、あえて「問答」で進めることを授業の基本にしている。「問答」とは、教師による発問と生徒による発言のやり取りのことをいい、授業案づくりでは、説明よりもむしろ発問の言葉を工夫すること（あるいは、そのやり取りのシナリオ）に時間をかけている。発問づくりは、説明を求める生徒の能動性を想定しながら試行錯誤する作業になるからである。

❖生徒が納得できる「筋」をめざす

　授業で歴史を物語る場合、授業の最初と最後がつながっていなければならない。「つながっている」とは、典型的には「授業の最初の発問の答えが最後にわかる」という構成になっていることである。答えが途中でわかる場合もあるが、授業に全体としてつながりがあると、言い換えれば「筋」が通っていると、「あ〜そういうことだったのか」と生徒は納得できる。

　一般には、授業では事実を追って確認しながら問答や話し合い活動を組み入れ、最後に論題を設定して討論する。あるいは、その日の授業で考えさせたいことについて最初に発問を設定して、その答えに向かって授業が展開していくようにする。いずれの形で展開するにしても、1時間の授業の流れがつながるように「筋」が必要になる。

　実際は、それより更に大きな単元での「筋」も考えている。だから、その単元枠における大「筋」を外れなければよいともいえる。たとえて言えば、1時間ずつの授業は短編を物語り、1つの単元は長編を物語るという感じになる。単元全体にきちんとつながる「筋」があれば、1時間の授業では発問の答えがわからなくても、単元の授業のどこかに発問の答えとなる内容を入れ込むことができる。生徒はそれでも納得してくれる。

❖生徒は成長することによって未来の展望をつかむ

　「筋」に沿った展開を考える中で論題を思いついたり、展開を考える前に論題を設定しているわけだが、その選定基準は何だろうか。これは授業の目的・目標は何かと問うことに等しい。

　かなり前のことになるが、生徒に授業感想を書いてもらったところ、「一揆を起こしても、結局は捕えられ罰せられてしまうのなら、やっても同じことだ」という意見があった。そのときから、これ（当

時「敗北史観」と呼ばれていた）を乗り越えさせるような授業をしようと、「敗北史観の克服」を目標に授業に取り組んでいた時期があった。しかし、この取り組みは「はじめに支配ありき」という歴史のとらえ方になっており、いつまでたっても「敗北史観」を克服することはできなかった。

　その後、前述のように生徒はたとえ結末が「敗北」であっても、そこに生きた先人が後世に伝えようとした思いと行動から学ぼうとしていることに気がついた。そこから、先人の経験に学んで成長する生徒の能動性に即して、未来につながる発想が持てるような授業が大切だと思うようになった。そうした歴史の見方や考え方が、実際の歴史の展開にも即していると気づかされたのは、網野善彦氏の著作を読むようになってからだった。こうして、生徒が先人の思いや行動に学んで成長することによって、未来に展望を持てるような論題や「筋」を考えるようになっていった。

　教師には、「この事実は、必ず伝えたい」、「これについては、生徒全員で考えさせたい」などという思いがある。そうであればこそ、授業の目的や目標が意識され、論題や「筋」が構想され、具体化され語られることになる。しかし、その構想が見当違いなものであれば、授業の手痛い失敗というかたちで、生徒が教えてくれる。そのためにも、教師は生徒の声に常に耳を傾けていなければならないのである。

❖物語空間が「共感」と「切実さ」を生みだす

　歴史を学ぶ意味は、「温故知新」にあるといってよい。中学校で歴史を学ぶ意味も、先人の経験を自分の経験として、これから生きていく未来に活かしていくことにある。私たちが使っている言語をはじめ、生活・文化環境は、すべて先人たちの経験の積上げを経て形成されてきたものだ。つまり、先人の経験は、一見他人ごとのように思えるが、自分の内面とつながっているという意味では自分ごとなのである。先人の経験を自分の経験として引き継いでさらに成長することができたとき、自分自身の経験もまた次世代に引き継いでもらうことができるだろう。こうして人間の歴史は、過去から未来へとつながっている。人間は「温故知新」という縦糸を共有している存在なのである。

　そのため、私が歴史の授業で意識していることは、先人が経験した歴史的な出来事を生徒が自分ごととして、かつ客観性を持つものとして学べるよう工夫することである。そしてその方法が、「物語」と「対話」と「討論」なのである。

　授業では、生徒は自らの内面に物語世界を構築し、その中で先人の思いや行動を想像する。それはまさに、他人の経験を自分ごととして内面的に経験することだといってよい。しかし、授業で生徒各自が構築する物語世界は、もちろん内面的な心の世界であり、実在した歴史世界とは違う。だからそれぞれの内面に構築された世界は、歴史的事実（資史料）との対話、生徒どうしの対話によって事実性や論理性を確かめ、客観化される必要がある。

　歴史を物語る授業の目標は、こうした物語世界を、生徒が、「そういうことだったのか」と納得できることではないかと考えている。納得できるからこそ、人間の歴史について「だからあのとき～だったんだ」と肯定的に受け入れたり、「だったらあのとき～しておけばよかったのに」と批判的にみたりすることができるようになるのである。そのためにも、１時間の授業の構成だけでなく、１単元を構成する数時間の授業のつながりにおいても生徒の成長と重なる「筋」を意識しているのである。

　そうして私は、授業で歴史を物語っているわけだが、その語り方は、意外な事実を提示したり、「問答」や「話し合い活動」を採り入れたりしているため、傍目には教師が物語っているとは見えにくいかもしれない。しかし、教室にはあきらかに物語空間が生まれている。学級の生徒は一つの物語空間を共有し、それぞれの内面に物語世界を構築しているのである。そのことは、その物語空間を共有している仲間との対話における発言に、生徒の「共感」と「切実さ」が感じられることからも伝わってくる。

3 教科書をどう使うか

❖教科書を前提とするからこそ生徒は授業に引き込まれる

　授業中に教科書を使うことはあまりない。しかしそれは、「授業中」に教科書を読むことはあまりないだけであって、生徒に教科書を読ませる指導はおこなっている。そして、教科書に書かれている内容も授業の中にきちんと位置付けている。しかし、授業では教科書に書かれていないことを多く扱うためか、生徒は「授業で教科書を使っていない」と感じていることがよくある。しかしその一方で、予習用の問題プリントを解くために、「事前に教科書を読んでいるから授業がわかりやすい」と教科書を活用していることを感じている生徒もいる。

　予習用に出している問題プリントは、まず「教科書を読ませる」ためにつくりはじめた。そしてその後、授業で必要となる語句や事象を教科書から書き出させるためにつくるようになった。つまり「討論する授業」は、生徒全員が教科書を読んでいることを前提におこなっているのである。

　教科書は、歴史を学ぶための大切な資料ととらえている。そして授業では、教科書に書かれている内容を前提にしているからこそ、教科書的常識では解けない意外性や驚きのある内容が出てくると、生徒は引き込まれる。

❖授業の前段で教科書を学ぶ

　授業の前段では、問題プリントについて「答えの確認」をおこなわせている（「答え合わせ」というと、生徒は一つひとつの答えにマルをつけ始めるため、そうした表現は使っていない）。もし問題プリントの答えがわからなかったり疑問や質問があれば、この答えの確認の場面で生徒から出させるようにしている。しかし、そこでは疑問や質問が出ることはほとんどない。それは、教科書の記述は生徒が読めばわかるように書かれているからだ。

❖歴史を学び、歴史で学ぶ

　歴史とは一般に、「人間が過去におこなってきた事実の積み重ねである」と言われる。しかし、教科書に書かれている内容は、単なる事実の積み重ねではない。過去の事実は無限に存在するわけだから、そこから取捨選択して書かれている。そのため、そこに主観が関与することは避けがたい。そして読み手に理解しやすいように、さらにわかりやすい筋を設定して物語のように構成されている記述もある。以前は、歴史教科書には主語がないと言われたものだが、最近は主語が明示された文章が増えてきているように思う。

　このように教科書も無味乾燥な記述から変化してきており、一つの物語として活用できるものもありそうだが、教科書の執筆者には歴史研究者が多いためか、どうしても生徒と共有できる物語とは距離があると感じてしまう。「物語」という視点でみれば、教科書に書かれている歴史は、おもに歴史を専門的に研究してきた人々によって構成された物語であり、授業で語られる歴史は、生徒と日常的に接している教師によって構成された物語だということになる。だからもし教科書に書かれた歴史をそのまま語らなければならないとすれば、その授業は教科書を書いた歴史研究者の考えをそのまま語っていることになる。しかし、それだけでは、中学校の社会科授業で歴史を学ぶ意味は半減してしまう。

　生徒は中学校社会科の歴史的分野として学んでいるのだから、授業は「歴史を学び」かつ「歴史で学ぶ」機会とする必要があるし、生徒もそれを望んでいる。つまり、生徒は仲間とともに先人の経験を継承して新しい歴史をつくっていけるような学びを楽しく進めたいのである。教師はそんな生徒を眼前に、

その願いに応えたいと授業をつくる。そこが歴史の専門研究者との立ち位置の違いであり、物語の違いになると考えている。生徒は教師との問答を通してつくりだされた物語空間を仲間と実感的に共有し、先人の思いや行動に共感したり反発したりしながら、仲間どうしで対話し討論する。そのことで、先人の経験を自分ごととして考えている自分自身の成長にわくわくして、それが楽しいのである。

　以上のように「歴史を学ぶ」にとどまらず「歴史で学ぶ」ということがなければ、前述のように中学校社会科での歴史学習の意味は半減してしまうであろう（「半減」と表現したのは、現実的には高校受験などがあり、教科書に書かれている内容を暗記させる必要もあるからだ）。

❖「考える授業」を際立たせる受験指導

　中学校では、高校受験を無視することはできない。だから、高校受験を意識した授業内容も必要になる。そのため、通常の授業で身につける学力と受験のための学力は区別して考え、授業はおこなっている。授業では、「これは試験に出やすいから覚えておくように」と説明したり、板書で試験に出やすい事項に色チョークを使ったりすることもある。そして単元の最後には、暗記させることを目的にした「単元テスト」を実施している。それは、高校入試で出題される問題をみると、未だに知識を問う問題が圧倒的に多いからである。知識が問われるのであれば、やはり暗記もさせなければならない。

　こうした形が最良の方法だとは思っていないが、社会科が受験科目となっている現状への対応としては、致しかたない面もある。現状を考えると、ここでは教師の割り切りが必要になる。それは、「考えさせるときには考えさせ」、「覚えさせるときには覚えさせる」という割り切りである。

　このように割り切って授業することには、かつてはためらいもあった。しかしこの形で授業をおこなう方が、「討論する授業」を際立たせることができたり、試験対応の指導がやりやすくなるという利点もあった。考えさせる授業と覚えさせる授業とのメリハリがつくという感じになるからだ。生徒も、考える授業、覚える授業と２つにわけて、自分の成長の跡を確認していることが感想文から読み取れる。もちろんそれは、生徒にかけられた受験競争圧力の程度にもよるが。

4 授業案をどう使うか

❖語りやすいように語る

　授業案を実際に使う際、授業での「書き言葉」と「話し言葉」の違いを意識しておく必要がある。授業案に書いている文章は話し言葉風に表現しているが、それはあくまで「書き言葉」である。しかし、実際の授業では、「話し言葉」になる。授業案はあくまで「案」であって、必ずしも授業案に書かれている通りに話さなければならないわけではない。

　授業案は、「筋」から大きく外れることがなければ、教師が「語りやすいように語る」方が生徒に伝わりやすくなる。例え話を挿入してみたり、話を脱線させてもかまわない。実際に授業は、そのような形でおこなっている（ただし、全体の授業時間については意識しておかないと時間不足に陥る危険がある）。

　授業案に書いていることを、実際に声に出して語ってみると、自分なりの話し方（速さや口調、間の取り方）になる。これは、文章として書いた言葉と実際に声に出して語る言葉とは違うため、当然である。実際の授業では、自分に合った言葉づかいで語ることになる。

❖授業案で授業を改善する

　私たち教師は、大学で学び、教育実習に行って経験しているにもかかわらず、教壇に立つようになってはじめて実際に授業をすることは、そう簡単なことではないことを実感するようになる。そのため、1・2時間の授業ならともかく、1年間の長丁場をやり切る授業となると、よほど自分自身の授業のやり方を確立していない限り、中学校や高校で自分自身が受けた授業のやり方をおこなってしまう傾向があるようだ。教師の説明が中心となった授業やワークシートを使い（　　）を埋めさせながら歴史の出来事を理解させていく授業が、未だに多く見られるのにはそうした事情があるのだろう。しかし、そうした昔ながらの授業のやり方を乗り越えない限り、いつまでも同じような授業が再生産されていくことにもなる。授業には、いろいろなやり方がある。授業実践は、実践する教師の数だけあり、「これが決定版だ」という授業は存在しない。しかしだからといって、全く新しい授業のやり方を創り出すことは、それほど簡単なことではない。

　そこで、新しいことをはじめるには、最初はモデルとなる授業実践を見つけて、その授業を真似てみることからはじめる以外にない。それも、はじめはそっくり真似てやってみる方が良い。真似てみて、上手くいかなかったり、納得できなかったことは自分で工夫すれば良いからだ。模倣から始め、その後に自分自身のオリジナルの授業を創造していくのである。こうした活動は、授業を実践していく限り続いていくものである。

　実際に、私自身も授業のたびに授業案はつくり変えている。そのため、現在、私が授業で使っている授業案は、『討論する歴史の授業』に書いている授業案とは少し違う授業案になっている。

　授業案を使って授業をおこなうと、教育雑誌などに断片的に紹介されている記事も自分の授業に採り入れやすくなるという利点がある。教育雑誌や教育書などを読んだときに、「この資料は使ってみたい」とか「これは参考になる」と思える授業に出会うことがある。しかし、そのままでは実践しにくいことは少なくない。そうした場合、書かれている内容を指導言（提言と助言、説明・発問・指示）で書き直し、授業案に書き入れてみる。そのとき、4つの提言10の助言の基本に沿って、余計な言葉をそぎ落とし、足りない言葉をつけ加えながら書き込んでいくようにする。こうすることで授業案の「筋」を崩すことなく、新しい内容を採り入れることができる。ただこの場合、必ずこの通りにしなければならな

いということではない。提言や助言の数を具体的にあげているのは、授業には１時間という時間の制限があるからだ。授業での時間感覚は経験することで身につくものではあるが、意識するとより早く身につけられる。そうすることで、１時間という時間を意識した授業をつくることができるようになっていく。

❖授業案は永遠に完成しない

　授業案は書き上げて完成ではなく、授業にかけてみなければ有効かどうかはわからない。授業前に声に出して流れを確認していても、実際の授業では、ほとんどの場合は授業案と全く同じ展開にはならない。授業は教師と生徒とで営まれるものだから、教師の一方的な考えでは流れない（ 進められない ）。生徒の様子によって、説明の仕方を更にかみくだいたりすることはよくある。生徒の反応から、もっとわかりやすい表現を思いついたりするからだ。

　授業は生きものではあるが、授業案として文字化すると、前回の授業の流れを客観化・対象化できる。また、他の授業者に改訂版を実施してもらうこともでき、さらなる授業改善が可能になる。

　こうしたことから、「完成した授業案」というものは存在しない。授業が終わるたびに次回の授業に向けて作り直す必要が出てくるため、授業案は永遠に完成しないのである。そうした意味を込めて授業「案」と呼んでいる。

5 授業のレベルアップめざして

❖「聴くこと」からはじまる

　授業案ができても、そのまま授業ができたり、討論させることができるわけではない。授業では、より具体的な指導や技術が必要になるからだ。私が新採の頃の苦い経験から、一番に考えてきたことは、いかに生徒に「発言させるか」だった。しかし、実際の授業で生徒に発言させるために必要なことは、「発言させる」ための指導よりも、むしろ「聴かせる」ための指導だった。

　教師の話をきちんと聴くことができていない教室では、生徒は何を発言していいのか（何を訊かれているのか）わからないからだ。つまり、「発言させる」指導と同じくらい、「聴かせる」指導は大切になる。あるいは、発言させる以上に大切な指導といえるかもしれない。

　なお「聴くこと」は、教師にとっても重要である。生徒から発言を引き出すためには、生徒の発言を聴き逃さないように、しっかり聴くことが前提になるからだ。せっかくの生徒の発言を活かすことなく、そのまま授業を流してしまうことが続くと、生徒からの発言はしだいに出なくなっていく。

　「この先生は、きちんと聴いてくれる」と思えるからこそ、生徒は発言をするようになる。また、「発言しても大丈夫だ」と思えるからこそ、自分が考えたこと、思ったことを、そのまま言葉にして発言することができるのである。

❖「聴くこと」に注意力を集中させる

　私は、授業で説明をするときには、「全員、ヘソを前（＝黒板中央）に向けなさい」、「筆記用具は置きなさい」との指示を出している。

　「ヘソを前に向けなさい」とは、「体ごと前を向きなさい」という意味の指示である（こうした説明は、授業びらきでおこなっている）。この指示で、イスを動かすか、あるいはお尻を動かすかして体を前に向けさせる。こうすると生徒全員が前を向いているわけだから、班を組んでいても、列で授業を受けている状態と同じになる。すると、隣とのおしゃべりはできにくくなる。

　この指示は、指示を出した後、全員が前を向いていることを確認してから話を始めなければ効果はない。特に授業を始めた初期の段階では、徹底しておこなう必要がある。だから、ヘソを前に向けていない生徒がいたら、説明を中断してでも、その生徒のことをジッと見るようにしている。そうすると、その生徒本人が気がつくか、まわりの生徒が気づいて注意をするなどして前を向く（ヘソを前に向ける）ことになる。

　当然、その前には「話を聴く」ことが、授業では一番大事なことであることの説明をしておかなければならない。その説明は、まずは授業びらきのときにおこなうが、必要に応じて日常の授業の中でも、たびたびおこなうことによって生徒に定着していくようにしていかなければならない。

　「筆記用具は置きなさい」とは、手に何か持っていると、どうしても使いたく（動かしたく）なるため、それを防止するための指示として出している。ただし、そうやって筆記用具の使用を制限するわけだから、筆記用具を使っておこなう活動の時間（たとえばノートを書く時間など）は保障しなければならない。「聴くときには聴く」、「書くときには書く」と、生徒の活動をわけて、そのとき何をするのかを明確にすることが大切になる。生徒が慣れてくれば話は別だが、これも授業を始めた初期の段階では、特に徹底しておこなうことが要諦になる。

　こうした指導は、「一つの時に一つのこと」＝「一時に一事」を原則にした指導として、とくに「聴

くときには聴くことのみに集中すること」を徹底させるためにも必要になる。

❖相手の方を向いて聴く

生徒が他の生徒の発言を聴くときは、「発言者の方にヘソを向けなさい」とか、「友だちの発言を無視しない」、「（人の発言を無視するような）差別的な人間にはなるなよ」などの指示で、発言する生徒の存在を意識させるようにしている。「発言者の方にヘソを向けなさい」という指示は、「体ごと発言している人の方を向きなさい」と言っているに過ぎない。

「発言（者）を無視しない」とか、「（人の発言を無視するような）差別的な人間にはなるなよ」という指示は、発言者の方に顔を向けていない場合（たとえば、下を向いているとか隣とおしゃべりをしているとか、ノートを取るなど他のことをしていることなどが多い）、「きちんと発言者の方を向いて意見を聴きなさい」という指示である。

こうした指示は、できるだけ感情に訴えかけるような（場合によっては感情を逆撫でするような）言い方をしている。たとえば単に、「差別するなよ」などと言うこともあるが、具体的な体の動きとして人の話を聴く姿勢をつくらせるとともに、「人の話を聴かない」＝「無視することはいけない」という意識や雰囲気をつくり出すための表現として使っている指示である。

❖相手の方を向いて発言する

生徒が発言するときは、「（発表は）黒板にではなく、（みんなに聞いてもらうために）多くの人がいる方を向きなさい」とか、「教室のヘソを向いて（発言しなさい）」などと指示を出している。

この指示は、主に話し合い活動の後に、各班やグループからの意見を発表させるときに出している。もちろんそれ以外でも、挙手発言や指名発言、プリントの資料を読ませる場合などにも出している指示である。こうした指示を出さないと、生徒は、必ず前（＝黒板）を向いて発言してしまう。

話し合い活動の後に自分たちの考えを聴いて欲しい相手は、他の班の生徒なのだから、教室の中で多くの生徒がいる方を向いて発言するのは当然である。それができていない場合には、「黒板に聴いてもらってもしょうがないよ」とか、「黒板は答えてくれないよ」などの言い方で注意している。これは、人間相手に勉強していることについて皮肉を込めて注意していることでもある。小さなことのようだが、こうしたことも一つひとつ根気よく指示を出し続けないと、授業のルールとして定着してはいかない。

❖聴いていない生徒がいたら所属する班に指示を出す

授業において班を使う場合、必ず班としての活動をさせなければならない。教室に班があっても、班としての活動がなければ、勝手なおしゃべりを誘発することになりかねないからだ。班としての活動をさせるためには、「班では、何をするのか」、「班内の誰が、何をするのか」を明確にして、その活動のための指示を出す必要がある。それは個人ではなく班への指示であり、それによって班の活動が生まれる。

話し合い活動の後の発言の聴き方では、「〇班に一人、発言を聞いていない人がいる（ので、きちんと発言者の方を向いて聴きなさい）」と、班を対象とした指示を出す。班が対象の指示なので、このときは具体的な個人名をあげることはしない。あくまで、「どこの班について注意をしているのか」を学級全体に知らせるようにしている。やはり個人名を挙げられて注意をされるのは生徒にとっては嫌なことだし、きちんと聴いていない生徒がいた場合には、できるだけ班内の生徒たちで注意し合っていけるようにとの考えから出している指示である。

❖話し合い活動の後、必ず発言させる

　班やグループでの話し合い活動の後には、どんな意見が出たのかを各班やグループから発表させている。それは、班やグループではなしあった結果を、学級全体に広げるためである。そのため、授業の初期の段階では、はなしあいをさせた後には、必ず班やグループから発言させている。このことは、生徒に発言させるというだけではなく、「はなしあいの後には、必ず発言をしなければならない」との意識を生徒に持たせるためでもある。

❖班やグループでのはなしあいのやり方

　話し合い活動では、グループ・班・学級の３つの集団を使う。その中でも、班やグループを使うことが多い。ただし、どちらを使うにしても、基本は「グループでの意見の出し合い」としている。

　１つの「班」は、６人編成を基本としている（ただし、学級の生徒数に応じて、７人班や５人班を１つ２つはつくらなければならない場合も出てくる）。その１つの班を、３人ずつの２つに分けた集団を「グループ」と呼んでいる。班であれグループであれ、話し合い活動での「はなしあい」をさせる場合には、この３人のグループでの意見の出し合いを基本としている。

　また、グループは３人編成が基本となるため、このグループが最小規模の集団となる。小さくても集団なのだから、そこには代表が必要になる。その代表者を「ガイド」と呼ばせている。１つの班には２つのグループ（ＡグループとＢグループ）があるため、それぞれのグループにはそれぞれのガイドがいる。そして、その２人のガイドのうち１人は班の代表を兼任させていて、その班の代表は「代表ガイド」と呼ばせている。

　「はなしあい」とは、意見の出し合いである。「意見の出し合い」なのだから、論題に対して、まず代表ガイド（あるいはガイド）が最初の意見（＝結論と理由）を述べる。次に代表ガイド（あるいはガイド）は、隣（＝２人目）の生徒に対して、「それ（＝代表ガイドあるいはガイドの意見）についてどうですか？」と訊ねる。この場合、「どうですか？」なのだから、出された意見に対して「賛成か反対か」の結論とその理由を発言する。

　ただし厳密に言えば、「どうも思いません」という結論もあり得るのだが、そうすると、その発言ではなしあいが止まってしまうため、それは認めていない。ただし、この説明は今までにおこなったことはない。それは、話し合い活動のやり方の説明に沿って生徒たちは意見を出し合っていくのだが、未だに「どうも思いません」という発言が出たことがないからだ。なぜそうした発言が出てこないのかというと、「もし判断ができない場合には、意見をもらいなさい」との指示を出しているからである。

　「はなしあいとは、意見の出し合いである」、と言っても、その意見を思いつかないとか、判断ができないという生徒は存在する。そのため、その場合には、「前の人の意見をもらうようにしなさい」との指示を出している。「意見をもらう」というのは、「（前の人と意見が）同じです」と発言することではない。自分の前の人の意見を、自分の言葉で表現することである（はなしあいで意見を出すスタートは代表ガイドやガイドであるため、必ず前の人の意見は存在している）。その発言が、前の生徒の発言と全く同じであってもかまわない。発言後、意見を変えてもいいし、そのままでもかまわない。とにかく、まずは自分の言葉で意見（＝結論と理由）を述べること（意見を持つこと）が大事なのである。その意見を基に自分の考えを発展させればいいからである（何もない０からでは発展のさせようがない）。こうした方法を取っているため、「どうも思いません」という発言は聞いたことがないのである。

　そして最後に、その２つ目の（生徒の）意見に対して「どうですか？」と訊ねて、３人目の生徒の意見（＝結論と理由）を聞き出す。こうすると、短時間（１分以内）ではなしあいを終わらせることがで

きる。このやり方をグループ毎にそれぞれでおこなうのが「グループでのはなしあい」である。

❖班の代表は班としての発言を決定しなければならない

　それに対して、「班でのはなしあい」とは、班内にある２つのグループが同時進行で意見を出し合い、その後で代表ガイドが班としての結論と理由を決めて、その発表者までを決めることである。

　どちらの場合も、意見をまとめることも採決することもさせてはいない。とにかく意見を出し合うだけである（班でのはなしあいでは、代表ガイドが個人の判断で、結論と理由を決める）。そのため、グループや班内で多数決やジャンケンで意見を決めようとしていたり、「どの意見がいいですか」などと代表ガイドが班内の生徒に訊ねていることに気づいた場合には、すぐにやめさせている。

　やめさせるときには、「代表ガイドは『班の代表』なのだから、班としての決断を下すのは当然である」「それなのに、班としての意見をジャンケンや多数決で決めることは、代表を無視したことになる」「自分たちが決めた代表なのだから、代表に従うのは当然である」「もし、代表の指示に従えないのであれば、従えないその人が代表になって指示を出しなさい」というような説明をおこなっている。ここでは、班の代表としての仕事の説明と班の代表を選んだ側の責任についての説明をおこなっている。

　班も１つの集団だから、集団にはまとめる立場の人間とまとめられる立場の人間がいる（統治者と被統治者との表現でもよいが）。だから、それぞれの立場で「すべきことはきちんとしなさい」ということを教え、代表としての意味、代表を選ぶ責任について教えている。こうしたことは、折に触れ説明することで生徒に浸透していくようにしている。

　ただし、こうした立場は固定的なものではなく、自分たちで変えることができるということも同時に教えている（このことがないと「独裁」を生む危険性があるからだ）。

❖グループでのはなしあい後の代表発言

　はなしあいのために予告した時間（グループでのはなしあいの時間は１分以内が基準）がきたら、やめるように指示を出し、グループの中で出た意見を発言する生徒を指名する。グループでのはなしあいの後の発表は、教師からの「指名発言」としている。それは、指名されての発言となっても、きちんとはなしあいができていれば、自分の意見、あるいはグループの中で出た意見を発言できるからだ。だから、もし発言できない生徒がいた場合には、その事実を指摘して発言する機会を後に回して、次のグループの生徒を指名する（発言の機会をとばすわけである）。そして、各グループからの発言が一回りしたら、再びそのグループに発言を求めるが、そのときにはグループの全員を指名して立たせる（たとえば、「Aグループ、全員、起立」との指示を出す）。

　このような指名方法をおこなっているのは、グループでのはなしあいを受けて発表するように指名しているわけだから、グループの中の誰でもが発言できる状態になっているはずだからである。だから、「誰も発言ができない」ということは、はなしあいをきちんとやっていないことの証明になる。そのため、発言が出ない場合には、そのことを指摘して、「はなしあいでは、きちんと一人ひとりが意見を出し合うこと」との指示・確認をおこなう。

　ただし、グループの全員を指名して立たせた後に、（グループの中の）誰か一人でも発言すれば、その発言の後にはグループの全員を座らせている。しかし、もしここでも発言がない場合には、今度は班の全員（＝A・B２つのグループ）を指名して立たせている。そしてその後に、班（A・B２つのグループ）の中の誰か一人が発言すれば座らせている（班内のもう一方のグループに援助をさせているわけである）。それでも発言が出ない場合には、そのまま班の生徒全員を立たせて授業を進めていく（も

っとも、そうした事態になることはほとんどない)。そして、その後に授業内容に関するいくつか発問
をして、挙手発言で指名されて発言ができた生徒から座らせていくようにしている。

このように、とにかく徹底して発言することを要求している(そのため、授業内容に関する発問に対
してここでは正解でも不正解でも、とにかく発言すれば座らせている)。

こうやって発言を要求することは、強制しておこなっているのではなく、学年初めの授業びらきで「授
業の約束事(4つのルール)」として生徒との間で確認ができているため、合意のもとでおこなってい
ることである。

❖ 班でのはなしあい後の代表発言

班でのはなしあいのやり方もグループでのやり方と同じである。違うのは、「では、班でのはなしあ
い(を始めなさい)」との指示が教師から出されると、生徒は全員その場に立ってはなしあいを始める
点である。班の生徒全員が立った後は、代表ガイド(およびガイド)が最初に自分の意見(=結論と理
由)を述べて、次の生徒に「どうですか?」と訊ねていくやり方は同じである。違っているのは、意見
を言うときは立っているが、意見を言い終わると(席に)座るということだけである。

このようなやり方で意見を述べていくため、誰の目にも意見が出終わった状況(=全員が意見を言い
終わり座っている状況)がつかめる。

班の生徒全員が座ってしまうと、代表ガイドが班の意見(=結論と理由)を決めて、その意見を発表
する代表発言者を指名する。グループでのはなしあいでは、発言者は教師が指名するが、班でのはなし
あいでは、代表発言者は代表ガイドに指名して決めさせている。

なお、このときも班としての代表意見をまとめることも採決もさせていない。代表意見や代表発言者
の決定は、代表ガイドの判断で決めるよう指示を出してある。その理由は、意見をまとめようとすると
時間がかかることもあるが、代表ガイドは班の代表として最終的な判断を下す役割があるためである。

班という集団をまとめる代表の仕事として、班の生徒たちに意見を求めさせ、その意見を聞いた後に
班の代表意見(=結論と理由)を決めさせる。そして最後に、代表発言者を決める仕事を代表ガイドに
させている。こうした形で、授業の中でも集団(ここでは班という小さな集団)の在り方や代表の役割
を教えていくようにしている。

❖ 話し合い活動後の代表発言

話し合い活動後、どんな意見が出たのか各班やグループから発表させる。ただし、授業は1時間(正
確には50分)という時間制約の中でおこなわれる学習活動であるため、できるだけ早く各班から意見
が出せるようになってもらわなければならない。

代表発言者が決まると、その生徒は立つように指示を出してあるため、班の中に立っている生徒がい
ない場合には、「まだ代表発言者が決まっていないのは、2班と5班の2つだけだぞ」とか、「今、やっ
と3班の発言者が決まったようだね」などと、班の動きを学級全体に伝えている。こうした説明は、時
間を有効に使わせるためにおこなっている。

それでも時間がかかりそうなときには、「あと30秒で(班でのはなしあいの時間は)終わる」とか、
「もう時間切れ、代表発言者が決められなかった4班は、全員が起立」などの指示を出す。この場合、
班の全員を起立させるのは、全員が発言者であることを意味している。そのため、起立した全員の生徒
の中から誰かが発言すれば、班から発言があったとみなして、発言後には全員を席に座らせている。「立
たされる」ということには、何となく拒否的な感情が働くためなのか、こうしたことをくり返している

と、そのうち時間内に代表発言者を決めることができるようになっていく。

　とにかく、このような方法で話し合い活動のときには班やグループでのはなしあいがあり、その後には必ず全体に向かって発言をさせるようにしている。このことは、授業の初期の段階では特に徹底しておこなわせている。すると、「話し合い活動の後には発言するものだ」との認識が生徒にも定着していき、話し合い活動で意見が交わされるようになっていく。

❖メンバーには代表を選んだ責任もある

　ときどき、代表発言者の発言が途中で止まることがある。そうした状況は、代表発言者が、何を発言していいのかよくわかっていない場合や、途中で発言内容がわからなくなった場合などに見られる。そんなときは、「その発言を引き継いで発言する生徒を指名するように」と、代表ガイドには指示を出している。

　代表発言者の役割は、班の代表意見を発言するわけだから、何も一人に限定する必要はない。しかし、授業の初期の段階では、そのことは説明していない。それは、班からの代表意見を確実に発言させるために代表発言者に責任を持たせるためである。

　しかし、授業で話し合い活動を続けていくと、途中で必ず代表発言者の発言が止まる場面は出てくる。そのときになって初めて、「発言を引き継いでいく生徒を指名するように」との指示を出すようにしている。そしてその後、班でのはなしあいの後に代表発言者の発言が止まった場合、その発言を引き継ぐ生徒まで指名しておくことの指示を出すようにしていく。

　これは、グループでのはなしあいの後に教師が指名して発言者を決めていることを、代表ガイドがおこなっているだけのことである。できるだけ同じようなパターンでおこなうことで、生徒が慣れやすいようにしている。つまり、こうした形で、班という小さな集団での代表の役割や互いに助け合う行動を体験させているのである。

　１年間の授業が終わって生徒に書かせているアンケートに、「ゆっくりしている時間がなかった」というような内容を目にすることがある。この感想は、こうした状況をあらわしているものととらえている。しかし、こうした指導により「時間を意識する」感覚を持たせることができていることは事実である。そして、班という小さな集団だが、人間の集まる集団＝社会における代表の役割、集団の構成員としての役割なども教えることもできている。

　もっとも、そこまで生徒が意識していないことも多いため、そのことを説明しながら、「それが代表者の仕事だからだ」とか、「代表者を決めたのは、（学級・班の）みんななのだから、代表を選んだ側の責任、代表として認めた責任は大きい」などの指摘もおこない、「どうして班に代表がいるのか」、「その代表を選ぶとは、どういうことなのか」とか、「代表を選ぶ側の責任とは何なのか」など生徒に伝えるようにしている。

　こうして、班の動きへの指示や注意、生徒個人への指示や注意を続けることにより、具体的な班の活動をつくり出し、生徒に授業での聴くことや発言することのルール、そして班や代表の存在の意味を意識させ定着させていくようにしている。

❖話し合い活動をレベルアップして討論へ

　班でのはなしあいの後の学級での討論が活発になるのは、班から出された意見に対して、個人的な意見としての「反論」が出てくるようになってからである。それまでは、討論というよりは、意見の出し

合い程度にしかならない。それは、班でのはなしあいの後に各班から出される意見に対する反対意見は、単に論題に対して班ではなしあった意見に過ぎず、それぞれの意見がからむことがないからである。

　ところが個人的な反対意見は、班から出された意見の内容に対して、その時、その場で考えた内容で出されることが多く、意見がからんだ形を取るのである。そうして意見がからむように出されると、討論ができるようになる。ただし、そのような状況にまで持って行くのは、なかなか難しい。

　そこで、ときには１時間かけて反論を引き出し、意見をからませることを体験させるような授業をおこなうことも必要になる。そうした授業は、とくに単元の１時間目に設定することが多い。

　単元の１時間目に設定する理由は、２つある。１つは、前の単元の授業とのつながりを意識させるためである。１つの単元の授業が終わると、単元テストをおこなう。そのため、授業内容が中断することになる。そこで新しい単元に入る１時間目では、前の単元の内容などを授業案の中に組み入れて授業をおこなう必要が出てくることもある。しかしそうして授業内容を増やしてしまうと、どうしても１時間では終わらず、２時間扱いにせざるを得ない事態になることもある。ところが、２時間扱いの授業にしてしまうと、もともとは１時間で考えていた授業であるため、今度は少し授業時間に余裕ができることになる。すると、その時間を話し合い活動の指導に当てることができるようになる（ただし、このような２時間扱いの授業に変更することを頻繁におこなうと、年間の授業進度に影響が出てくる。そのため、全ての単元の１時間目の授業を討論のための時間として使えるわけではない）。

　２つ目の理由は、中学校の社会科では歴史の授業だけをおこなっているわけではないことがある。私の場合、地理分野との兼ね合いで単元毎に切り替えて歴史の授業をおこなうことが多い。そのため、地理の授業が終わって、次の時間から歴史の授業に替わる場合、前の単元の歴史の授業が終わってから数時間以上の時間が経過していることになる。そのため、歴史の新しい単元の授業に入る場合には、前の単元での授業内容を思い出させる必要が出てくる。そのような理由で、単元の１時間目に討論のための指導の時間を設定することがある。

　こうして年間の授業の中に、話し合い活動に重点を置いた時間を設定していくことは、そのやり方を生徒に再認識させる効果がある。慣れてくれば、生徒はスムーズに話し合い活動をおこなえるようになるが、それでもときどきは話し合い活動のやり方を再確認させるための時間は必要になる。生徒が慣れてきたからといって、そのまま惰性で授業をやってしまうと、活動や内容に手抜きがみられるようになるからである。またそのことは、教師側が惰性で授業を流さないために必要なことでもある。

❖ **論題は社会科授業の目的を意識して**

　中学校における歴史授業は、社会科授業としておこなわれている。したがって論題は、社会科の目的を意識して設定することになる。そのため、歴史学で重視される実証性について論じ合うようなことはあまりさせてはいない。討論までの流れをまとめれば、次のようになる。

　まず、歴史的な出来事を生きた人間が登場する物語に構成して、生徒に問答形式で語る。そのことにより教室に物語空間が生まれ、授業に参加している生徒は、それぞれ自分の内面に物語世界を構築する。そして登場人物が決断を迫られる場面を設定して、「その状況でどうしたらいいのか」という論題を提起する。そんな場面が設定され判断を迫られることにより、生徒は自ら構築した物語世界に生きている人物の思いと行動を自分ごととして、教科書などに書かれている歴史的事実をもとに真剣に考えることになる。

　このような流れで授業を進めるため、論題の種別でいえば「政策論題」が多くなる。政策論題が多くなる理由は、既定事項について判断させる「価値論題」よりも、「どうしたらいいのか」と政策決定さ

- 25 -

せる方が、生徒が真剣になって考えやすいからである。またそのことは、生徒に「社会科の授業」という感覚を持たせやすくもなる。実際に授業についての感想には「歴史でも、これからの世の中を生きていくために必要なことを学んだ」というようなものが多くみられる。

❖選択肢を設けた論題はなくしたい

　討論するためには、異なった立場の意見が必要になる。対立する意見が出てこなければ討論にならないからだ。当然、授業内容にもそれぞれの立場が必要になるし、資料もそれぞれの立場がわかるものを準備すべきである。たとえその一方の意見が教師の思いを込めたものであっても、その意見を生徒に押しつけるべきではない。生徒たちが教師の思いが込められた立場に立つようになるかどうかは、討論の中で決まっていく。その中で生徒も教師も歴史を学び、歴史で学んでいくことになる。

　対立する立場をどう設定するか、つまり論題をどう提起するかは、生徒の成長を軸に考えたい。実際の歴史的出来事には様々な勢力がかかわり、対立が常に2つの立場の間で争われていたわけではない。しかし、授業では、ほとんど二者択一の選択肢を提示している。これは、限られた時間内で討論をしやすくするためなのだが、選択肢を設けることは、生徒の考え方を限定してしまうことにもなる。そのため、「いずれは論題から選択肢をなくして討論を実施していく」という見通しを持って授業案をつくっていく必要がある。教室での生徒のようすを見て、実現できそうであれば、選択肢を設けない論題で討論させようと考えて授業をおこなってはいるのだが、このことは、未だに私の課題となっている。

6 授業案を改善する

1 1年生最初の授業〈 サル(?)から人間へ 〉

　ここで紹介する授業案は、『討論する歴史の授業①』にある〈 サルから人間へ 〉の改訂版である。はじめの部分は以前の授業案を活かしているが、途中から新しい内容に変えている。今までの授業案の内容では古くなっていることと、ラミダスの化石などから人類の進化の理由を生徒に探らせたくなったからだ。

　なお、この授業案では、「人類の祖先」をラミダスに限定したような形で説明しているが、正確に説明しようとすれば、「アルディピテクス・ラミダスが、2足歩行をしていたのは確実だ」「アウストラロピテクス・アファレンシスは、完全な直立2足歩行をしていた」「ホモ・ハビリスは、常に石器を使っていた人類の祖先だ」などとすることになるかもしれない。しかし、授業案ではそんな内容にはしていない。その理由は、2つある。

　1つは、この授業が最初の授業となるため、「中学校の社会科授業は面白い」「いろいろと意見を言える」と生徒に感じさせたいと考えたためだ。実際、改訂初回の授業では、提言2の助言⑥の話し合い活動までを1時間目、提言3以降を2時間目とする2時間扱いとして実践した。時間をかけて授業をしたのは、内容をしっかりつかませるためでもあるが、生徒に自分の意見を出してはなしあう(仲間と協力する)授業をここで経験して学ばせたいからだった。

　もう1つは、中学生になったばかりの生徒に人類の進化過程を、細かに教えて理解させるような内容構成にしてしまうと、授業が説明的になり、生徒を受け身にさせてしまうからである。この授業で伝えたいことは、まさに人類が能動的に振る舞うことによって進化できた(生き延びることができた)ということなのだから、生徒の能動的な成長への姿勢と重なる人類進化の物語世界を全員で共有したいと考えたのである。中学1年生にとって意外性のある事実を提示することもできるので、筋を大胆に整理しても(整理しているからこそ)、授業に引き込むことができ、生徒が授業に参加・協力する具体的な場面にもつながると予測した。細かなことはその後でも学べるのである。

　以上から筋を立て直し、グループや班ではなしあうときに結論となる選択肢を設定した。そして、その話し合い活動を通して、これから社会科の授業でおこなっていくグループや班でのはなしあいのやり方を身につけさせていければいいだろうとも考えた。

　なお、参考文献に掲げた更科功『絶滅の人類史』によると、イースト・サイド・ストーリーは現在では誤りとされているとのことだが、授業づくりの参考にしたNHKの番組はイースト・サイド・ストーリーに基づいて作られていた。

　「イースト・サイド・ストーリー」とは、フランスの人類学者イブ・コパンが1982年に提唱した説で、アフリカの大地溝帯の活動による地面の隆起で高い山脈がつくられ、類人猿の生息地が大地溝帯の東西に分断されたことが、人類の祖先が直立2足歩行を始めたきっかけとなったというものである。この分断された大地溝帯の西側には偏西風の影響で大量の雨が降る一方、東側は乾燥化が進み、森林が減少し草原が広がるようになったため、類人猿は木から下りて草原での生活を始め、直立2足歩行するようになったとされていた。

サル（?）から人間へ

◎人類の進化の経緯を考えさせる。具体的には、木から降りた人類の祖先は、その後どのように進化
　していったのかとらえさせ、その過程で人類の特徴について理解させる。

1. 人類の祖先はサルなのか？

①・今日は人類の誕生について考えてみる。そこでまず、みんなに質問［ 少々込み入った質問だが、
　　正直に答えて欲しい ］。

　・みんなの中で、「人間じゃない」と言う人［ 挙手 ］！

　▷（ たぶん誰も手を挙げないだろうが、真顔で質問する ）

②・どうやらみんな「人間」のようだ。では、人間であるみんなに、次の質問。

　・みんなは、「どうやって人間になった」のか？

　→親が人間だったから・・・

※・もし、上のような答えが出てこなかったら、出てくるように上手く誘導する。あるいは、教師から「人間から生
　まれたから人間になった」となるような説明をする。

③・それじゃ、みんなの［ 両 ］親は、どうやって人間になったのか？

　→そのまた親（ 祖父母 ）が人間だったから・・・

※・以上のように、しつこく質問していく（ 特にテンポよく、まくし立てるように ）。

　　たとえば、「ばあちゃんは、どうやって人間になったの？」 →ひいばあちゃんが人間だった

　　「じゃ、ひいばあちゃんは、どうやって人間になったの？」 →ひいひいばあちゃんが人間・・・

　　「ひいひいばあちゃんは、どうやって人間になったの？」 →ひいひいひいばあちゃんが・・・

　　「ひいひいひいばあちゃんは、どうやって人間になったの？」→ひいひいひいひい・・・

　　と続けていく。特に、「ひいひいひい・・・」の部分が早口になればなるほど、生徒は面白がって、教師の説明に
　　入り込んできやすい。

④・そうやって考えていくと、その行き着く先、つまり一番の大元は、誰・何なのか？

　・神様なのか、それとも・・・？

　⇨ 猿

⑤・「人間の祖先は『サル』だ」とよく言われるが、果たしてそうなのか？

　・A：「そうだ、そのとおりだ」と思う人［ 挙手 ］！

　▷〈 挙手による人数の確認をする 〉

　・B：「違う、そんなことはない」と思う人［ 挙手 ］！

　▷〈 挙手による人数の確認をする 〉

　・さて、どっちなのか、班内のグループではなしあい［ １分間 ］！

　▷班内のグループでのはなしあい

※・このあと班内のグループでのはなしあい　→　グループ毎の発表へと続ける

※・ここでは、グループでのはなしあいのやり方を説明する。はじめに代表ガイド・ガイドが、質問に対する結論と
　理由（ ＝意見 ）を言う。（ 意見を ）言ったら、隣の生徒に、「それについて、どうですか？」と訊ねる。訊ねられ
　た生徒は、「賛成か反対か」の結論を言って、その後にその理由を言う。ここでは、そうやって意見を出し合うだ
　けである（ 結論や理由を決めたりはしない ）。

⑥・いろいろと意見が出てきているけど、それじゃぁ、いま動物園やペットショップで飼われている
　　サルは、いつ人間になるのか？

　→なるわけない・ならない・・・

※・この切り返しには、ほとんどの生徒が、「そんなことあるはずがない」との反応を示し、笑い出すことが多い。

⑦・ということは、「『サル』じゃなくて、『サル、のようなもの』が、人間に進化した」と考える方が正しいことになる。つまり、 サル → A → B → 人間 となる。この A や B を探すことが、人間への進化の道筋がわかるポイントになる。しかし、この A や B は、もうこの世には存在しない［ 生きていない ］。
・では、（ 人間の進化の道筋は ）永遠の謎なのか？
→化石を見つける・骨を探す・・・

⑧・（ そうだ ）［ 化石になった ］「骨」を探し出せばいい。その骨が、「現在の人間と、どう違うのか」「サルとも、どう違うのか」がわかると、人間の進化について解明ができる。こうした追求により、 A や B に位置づけられる骨が、数多く発見された。そうして発見された化石骨の中で、現在の人類の直接の祖先にあたるのは、今から20万年前の骨だった。
・この人類の祖先を、何と言うのか？
⇨ 新人

⑨・それよりも、もう少し前の人類の祖先は、約180万年前。
・この人類の祖先を（ 何と言うのか ）？
⇨ 原人

⑩・そして、現在、確かめられている最古の人類は、約700万年前の祖先。
・この人類の祖先を［ 何と言うのか ］？
⇨ 猿人

⑪・すると、人類は、猿人 → 原人 → 新人 と進化してきたように思える。
ところが実際は、そんな単純な進化ではなく、【資料：1】の図にあるように200万年前頃には8種類の人類が共存していた。全体で見ると、約20種類の人類が存在し、誕生と絶滅をくり返して、現在の人間までたどり着いている！
▷【 資料：1 】の拡大コピー

⑫・その中で、最も古いのはサヘラントロプス・チャデンシス。そして、初期の人類の祖先の姿がわかるのは、アフリカ（ エチオピア ）で発見された「アルディピテクス・ラミダス」の骨だった。
→アルディピテクス・ ラミダス 〈 一斉発言 〉

※・ここで地図帳を使って、アフリカ大陸とエチオピアを探させる。そのことにより、最後の場面で、人類の祖先がアフリカで誕生して、その後、世界へと移動していったことが理解させやすくなる。

2．木の上の生活を続けるのか？　地上に降りるのか？

①・骨やその復元図から考えて、ラミダスには、どんな特徴があったのか？
→手が長い・全身の毛が多い・足が短い・胴体が長い・猿に近い・・・

②・ラミダスは、木の上での生活もしていたが、 直立２足歩行 もできた。そのラミダスが生きた時代は、自然環境の変化［ 地殻や気候の変動など ］により、砂漠化が進み、（ 森の ）木が減少し、森と草原の間の灌木の多い環境になっていた。
・つまり、【資料：3】のような風景だ！
▷【 資料：3 】の拡大コピー

※・「灌木の多い」との表現だけでは、生徒にイメージさせることは難しい。そのため、ここでは必ず「風景がわかる写真」を提示する必要がある。

③・こうした自然環境の変化により、森の木の上で得られる食料が少なくなっていた。そうして少なくなった木の上の食料を手に入れようとしても、ラミダスは、チンパンジーなどの猿にはかなわなかった。

・では、どうすればいいのか？（「木の上、で食料を手に入れることができない」のだから？）

→**地上に降りる・・・**

④・確かに、ラミダスは、他の猿と違って、立って歩くことができた。だから、地上に降りて生活することは可能だった。実際に、「木の上での生活では、手に入らない」けど、「地上でなら、手に入れることができる」食べ物はあった。

・たとえば、どんなもの（どんな食べ物が手に入ったのか）？

→**昆虫・草（の根）・魚・貝・芋・・・**　※・水辺や地中から手に入るものなど

⑤・それなら、「地上で暮らしていくこと」もできる。しかし、「食料を手に入れるため」とは言え、迂闊には地上には降りられなかった。

・それは、どうしてだったのか？［これは、「どうして、木の上で生活をしていたのか」とも、大いに関係のあることだが・・・？］

→**肉食の動物に襲われる・自分がエサになる・・・**

※・ここで右の写真を提示するが、はっきり見えると嫌がる（怖がる）生徒もいるため、あえて見えにくい写真を使っている。貼りもの資料もＡ４判と小さめにしている。

⑥・食料を取りに［木の上から］降りていったとしても、自分自身が食料になってしまう危険性もあった（そうなってしまっては、元も子もない）。

・では、どうするのか？　やはり、Ａ：木の上で暮らしていくのか？　それとも、Ｂ：地上に降りての生活に変えるのか？

・Ａ：やはり、これまで通り、「木の上での生活を続ける」と言う人［挙手］！

▷〈 **挙手による人数の確認をする** 〉

・Ｂ：いや、思い切って「地上での生活に変える」と言う人［挙手］！

▷〈 **挙手による人数の確認をする** 〉

・さて、どうすべきなのか、班内ではなしあい［３分間］！

▷〈 **班内でのはなしあい** 〉

※・このあと班内でのはなしあい　→　学級全体での討論へとつなげる

※・ここで、班内でのはなしあいのやり方を説明する。班内でのはなしあいのやり方は、基本的には、グループでのはなしあいと同じ方法である。違うのは次の２点である。

　　班内でのはなしあいのときは、まず班内の生徒全員が起立する。そして、全員が起立したら、まず初めに代表ガイド・ガイドが発問（論題）に対する結論と理由（＝意見）を言う。次に、隣の人に、「それについて、どうですか？」と訊ねて座る。それ以降は、グループでのはなしあいとほぼ同じである。そのため、訊ねられた生徒は、先に「賛成か反対か」の結論を言って、その後にその理由を言う（つまり意見を言う）。こうして全員の意見が出終わったら、全員が座っている状態になるので、代表ガイドは自分の班の結論と理由を決める（ここもグループでのはなしあいのやり方とは違う）。そして、その結論と理由を班の生徒に伝え、その意見を発表する生徒を指名する。指名された生徒は、班の代表発言者として意見を言うために起立する。

3．人類の進化の理由とは、何だったのか？

①・実際、人類の祖先は、どうしたのか。さっきは、「どうすべきか」ではなしあったけど、「どうす

べきか」の判断と、「どうしたのか」の事実とは別問題になる。

・では、人類の祖先は、このとき「どうしたのか」。

・木の上の生活を続けたのか？　地上での生活に変えたのか？

　→地上での生活に変えた・木の上での生活を続けた・・・

② ・地上での生活に変えたらしい。しかし、その場合（みんなの意見にも出ていたように）、「自分たちの身を守らなければならない」。

　　では実際、人類の祖先は、「はじめ」、どうやって自分たちの身を守ったのか。

・Ａ：武器を作って身を守ったと思う人 ［ 挙手 ］！

▷〈 挙手による人数の確認をする 〉

・Ｂ：集団生活をすることで身を守ったと思う人 ［ 挙手 ］！

▷〈 挙手による人数の確認をする 〉

・Ｃ：木の上の生活に戻って身を守ったと思う人 ［ 挙手 ］！

▷〈 挙手による人数の確認をする 〉

・さて、実際は、どうしたのか、グループではなしあい ［ ３分間 ］！

▷〈 グループでのはなしあい 〉

※ ・このあとグループでのはなしあい　→　各班からの発表へとつなげる。発表はさせるが、ここでは結論は先送りにする。

③ ・この疑問については、そもそも、「どうして人類の祖先が、│直立２足歩行│をするようになったのか」がわかると、答えも出てくる。

・では、人類の祖先が、直立２足歩行をするようになった「１番」の理由は何だったのか。

・Ａ：「地面を歩くため」だったと思う人 ［ 挙手 ］！

▷〈 挙手による人数の確認をする 〉

・Ｂ：「遠くまで見ることができるように」だったと思う人 ［ 挙手 ］！

▷〈 挙手による人数の確認をする 〉

・Ｃ：「手を使うため」だったと思う人 ［ 挙手 ］！

▷〈 挙手による人数の確認をする 〉

※ ・このあとグループでのはなしあい　→　挙手により同じ結論の生徒を確認し、起立させて、その中から理由を発言できる生徒を指名する。

※ ・Ｂの理由には、「肉食獣を早く見つけることができる」との理由が出てくる。この意見に対しては、「こちらが見つけることができると言うことは、肉食獣からも・・・？」との発問を投げかけると生徒からは、「見つけられてしまう」との答えが返ってくる。そこで、「それはまずいんじゃないの」と確認をすると、Ｂではないことが、すんなりと理解させることができる。もし、それだけでは足りない場合には、「そうして肉食獣を見つけたとき（肉食獣に見つかったとき）、走って逃げきるほどに人類の祖先は早かったのか？」と投げかける。そうすると、「逃げきれない」「食べられてしまう」などの答えが返ってくる。こうしてＣが残るので、次につなげていくことができる。

④ ・でも、何のために「手を使う」必要があったのか。

・Ａ：「モノを作るためだった」と思う人 ［ 挙手 ］！

▷〈 挙手による人数の確認をする 〉

・Ｂ：「モノを運ぶためだった」と思う人 ［ 挙手 ］！

▷〈 挙手による人数の確認をする 〉

・C：「モノを壊すためだった」と思う人［ 挙手 ］！
　▷〈 挙手による人数の確認をする 〉
※・このあとグループでのはなしあい　→　挙手により同じ結論の生徒を確認し、起立させて、その中から理由を発言できる生徒を指名する。
※・Cの理由としては、「モノを作るためには、材料を準備しなければならない。そのときにモノを壊すことになる。だからCだ」との意見が出ることもある。そうなると、CとAは同じ理由となってしまい、答えはA・CかBにならざるを得ない。そうなったのは、選択肢の表現に問題があったとも言える。しかし、生徒は「作ることを目的に壊す」という人類の目的意識的な高度な行為をとらえていた。
⑤・ところで、運んだ「モノ」とは、何だったのか？
　→食料・・・
⑥・その「食料」を、誰に運んだのか？
　→家族・・・
⑦・つまり、家族を守るため食料を運ぶようになった。そのために、人類の祖先は直立２足歩行をするようになった。そこには、自分以外の者を、お互いを「思いやる心」があった。
　・さっきの質問に戻ると、「どうやって身を守ったのか」の答えは（何になるのか）？
　→B（ 集団生活をすることで身を守った ）
⑧・そんな人類の祖先とは違って、猿であるチンパンジーは、集団の中でもオス同士激しく争い、ときには相手を殺すこともある。この違いは、〈 チンパンジーの歯並びの写真を提示！ 〉チンパンジーにあって、〈 ラミダスの歯並びの写真を提示！ 〉人類の祖先には無かったものからもわかる。
　・人類の祖先には、何がないのか？
　→キバ（ 犬歯 ）がない・犬歯が短い・・・

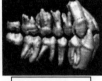

チンパンジー　　ラミダス

⑨・人類の祖先は、相手を倒すためのキバが短くなっている。
　・それは、一体どうしてなのか？
　→必要がないから・争いをしないから・・・
※・ここで「歯」に注目させておくと、次の頭蓋骨の写真でも「歯」の部分に注目させやすい。そのための発問として助言⑩では、「特徴は何か？」ではなく、「どこに『注目が集まった』のか？」としている。
⑩・つまり、人類の祖先は、自分以外の者を「思いやる心」が強かった。それが人間へと進化していった大きな理由だった。その証拠となる、さらなる「骨」も見つかっている〈 ドマニシ遺跡（ ジョージア＝旧グルジア ）で発見された頭蓋骨の写真を提示！ 〉。
　・この年老いた人類の祖先の頭蓋骨の、どこに注目が集まったのか？
　→・・・？
⑪・（ 年老いてから亡くなったと推察される ）この頭蓋骨には、歯が全くない。
　・でも、歯を失った後、どうやって、この人類の祖先は、生き延びたのか？
　　［ 歯が１本も無いのに、どうやって食べたのか？ ］
　→・・・？
⑫・（ 当時の状況からは ）仲間から、柔らかい食べ物をもらうなどして、「介護されていた」としか考えられない。
　　人類の祖先は、木の実や昆虫だけでなく、動物などの「肉」も食べるようになっていた（ ドマニシ遺跡で発見された動物の骨には肉を石器で切り取った痕が残されていた ）。こうした自分以外

の者を思いやる心は、栄養のある肉類を食べて脳が大きくなって知能を発達させていくことで、さらに豊かになっていった。

・でも、人類の祖先は、どうやって肉を手に入れたのか？

→・・・

4．どうやって人類は生き延びたのか？

①・「狩り」をして、獲物を手に入れていた。人類の祖先には、狩りができる条件が、すでに整っていた。

・それは、これまでの話の中の、どんなことだったのか？

　→手が使える・集団生活をしていた・・・

②・自由に使える手で「武器を作り」、「集団行動で追い込む」ことで獲物を手に入れた。体毛の長い動物は、長時間走って追い詰められると、体温調節ができないため「熱中症」で倒れてしまう（人類の祖先は、そこを狙った）。このような狩りをしていたことは、他の動物と人間の体の明らかな違いからわかる。

・人間と他の動物の体の違いには、直立2足歩行以外には何があるのか？

　→体毛が短い・少ない・・・

③・人間は、体毛が短く、汗をかくことで体温調整をしている。そのため、長距離を走ることができる（「マラソン」ができる動物は、人間だけだ）。これは狩りには有利な働きをする。また、脳が発達したことにより、仲間同士で意志を伝えることもできるようになった。

・でも、何を使って意志を伝えたのか？

　⇨ 言葉

④・アフリカで誕生したといわれる人類の祖先は、大変弱かった。でも弱かったからこそ、仲間に声をかけて言葉が使えるようになり、その結果仲間の気持ちも思いやれるようになり、仲間と協力して生き延びることができた。そうして厳しい環境を生き延びた人類の祖先は、その後、アフリカからヨーロッパへ、アジアへ、世界へと移動して行った。

・では、そんな人類の祖先は、（日本）列島にもやってきたのか？

　→来た・来なかった・・・

⑤・それは、また後の授業[〈野尻湖の歯〉]で考えてみよう。

※・人類の祖先がアジア方面にも移動していったことにより、（日本）列島の歴史へとつなげることができる。そして、〈野尻湖の歯〉の授業では、野尻湖遺跡では未だに人骨が発見されていないため、その発掘作業への関心につなげることができる。

<参考文献>

安井俊夫「人類の誕生」『歴史の授業108時間　上』地歴社

ＮＨＫ「こうしてヒトが生まれた」『人類誕生』2018年4月8日放映

更科功『絶滅の人類史　なぜ「私たち」が生き延びたのか』ＮＨＫ出版新書

歴史 学習プリント 〈歴史の始まり：1〉

■木の上の人類の祖先は、地上に降りるべきだったのか？ 自分が他の肉食獣たちに襲われることはなかったのか？ ひ弱な存在だった人類の祖先は、どうやって生き延びて、進化したのか？

1：【 人類の系譜 】

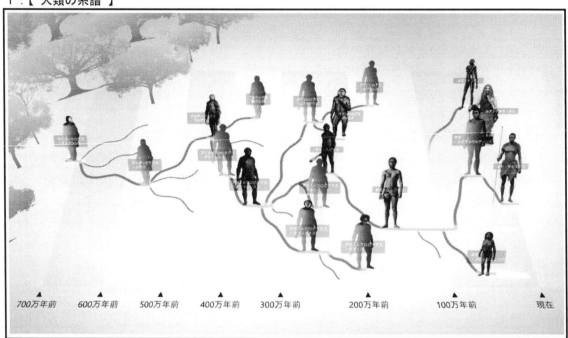

2：【 ラミダス 】

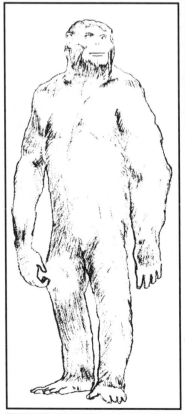

3：【 環境の変化 】

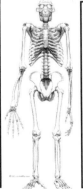

2 教科書記述への疑問から改訂した授業〈 黒船がきた 〉

❖教科書記述への疑問

　次に紹介するのは、昨年（ 2017 年 ）改訂した「黒船がきた」という「幕末維新」の単元での１時間目の授業（ ２時間扱いの授業 ）である。

　幕末の日本は、ペリーの来航をきっかけに開国。新時代を迎えることになる。この出来事について、勤務校で使っている教科書（ 帝国書院 ）には、次のように書かれている。

　1853 年６月、アメリカの東インド艦隊司令長官ペリーは浦賀（ 神奈川県 ）に来航し、開国を求める大統領の国書をさし出しました。軍艦の威力におされた幕府は国書を受け取るとともに、諸大名に意見を出させました。幕府は、食料・薪・水などの給与と漂流民の保護に限って開国する方針をかため、1854 年、回答を求めて来航したペリーと日米和親条約を結び、下田（ 静岡県 ）と函館（ 北海道 ）を開港しました。下田には領事館が置かれました。

　さらにアメリカは、幕府に対して自由貿易を始めることを強く要求しました。その結果、幕府は1858 年（ 安政５ ）年に日米修好通商条約を結び、函館・神奈川（ 横浜 ）・長崎・新潟・兵庫（ 神戸 ）の５港を貿易港として開き、外国人居留地での自由貿易を認めました。

　このように書いてあると、「江戸幕府は、無能で弱腰だったから、アメリカに一方的に条約を結ばされた」と読みとってしまう可能性がある。実際に、私自身もそのように習った記憶がある。

　しかし、「このときの幕府は、本当に無能で弱腰だったのだろうか」との疑問を持っていた。また、教科書の記述では、「条約をどうするのか」については、幕府は１年の猶予期間を使って条件を決め、それで再来日したペリーとの間で条約締結を進めたようにも読める。しかし、「条約締結とは、それほど簡単なことだったのだろうか」と、ここでも疑問が生まれる。

　そもそも、幕府の役人はペリーの来航により、アメリカ人とは初めて本格的な外交交渉をおこなうことになる。すると、「そんな初めての本格的な外交交渉で、幕府の役人とペリー一行（ 日本人とアメリカ人 ）が、どうやって会話をしたのだろうか」とか、「会話が成立しないことには、条約を結ぶことなどはできないはずだ」などの疑問も浮かんでくる。

　こうした単純な疑問から、「このとき、幕府の役人とペリー一行は、どうやって会話を成立させたのか」という発問を考えてみた。この発問は、『黒船来航　動き出す日本語』（ 岩波書店　2013 ）から学んで設定してみたものである（ 実際には、日本人とアメリカ人の初めての交渉は、1846 年７月［ ペリー来航の７年前 ］に、東インド艦隊司令長官ジェームズ・ビッドルと浦賀でおこなわれている。そのため、ペリー一行との交渉が「アメリカ人と初めて」だったとは言えない。しかし、このときビッドルは、「日本に開国の意志があるかどうか」を探っただけだった。つまり、「本格的な交渉」とまでは言えないものだったため、「ペリー一行との交渉がアメリカ人との初めての本格的な交渉と表現してもいいのではないか」と考えて授業はおこなっている ）。

❖内容と方法を同時に考えながら改善を図る

　はじめに考えたことは、「幕府の役人とペリー一行は、どうやって会話を成立させたのか」という発

間をどう提起するかだった。この発問自体は面白いのだが、そのままストレートにぶつけても、生徒の発言があるとは限らない。「わかりません」と発言があればいい方かもしれないし、何の反応もないことも予想される。そこで、「生徒の発言を引き出すために、どうするか」を考え、次のような選択肢を用意した。

「このとき、幕府の役人とペリー一行は、どうやって会話を成立させたのか?」

> A:ペリーは通訳を連れて来ていた。
> B:いや、幕府側に通訳がいた。
> C:互いに身振り手振りで会話を成立させた。

このように選択肢を設けると、生徒も「答えやすく」なる。ただしそれでもまだ、「必ず生徒の反応がある」とは限らない。提示しただけで終わり、ともなりかねないからだ。

そのため、次に、「『A』だと思う人、挙手!」と、生徒に対して挙手を求める方法を取ることを考えた。こうすると、生徒は手を挙げることで、授業に参加することができる。

最近は、このように答えの選択肢を書いた用紙を「貼りもの資料」として提示して、教師から「何を訊ねられているのか」を、視覚的にもつかませるようにしている。こうした方法を取ることで、教師の指導言を聞いていない生徒も授業に参加させることができるようになるため、近年は特に貼りもの資料を使用する頻度が増えている。

ところで、ここで大事なのは、「答え(=結論)を知ること」ではない。大事なのは「どうして、そのような結論を出したのか」という「理由」の方である。そのため、挙手した生徒には、「どうして、その結論にしたのか」と訊ねることになる。

その場合、「一人ひとり指名して答えさせるやり方(=指名発言)」と、まずは「周りの生徒と理由を述べ合って、そのはなしあいの中の意見を紹介させるやり方(=代表発言)」の2つが考えられる。「どちらの(発言)方法を取るのか」については、教室にいる生徒にとってやりやすい方を取るようにしている。すぐに発言する生徒が多い教室では、指名して発言させる方法を取る。その方がテンポよく進めることができるからだ。しかし、そうした生徒が少ない教室では、班やグループなどを使って、まずは「はなしあい」をさせて、そこでの意見を代表発言させるようにする。

現在は、生徒どうしではなしあわせた後、代表発言をさせることが多い。それは、最近の生徒は、(慣れてくれば別なのだが)自分から発言しない傾向があることと、生徒どうしではなしあわせることの方が、多くの生徒を授業に参加させやすくなるからである。

ただし、話し合い活動をおこなわせると、そのための時間はかかってしまう。だから、そのことも考えた上で、授業での話し合い活動の時間の設定をしなければならない。具体的には、「さて実際はどうやったのか? グループではなしあって(意見を出して)みよう!」と指示を出し、どうして、その答えにしたのか、その理由についての意見を出し合わせるようにする。この指示で、生徒の話し合い活動をつくりだすことができる。また、この活動を基にして、「どうして、そう考えたのか」を各グループから発表させることにより、1つの発問を、学級全体の学びに広げることができる。

そして、この発問の「答え」から、次の新たな発問を引き出すことができる。こうしたことをつなげて、生徒を授業に引き込んでいく。「何を考えさせるのか」「(そのことを)どのように考えさせるのか」を考えていくわけだ。つまりこうやって、「授業内容」と「授業方法」を、同時に考えていき、この2つがつながるようにしていく(なお、この発問に対する答えは、後掲の「授業案」に書いている)。

- 36 -

黒船が来た

◎ペリー来航の意図、幕府の対応の仕方、日米和親条約の内容などの事実をつかんだ上で、ハリスの要求に従って本格的な開国に応じるかどうかを考えさせる。

1. 黒船の登場に、幕府としてどう対処すべきなのか？

① ・1853年6月、アメリカの東インド洋艦隊が日本に現れた。
　・そのときの司令長官は、誰だった？
　⇨ ペリー

② ・そのペリーは、日本のどこに来航したのか？
　⇨ 浦賀（神奈川県）　▷【地図帳 P116・D・7】で浦賀を探す　※・「P116・D・7」は板書する。

③ ・このとき（ペリーが）率いた戦力は、軍艦何隻？
　→ 4隻・・・

④ ・アメリカから来た、この4隻の船は、その姿から何と呼ばれたか、知ってる？
　→ 黒船

⑤ ・（「黒船」と呼んだのは）煙を吐き、黒塗りだったからだ。学習プリントの【資料：1】に、その（黒船の）絵が載せてある！
　▷【資料：1】＆拡大コピー

⑥ ・当時、日本で一番大きな船が〈絵を貼りながら〉千石船！
　・これを黒船と並べてみると、〈絵を貼りながら！〉A・B・Cのどれだと思う？
　▷【黒船と千石船の比較図】

⑦ ・こんなに大きな黒船が、江戸に直接向かってきた。当時の記録によると、「一段と迅速、鳥の飛ぶごとくたちまち見失い候」とある。
　・つまり、何で動く船だったのか？（動力は？）
　→ 蒸気・・・

⑧ ・このときペリーは、アメリカ大統領からの「国書」を江戸幕府に差し出した。
　・それは、何を求める（大統領の）国書だったのか？
　⇨ 開国

⑨ ・（「開国の要求」）ならば、幕府の方針は決まっている。
　・どうするのか？
　→ 打ち払い

⑩ ・でも、本当に、それでいいのか？
　・A：「これまで通りに、打ち払うべきだ」と思う人［挙手］！
　▷〈挙手による人数の確認〉
　・B：「いや打ち払いは、ちょっとまずい」と思う人［挙手］！
　▷〈挙手による人数の確認〉
　・（班内の）グループで討論［1分間］！

- 37 -

▷班内のＡ・Ｂ各グループでの討論

※・ここからグループでの討論　→　指名発言による交互の意見発表をおこなう。
※・生徒の発言＝「打ち払い」は、前時の授業で異国船打払令について学んでいるため必ず出てくる。
　・幕府はアヘン戦争で清がイギリスに敗れたことを知り、イギリスとの無用な摩擦を避けるため、「異国船打払令」を1842年に廃止していた。そのため、ペリーが来航した1853年には、実際にはＡの「打ち払い」はあり得ない結論ではあるが、そのことは教科書にも書かれていないことと、その事実を生徒にも教えていないことから、この発問は成り立つと判断している。

⑪・ところで、このときのペリーは、どんな態度で（幕府との）交渉をおこなったのか？

> Ａ：幕府の下級役人から順番に上へと取り次いでもらい、丁寧な態度で臨んだ
> **Ｂ：幕府の下級役人には一切会わず、最高責任者にだけ会って強い態度で臨んだ**
> Ｃ：いきなり艦砲射撃をおこない、陸戦隊も上陸させて臨戦態勢で臨んだ
> Ｄ：決まった方針はなく、その場その場で態度を変えて臨んだ

　・（班内の）グループではなしあい［　１分間　］！
▷班内のＡ・Ｂ各グループでのはなしあい
※・ここからグループでのはなしあい　→　班毎の意見発表をおこなう。

⑫・どうして、「Ｂ」だったのか？
→・・・

⑬・黒船の威力は、確かにすごいものだった。
　・でも、いったん上陸して、陸上での戦いとなった場合、幕府軍とペリー軍では、どっちに有利だったのか？
→幕府軍

⑭・陸上での戦いになると、明らかに幕府軍に有利だった。それどころか、ペリーはフィルモア大統領から「発砲禁止命令」を受けていた。つまり、はじめから日本と戦うつもりは・・・なかったので、わずか４隻で来航した。
　・しかし、そのことを幕府は、知って、いたのか？　いなかったのか？
→知らなかった・・・

⑮・このとき、ペリーが発砲してこないとわかったら、幕府は、何をしたと思う？
→打ち払い・・・？

⑯・だから、ペリーは「強い態度」で交渉をおこなったのではないだろうか。

2．ペリーの要求書を受け取るべきなのか？

①・1837年に来航したアメリカ船（＝モリソン号）は、蒸気船の軍艦ではなく、帆船で商船だった。しかし、今回のペリーの来航からは、「何か事情が違う」と感じさせるものがあった。
　・これらは、当時の日本人が描いた「ペリーの肖像画」だ！
▷【　ペリーの絵（５枚）の拡大コピー　】

②・このＡ～Ｅの中で、本物はどれなのか？
→Ｅ

③・しかし、Ｅ（の絵が）、日本に出回ったわけじゃない。
　・ということは、この当時、日本人は、ペリーをどんな人物だと思っていたのか？
→怖い・恐ろしい・残酷・・・

- 38 -

④・であれば、一般の人たちは、江戸湾に黒船がきたときに、どうしたのか？

　・Ａ：もちろん、「逃げ出した」と思う人［ 挙手 ］！

　▷〈 挙手による人数の確認 〉

　・Ｂ：逆に、「黒船を観に行った」と思う人［ 挙手 ］！

　▷〈 挙手による人数の確認 〉

⑤・幕府は、翌日から、「見物人の取り締まり」に乗り出している。

　・つまり、（ 逃げ出した・観に行った ）どっちだったのか？

　→見に行った

⑥・小舟に乗って（ 黒船に ）、近づこうとする人も多かったが、役人に制止された。考えてみればこんな珍しい見世物は、そうざらにあるもんじゃない。

　・見物人を描いた絵も残っている〈 コピーを提示 〉！

　▷【 黒船見物の絵のコピー 】を観る

⑦・それだけ黒船の来航は、人々の注目を集めた。そのため幕府は、ペリーの要求に対して下手な対応はできなかった。そこで、幕府は、前例のないことを２つやった。

　・まず、１つは、初めて何を求めたのか？

　☞ 諸大名や下級の幕臣などにはば広く意見

⑧・もう１つ、それと同時に何もおこなったのか？

　☞ 朝廷にも報告

⑨・幕府が大名に意見を求めるのはわからなくもないが、どうして朝廷、つまり天皇にまで報告をしたのか？

　→・・・？（ 投げかけのみ ）

⑩・このとき意見を求められた大名たちからは、ペリーの要求、つまり開国に、Ａ：賛成、Ｂ：反対、どっちが多かったと思う？

　・Ａ：もちろん、開国には「反対」の意見が多かったと思う人［ 挙手 ］！

　▷〈 挙手による人数の確認 〉

　・Ｂ：いや、開国に「賛成」の意見が多かったと思う人［ 挙手 ］！

　▷〈 挙手による人数の確認 〉

　・（ 班内の ）グループで討論［ １分間 ］！

　▷〈 班内のグループでの討論 〉

　※・ここからグループでの討論　→　指名発言による交互の意見発表をおこなう

1853 年	開国		攘夷		
	2	14	8	26	4

⑪・（ 大名たちからは ）「（ ペリーの要求 ）開国は断れ」という意見が多かった！

　・では結局、幕府は、差し出されたアメリカ大統領の国書を、どうしたのか？

　☞ 受け取った

⑫・でも（ 国書を ）受け取ったのはいいが、幕府では、この10日後（ ＝７月27日 ）には第12代将軍（ 徳川家慶 ）が亡くなるという大変な時期だった。それで、ペリーへの回答を引き延ばした。

　・ちなみに、このときのペリーが持ってきた国書は、何語で書かれていたと思う？

　Ａ：英語　　Ｂ：日本語　　Ｃ：オランダ語　　Ｄ：中国語（ 漢文 ）

　　→・・・

※・助言⑨の発問は、後のペリーとの交渉場面でのヒントにするためにおこなっている。

- 39 -

3. アメリカは、なぜ日本に港の利用を要求してきたのか？

①・その後、ペリーは、「来年来る」と言って立ち去った（ 1853 年 7 月 17 日 ）。

・では翌年、やってきたのか？

→来た（ 1854 年 2 月 8 日 ）

②・今度の黒船の数は、どのくらいだったか、わかる？［ 増えたのか？　減ったのか？ ］

→7 隻・・・

③・黒船の数を増やしてきた。こうして、1854 年に結んだ条約が、何条約だったのか？

⇨ 日米和親条約

④・ 和親 とは、「和らぎ親しむ」という意味だ。名前はいいが、問題は中身だ。

・さて予想としては、どうなのか。？

・A：（ アヘン戦争のときの ）南京条約と似ているだろうと思う［ 挙手 ］！

▷〈 挙手による人数の確認 〉

・B：イヤ、南京条約とは違っているだろうと思う人［ 挙手 ］！

▷〈 挙手による人数の確認 〉

⑤・その点を具体的に見てみよう。

・まず、開いた港があるけど、それは、どことどこ？

⇨ 下田と函館

⑥・「開国を求めた」にしては、開いた港は、2 つだけ。これは、「開国をして貿易をしよう」という

・・・のでは、ない。南京条約とは明らかに違う。

・でも、なぜ違っていたのか？

→・・・？

⑦・アメリカの目的は、単に「日本の港を利用したい」というものだった。

・でも、何のために（ 日本の港を ）利用したいと考えていたのか？

⇨ 水や食料などを補給する

⑧・それは、19 世紀前半からアメリカは日本近海で捕鯨に力を入れていたからだった。

・「捕鯨」って、何を取るのか？

→鯨

⑨・でも、アメリカ人は、何のために「鯨」を取っていたのか？

→・・・？

4. ペリー来航の目的は、何だったのか？

①・（ アメリカの捕鯨の ）目的は、鯨から「油」を取るためだった。鯨の油は灯油の原料となっていた。鯨の油は灯油だけでなく、機械の「潤滑油」（ や蝋燭や軟膏薬 ）などに広く使われていた。

・では、（ 鯨の ）油以外の部分を、アメリカ人は、どうしていたのか？

→・・・

②・（ アメリカ人は ）鯨を食べなかったので、捨てていた。アメリカ人にとって必要なのは、「油」だけだった。

・それほど「油」が必要だった理由を、【資料：4】の年表の中から見つけ出し、その部分に線引きをしなさい！

- 40 -

▷【 資料：4 】への線引き作業（＝綿工業 ）

年	で き ご と
1842	・イギリスがアヘン戦争で清に勝利し、香港を獲得する（ アメリカは、このころ大陸の東海岸を中心に綿工業が栄える ）
1844	・アメリカ・フランスは、清においてイギリスと同じ権利を獲得する
1845	・アメリカがテキサスを併合する
1846	・アメリカがオレゴンを併合。さらにメキシコとの戦争に勝ち、カリフォルニアを獲得する。同時にゴールドラッシュが起こる（ この頃インドで対イギリス戦争が続く ）
1851	・清で太平天国の乱が起こる（ ～1864 ）
1853	・ペリーが浦賀に来航する
1854	・イギリス・フランス・トルコ対ロシアのクリミア戦争が起こる（ ～1856 ）

③・それほど「機械用の油」や夜中も工場を動かすため「照明用の油」が必要だったのは、アメリカでも何が進んでいたからなのか？

　→産業革命・・・

④・つまり捕鯨は、アメリカの産業革命にとって大変に重要な産業だった。そこで、ペリーの日本来航となったわけだ。

・ではペリーは、1回目の来航のとき、どんな経路で日本にやってきたのか？

　A：大西洋を南下→ アフリカ大陸を周り→ インド→ 東南アジア・小笠原経由で来航
　B：大西洋を南下→ 南アメリカ大陸を周り→ ハワイ・小笠原経由で来航
　C：大西洋を北上→ ロシアの北を周り→ ベーリング海峡→ 千島列島経由で来航
　D：南北アメリカ大陸の間を通って→ 太平洋から→ フィリピン→ 小笠原経由で来航

・（ 班内の ）グループではなしあい［ 1分間 ］！

▷〈 班内のA・B各グループでのはなしあい 〉

※・ここからグループでのはなしあい　→　班毎の意見発表をおこなう。

※・時間がなければ、挙手による人数の確認でもかまわない

⑤・どうして、「A」だったのか？

　→・・・

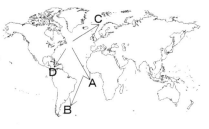

⑥・理由は、簡単。太平洋を、直接横断することができなかったからだ。

・でも、どうして太平洋を横断することができなかったのか？

　→技術が無かった・燃料が無かった・・・

⑦・蒸気船である黒船でさえ、燃料の石炭は「1週間分ぐらい」しか積めなかった［ それでも当時アメリカは、汽船建設においてはイギリスよりも上だった ］。

・そのため、太平洋を横断するには、途中何が必要だったのかと言うと・・・？

　→燃料補給のための港・・・

⑧・1週間分以上の石炭を積もうとすると、積荷の方を減らさないといけなかった。そこで、アメリカは、日本を開国させて、「石炭や水や食料を補給しよう」と考えた。

・ということは、日米和親条約が南京条約と違っていても、当然のこと？　おかしなこと？

　→当然のこと・・・

※・以上、1時間目の授業

※・以下、2時間目の授業（ はじめに1時間目の授業内容のおさらいをする ）

- 41 -

| 5．日米和親条約の締結会議をリードしたのは、日本？　アメリカ？ |

① ・ところで、日本人とアメリカ人は、このとき初めて本格的な外交交渉をおこなった。

　　・では、幕府の役人たちとペリー一行とは、一体どうやって会話をしたのか？

> Ａ：ペリーが通訳を連れてきていた
> Ｂ：いや、幕府側に通訳がいた
> Ｃ：お互いが身振り手振りで会話した

　　・（班内の）グループではなしあい［１分間］！

　　▷〈 班内のＡ・Ｂ各グループでのはなしあい 〉

※・ここからグループでのはなしあい　→　班毎の意見発表をおこなう

② ・実は、このとき、日米、それぞれに通訳がいた。

　　・通訳がいたのであれば、そのときの日米交渉は、何語でおこなわれたのか？

> Ａ：英語　Ｂ：日本語　**Ｃ：オランダ語**　Ｄ：中国語　Ｅ：その他

　　・（班内の）グループではなしあい［１分間］！

　　▷〈 班内のＡ・Ｂ各グループでのはなしあい 〉

※・ここからグループでのはなしあい　→　班毎の意見発表をおこなう

③ ・最初、幕府は、フランス語で対応した。「貴艦は退去すべし、危険を冒してここに碇泊すべから
　　ず」と、フランス語で書かれた命令文書をペリーたちに見せた。当時は、フランス語が国際的に
　　通用する言語だったため、幕府は事前に準備していた。

　　・でも、どうして幕府は、アメリカから使節が来ることを知っていたのか？

　→オランダ風説書で知った・オランダ人から聞いていた・・・

④ ・その後の具体的な交渉は、日米のお互いの通訳が話すことができたオランダ語で進められた。ペ
　　リーは、フィルモア大統領の親書を渡して立ち去り、翌年、再び来航して条約を結んだ。

　　・それが何条約？

　→日米和親条約

⑤ ・では、その「日米和親条約」は、何語で書かれたのか？

> Ａ：英語　Ｂ：日本語　**Ｃ：オランダ語**　**Ｄ：中国語**　Ｅ：フランス語　Ｆ：その他

　　・（班内の）グループではなしあい［１分間］！

　　▷〈 班内のＡ・Ｂ各グループでのはなしあい 〉

※・ここからグループでのはなしあい　→　班毎の意見発表をおこなう

⑥ ・国際的な条約の内容は、両国共に理解できないと意味がない。そのため「中国語」と「オランダ
　　語」、そして「英語」と「日本語」と、４種類の言語で条約文が作られた。
　　　ところで、「条約」とは、違う国同士で結ばれるもの。だから、言語が違えば、全く同じ文章・
　　同じ意味にはならないことがある。そのため、条約文には、必ず基準になる文章＝「正文」が必
　　要になる。ところが、日米和親条約には、その正文がない。しかも、それぞれの国の代表が一緒
　　に署名した条約文もなかった。しかしこれでは、困ったことが起こる。

　　・たとえば、どんなこと（が考えられる）？

　→自分の国に都合のいいことを主張する・揉め事が発生すると解決する基準がない・・・

⑦ ・そのため、この後は、「オランダ語」「日本語」「英語」で書かれた条約文のそれぞれが正式な文
　　書とされ、代表者の署名も一緒におこなわれるようになった。

　　・でも、正文がなかったり、（条約なのに）両国の代表が一緒に署名することがなかったのは、ア

メリカと日本、どっちの考えだったのか？

→アメリカ・日本・・・

⑧・正文がなかったのは、どうしてなのかよくわかっていないようだ。しかし、条約文に一緒に署名しなかったのは、明らかに幕府の考えによるものだった。

・このとき幕府は、なぜ条約文に署名をしなかったのだろうか？

→・・・？

⑨・いろいろと考えられるが、ここに幕府のしたたかな交渉ぶりが感じられる。

・そんな幕府とペリーの交渉場面が【資料：3】に書かれている！

▷【資料：3】

林(幕府)：昨年夏の大統領の国書で要望されていたもののうち、「薪と水と食料と石炭を与えること」は差し支えない。また「漂流民を救助する件」も了承するが、貿易の件は承諾できない。
ペリー：あなたの国は人命を尊重せず、海岸に近づけば発砲する。わが国民が、日本人を救助して送り返そうとしても受け取らない。道義に反する行為だ。こうした政治を改めないならば戦争をする準備がある。
林(幕府)：あなたの言うことは事実に反する。わが国の人命尊重は世界に誇れる。300年に渡って泰平の時代が続いたのも人命尊重のためである。他国の船がわが国の近くで難破した場合、必要な手当てをしてきた。漂着民は手厚く保護し、オランダ商館を通じて送り返してきた。あなたが、わが国の現状をよく考えれば、疑いも解ける。恨みもないのに戦争に及ぶ理由はない。
ペリー：よくわかった。今後も食料や石炭を与え、難破船を救助してくれるなら結構である。では貿易の件は、なぜ承知されないのか。貿易はお互いに利益のあること。最近はどの国も貿易が盛んである。
林(幕府)：日本においては、自国の産物で十分に足りている。従って貿易を始めることはできない。さきほどあなたは、人命の尊重と船の救助と申された。それが実現すれば、あなたの目的は達成される。貿易と人命は関係ないではないか。
ペリー：もっともである。貿易の件は強いて主張しない。　　　　　　（『幕末外交と開国』より）

⑩・読んでみると、幕府とペリー、どっちが交渉をリードしていることがわかるのか？

→幕府・・・

⑪・少なくとも、江戸幕府は、アメリカに一方的に条約を結ばされたわけではない。

・【資料：4】にある、このときの交渉の様子を描いた絵を見ると、真ん中で会議を取り仕切っていたのは、アメリカ？　日本？　どっち？

→日本・・・

⑫・〈絵を提示しながら〉これはアメリカ側の記録の絵だ！

・見てわかるように、会議を取り仕切っていたのは、（日米の）どっち？

→日本・・・

⑬・このときの日米の交渉は、中央に描かれている幕府の役人（＝森本栄之助）が進めていた。

6．本格的な開国に応じるべきかどうか？

①・しかし、日米和親条約では、下田に 領事館 が置かれた。この領事館に、アメリカを代表して総領事としてやってきたのが、ハリスという人物だった。

・でも、ハリスは、何をするために下田にやってきたのか？

→・・・？

※・日米和親条約には「正文」がなかったため、最初ハリスの赴任は問題になった。英語版の日米和親条約には「日

- 43 -

米の一方が必要と認めたときに領事を置く」と書かれていたのに対して、日本語版には「両国が必要と認めたとき」となっていたからだった。

② ・【資料：2】に、ハリスの主張が載っている。
　・この中で、ハリスが「一番に言いたいところ」に線引きしなさい！
　▷〈 【資料：2】への線引き作業 〉

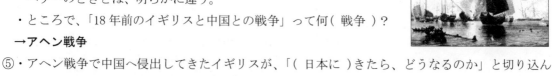
蒸気（スチーム）の力は、世界の様子をすっかり変えてしまった。日本は、鎖国をやめるべきだ！18年前、中国はイギリスと戦争をした。（そして、その戦争に）負けた中国は、港をイギリスに明け渡し、領土も取られた。いまイギリスは、また中国に戦争をしかけようとしている。やがて日本人が見たこともないほどの軍艦を率いて、日本にやってくるのだ。そのときになってからでは遅い！いま、この私と条約を結びなさい！
（『横浜市史　2巻』）

③ ・ハリスは、何を一番言いたいのか？
　→「いま、この私と条約を結びなさい」
④ ・「本格的な条約を結び、開国をしなさい」と言っている。これは、ペリーのときとは、明らかに違う。
　・ところで、「18年前のイギリスと中国との戦争」って何（戦争）？
　→アヘン戦争

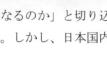

⑤ ・アヘン戦争で中国へ侵出してきたイギリスが、「（日本に）きたら、どうなるのか」と切り込んできた（だから、「アメリカと条約を結んでおくべきだ」というわけだ）。しかし、日本国内には「外国勢力は、全て打ち払え」という意見が多かった。
　・それが【資料：3】に載せてある 攘夷 という主張だ！
　▷〈 【資料：3】を読む（聴く） 〉

■吉田 松陰
　三千年も独立を続けてきた日本が、外国人に従うなど、血のかよった者として見ておれん！　ナポレオンを立てさせたように、自由を唱えなくては腹のもだえはおさまらん。幕府も大名もやらないと言うなら、武士や百姓がやるしかない！

■高杉 晋作
　攘夷ということは、どんな国でも一度はやらねばならん！　アメリカがイギリスから独立したのも攘夷である。すべて攘夷をやって、しかる後に万国と対等に交際できるのだ！
（『史料　日本近現代史1』三省堂）

⑥ ・攘夷の主張では、外国と条約を結ぶことなど「認められない」。
　・では、幕府は、ハリスの申し入れを、どうしたらいいのか。？
　・A：ハリスの申し入れには応じるべきではないと思う人［挙手］！
　▷〈 挙手による人数の確認 〉
　・B：いや、ハリスの申し入れは断れないと思う人［挙手］！
　▷〈 挙手による人数の確認 〉
　・さぁ、どうすべきなのか？　班内ではなしあい［3分間］！
　▷〈 班内でのはなしあい 〉
※・ここから、班内でのはなしあい　→　学級での討論へとつなげていく

<参考文献>
安井俊夫「黒船がきた」『歴史の授業108時間　下』地歴社
松本一夫「ペリーが日本に来たわけ」『日本史へのいざない』岩田書院
清水康行『そうだったんだ！日本語　黒船来航　日本語が動く』岩波書店

❖通信プリントによる意見交流

　授業の最後は討論での意見を受け、生徒に各自で論題に対する意見（＝結論と理由）を書かせて、班で一括してまとめて提出させている。代表ガイドは提出された意見プリントは全部読み、その中から自分の班を代表する意見を１つ選び、その生徒の意見プリントを一番上に置いて教師に提出するように指示してある。このとき、２回連続して同じ人の意見を選ばないようにも指示している。

　代表ガイドに意見プリントを集めさせているのは、班の生徒全員の意見プリントを読ませることを目的としている。代表ガイドは班の代表であるため、班員の考えをつかんでおく必要がある。「誰が」「どんな意見を持っているのか」、「どれくらいの量の文章を書いているのか」などを知っておいた方が、班でのはなしあいを進めやすくなるからである。

　なお、全員分がそろったら教師に提出するように指示してあるため、提出が遅い生徒がいた場合にはその生徒に催促することになる。意見プリントの提出に対しては、事情があって提出しない（できない）生徒がいることもある。そんな個人的な理由がある場合、代表ガイドが意見プリントを教師に提出するときに、「誰が提出していないのか」「どうして提出していないのか」「どう対応するのか」などについて話し合うことができる。

　提出された意見プリントの内容は、通信プリントとしてまとめて全員の意見を載せて、できるだけ次の授業のはじめには生徒に返すようにしている。

　次ページに、意見プリントをまとめた「通信プリント」の内容を掲載した。２クラス分をまとめているが、実際の通信プリントはクラス毎につくっている。ただし「この意見は参考にして欲しいな」と思える内容が書いてあったときには、「隣のクラスでは、こんな意見があった。授業で同じ内容を学んでいるけど、出てくる意見によって結論も考え方も違っている。ここに書かれている意見も参考にして欲しい」などと説明しながら、そのクラス以外の通信プリントを配ることがある。こうすることで、違った視点での考え方を学ぶことができるからである。

　各意見の右端の（　　）の中には、班を示す〇番号と生徒の名字（同じ名字の生徒の場合には、名前）を書いている（ここでは実際の名前ではなく、単に「・・」と記している）。最後の「ハリスは、何をしている人ですか？」とあるのは、意見プリントの最後に設けてある質問や意見のコーナーに書かれてあった「生徒の質問」と、その「質問に対する教師の答え」である。

　授業感想を書いてもらうと、「通信プリントによって、他の生徒の意見を知ることができておもしろかった」とか、「勉強になった」などと書かれていることが多い。生徒は通信プリントを楽しみにしているようだ。このことは、通信プリントが配られると全員が、すぐに読み始めることからもわかる。

　毎回の授業で話し合い活動をおこない、その後に意見プリントを書かせる。こうした活動は、日常的におこなうことに意味がある。そうすることで、「社会科の授業は、みんなで考え、そして話し合う。そうすればお互いの考えがよくわかる」という感覚を身につけることができるからだ。

歴史　通信プリント　幕末維新：01　〈 黒船がきた 〉　　　　　　　2年2組・3組

◎ハリスは、日本に「本格的な条約を結べ」と言ってきた。「アヘン戦争のときの中国のようにイギリス
　が攻めてきたらどうするのか？」と言うのだ。しかし、日本国内では「外国勢力は打ち払え」との攘夷
　の主張が強かった。では、幕府としては、どうすべきか？　受け入れか？　拒否か？

Ａ：ここは、ハリスの申し入れには応じるべきではないと思う（ 拒否 ）！　2組：21人

・攘夷は守らないといけないと思うし、今までずっと鎖国をしていた日本が、ハリスの交しょうに応
　じるのは無理だと思うから。　　　　　　　　　　　　　　　　　　　　　　　　（①：・・）
・国内でも攘夷と言う意見が出ていて、攘夷を守らないと不平等だからです。　　　（②：・・）
・国内で攘夷という意見が出ているので、守らないといけないと思うから。　　　　（②：・・）
・攘夷は守らないといけないと思うし、不平等になると思うから。　　　　　　　　（②：・・）
・鎖国をしているのに、条約を結んだら日本が支配されるかもしれないから。　　　（②：・・）
・**本格的な条約を結んだとしても、アヘン戦争のときのようにならないとはかぎらないから。**
　　　　　　　　　　　　　　　　　　　　　　　　　　　　　　　　　　　　　（③：・・）
・ハリスの言っていることは、上から目線の言い方なので、攘夷した方がいいと思う。（③：・・）
・大名たちの意見もあるので、応じるべきでないと思います。　　　　　　　　　　（③：・・）
・大名たちが攘夷を守れといっているから。　　　　　　　　　　　　　　　　　　（③：・・）
・攘夷を守らないといけないから。　　　　　　　　　　　　　　　　　　　　　　（③：・・）
・日本国内には攘夷の考えがあり、申し入れは断るべきだと言っている人がいるので、そこでハリス
　の申し入れを許可したら反乱をおこされるかもしれないから。　　　　　　　　　（③：・・）
・**攘夷という考えがあるので、外国に好きかってにやられると日本が侵略されるかもしれないから。**
　しかも申し入れを受け入れると外国にすきかってにやられるので、平等にはならないと思うから。
　　　　　　　　　　　　　　　　　　　　　　　　　　　　　　　　　　　　　（④：・・）
・攘夷は守るべき（？）だと思う。　　　　　　　　　　　　　　　　　　　　　　（④：・・）
・攘夷は守らないといけないと思うから。　　　　　　　　　　　　　　　　　　　（④：・・）
・アメリカと条約を結んでしまうと、アメリカだけずるいと思う国がでてきて、別の国とも条約を結
　ばれる可能性があるから。　　　　　　　　　　　　　　　　　　　　　　　　　（④：・・）
・攘夷は守るべきと思う。　　　　　　　　　　　　　　　　　　　　　　　　　　（④：・・）
・攘夷は守らないといけないと思うから。　　　　　　　　　　　　　　　　　　　（④：・・）
・**鎖国を続けても、じきアヘン戦争のように日本がイギリスからせめられて占領されるなら、アメリ**
　カと条約をむすんでたいさくをしておいたほうがいいと思うからです。　　　　（⑤：・・）
・攘夷はちゃんと守らないといけないと思うから。　　　　　　　　　　　　　　　（⑤：・・）
・攘夷を守らないと、日本だけ指示されて、不平等だから。　　　　　　　　　　　（⑤：・・）
・攘夷は守らないといけないから。　　　　　　　　　　　　　　　　　　　　　　（⑤：・・）

Ａ：ここは、ハリスの申し入れには応じるべきではないと思う（ 拒否 ）！　3組：7人

・もし日本がイギリスに負けたら、アメリカは日本の領土を支配すると思うから。　（①：・・）
・南京条約のような不平等な条約をむすばないといけないかもしれないから。　　　（②：・・）
・ハリスは日本を守るとはいっていないし、立場がアメリカの方が上になるため条約を結んだら、"ア
　メリカ"に支配されるかもしれないから。　　　　　　　　　　　　　　　　　　（③：・・）
・ハリスはこの私と条約を結びなさいと言っているので、国と条約を結ぶかどうかわからないし、守る
　とかも言っていないのでAだと思います。　　　　　　　　　　　　　　　　　　（③：・・）

- 46 -

・鎖国をやめると、アメリカがイギリスから絶対に守ってくれるかわからないから。　　　（④：・・）

・アメリカから独立したイギリスが中国と戦争をして日本にも来るから「条約を結べ」といわれても、
　アメリカのいうことは信じることができないし、うらぎられる可能性もあると思ったから。

（⑥：・・）

・アメリカはイギリスから独立してじょう夷をしていて、信じることができないから。　　　（⑥：・・）

・・・

B：いや、ハリスの申し入れは断れないと思う（　受入　）！　　　2組：13人

・中国が貿易の事で戦争になっているから、戦争で人が亡くなったりするよりは貿易をして、防いだ
　方がまし。　　　　　　　　　　　　　　　　　　　　　　　　　　　　　　　　　　　（①：・・）

・攘夷は守らないといけないけど、アメリカの方が力が強いので、やられる可能性は高いと思ったか
　ら。　　　　　　　　　　　　　　　　　　　　　　　　　　　　　　　　　　　　　　（①：・・）

・ハリスの言うとおりにして条約を結ばないと、アヘン戦争のように、日本がやられると思うからで
　す。　　　　　　　　　　　　　　　　　　　　　　　　　　　　　　　　　　　　　　（①：・・）

・イギリスの蒸気船が大量にやってきて、日本をせんりょうされてしまうから。　　　　　（①：・・）

・アメリカの力で攻撃され、やられてしまうから。　　　　　　　　　　　　　　　　　　（②：・・）

・アメリカの方が力が強いので、やられてしまうから。　　　　　　　　　　　　　　　　（⑤：・・）

・断ると、中国がイギリスにせめられたように日本もアメリカにせめられるかもしれないから。

（⑤：・・）

・イギリスは力をつけてきていて、日本にこられるとアヘン戦争のようになってしまうと思うから。

（⑥：・・）

・アメリカは強いし、イギリスがせめてきたら、アメリカと協力して戦えるから。　　　　（⑥：・・）

・アメリカの力は強いので、ハリスの申し入れは断れないと思う。　　　　　　　　　　　（⑥：・・）

・アヘン戦争と同じようなことをまねくかもしれないから。　　　　　　　　　　　　　　（⑥：・・）

・アメリカの力は強いので、アメリカからやられてしまうかもしれない。　　　　　　　　（⑥：・・）

・ペリーが乗ってきた黒船は、鋼鉄の上に蒸気で動くから、技術も武力も劣っているので、逆らうと
　アメリカに攻撃されそうだから。　　　　　　　　　　　　　　　　　　　　　　　　　（⑥：・・）

B：いや、ハリスの申し入れは断れないと思う（　受入　）！　　　3組：24人

・アメリカは、イギリスから独立しているので、日本を守ってくれるだろうし、もし攻めてきて、植
　民地になるかもしれないから。　　　　　　　　　　　　　　　　　　　　　　　　　　（①：・・）

・1回条約をむすんでいるので、信じないとやばいと思うから。　　　　　　　　　　　　（①：・・）

・アヘン戦争で勝ったのはイギリスだったので、イギリスはけっこう強いと思うから、アメリカと条
　約を結んだ方がいいと思うから。　　　　　　　　　　　　　　　　　　　　　　　　　（②：・・）

・イギリスと戦っても負けるだけだから。　　　　　　　　　　　　　　　　　　　　　　（②：・・

・戦争でイギリスが負け領土も取られたので、戦争で負けたらイギリスのようになるから。

（②：・・）

・日本がアヘン戦争みたいにイギリスにワーッてこられたら、ワーッて日本がやられると思うから。
　日本の力は弱いと思うから。　　　　　　　　　　　　　　　　　　　　　　　　　　　（③：・・）

・もし本当にイギリスと戦争になったら、すぐに負けて領土もとられちゃうかもしれないから。アメ
　リカと条約を結んだほうがいいと思うから。　　　　　　　　　　　　　　　　　　　　（③：・・）

・イギリスから日本にせまられたら、日本はイギリスより弱いので日本だけの力では戦えないと思う

から。 (③:・・)

・イギリスがせめてきても、イギリスから独立した国と仲間になっていたら心強いと思うから。

(③:・・)

・攘夷をやると、万国と対等に交際ができるから。 (④:・・)

・助けると言っているので、ここは素直にアヘン戦争のようにならないよう申し入れるべき。

(④:・・)

・攘夷ということは、万国と対等にできるから。 (④:・・)

・後からめんどくさいことになるより、申し入れを受け入れて助けてもらった方がいいと思うから。

(④:・・)

・実際にイギリスは清とアヘン戦争で勝って、相当な権利を持っていると思うので、そこは受け入れ
るべきだと思います。 (⑤:・・)

・アヘン戦争のときのようにイギリスにせめられて、負けてしまうかもしれないから。 (⑤:・・)

・清のようには、なりたくないからです。 (⑤:・・)

・清のようには、なりたくないから。 (⑤:・・)

・もし、イギリスが攻めてきたら、どうすることもできないからです。 (⑤:・・)

・もしイギリスが日本に来て、日本が負けたら、日本の中国のように領地をうばわれてしまうからで
す。 (⑥:・・)

・ハリスの申し入れを断ってイギリスに負けて南京条約のような条約をされるより、申し入れをうけ
た方がいいと思うから。 (⑥:・・)

・日本もアヘン戦争をした中国と同じめにあってしまうから。 (⑥:・・)

・攘夷にするためには、申し入れを断らず受け入れたと思います。 (⑥:・・)

・・

・ハリスは、何をしている人ですか？（・・・・）

→総領事です。「総領事」とは、領事の中で一番上の人です。そして、「領事」とは、自分の国の代
表として外国に住んで、その国と自分の国との通商の促進と、その外国に生活する自分の国の国
民の保護にあたる人です。

3 討論授業経験のない３年生の授業〈 大日本主義か小日本主義か 〉

　最後に紹介するのは、〈 大日本主義か小日本主義か 〉というタイトルの２時間扱いの授業である。それまで討論授業の経験のない３年生を担当することになった2014年春の授業記録である。前半は授業案形式ではなく、授業そのままを文字化してみた。実際の展開で気付いたことや留意点などを罫線で囲んで(▶ を付して)書き加えている。

　なお、この授業は前ページまでの〈 黒船がきた 〉の３年ほど前の授業であるため、授業内容が合わない部分があることをお断りしておく。

　「近現代史」の授業では、「日本社会の進むべき方向は、本当にこれでいいのか」という問いかけを何度かおこなっている。この問いかけは、たとえば「近代」の単元の最後の授業〈 中華民国の登場 〉で、単元のまとめの形を取り、孫文の日本での最後の演説をもとに、「近代以降の日本の進むべきは、西洋覇道の鷹犬か、東洋王道の干城か」を考えさせた。そして、「現代の始まり」の単元の最後の授業では、「近代」「現代の始まり」の２つの単元のまとめの形で、〈 大日本主義か小日本主義か 〉の授業において石橋湛山の考えを紹介し、「現代日本の進むべき道は、これまでの大日本主義でいいのか、 小日本主義でいくべきではないのか」を論題に話し合い活動の場面を設定し、 ２時間かけての振り返りとした。

　この問いかけは、その後の「15年戦争」の単元の導入にもなっている。15年戦争を敗戦からふり返るとき、「いったい日本は、どこで間違ってしまったのか」という視点が重要だと考えている。それも単に知識として重要なのではなく、先人の痛苦な経験を自分ごととして、歴史事実と対話し、生徒どうしで対話し、生徒の中に深く残るようにしておかなければ、グローバル社会を生きていくための力にはならない。

　15年戦争について考えることは、15年戦争の単元だけでできるものではない。歴史の学習では１時間１時間の授業を大切にしているが、数時間の授業のまとまりである単元も学習の基本単位として重視している。そしてその単元も単独で存在しているわけではなく、単元同士も途切れることなくつながっている。ここに物語が成立する客観的根拠があると考えている。

　参考までに、近現代史の単元構成を表にして掲げておく。

近 現 代 史 の 単 元 構 成			
教科書 単元名	市民革命 ～ 日清戦争・日露戦争 〈 近 代 〉		第１次世界大戦 ～ 現在 〈 現 代 〉

	日清戦争・日露戦争～	第１次世界大戦～	15年戦争	～現在
単元名	【 近 代 】	【 現代の始まり 】	【 15年戦争 】	【 戦 後 】

大日本主義か小日本主義か（前半）

◎明治以後の日本の動きを振り返り、これまで通り大日本主義でいくのか、小日本主義でいくべきなのか、日本の進むべき道について考えさせる。　　　　　　　　　　　※２時間扱い（１時間目）

（1）授業前段

　この年（2014年）、それまで討論授業の経験のない３年生を担当することになった。ここで紹介する授業をおこなった５月１日は連休の中日であり、生徒には少し落ち着きがなかった。

　私は、始業前に教室に入ると「虫食い板書」を書き、一斉問答用のカードを黒板に貼って授業の準備を始めた。そして授業時間が始まり、各班に問題プリントの確認を始めるように指示を出した。１分程の過ぎた頃に、『はい、やめ！』『疑問・質問があった班（は、代表ガイドが手を挙げなさい）！』と右手を挙げて指示を出したが、疑問・質問は出なかった。そこで一斉問答に進んだ。

　『一斉問答をしますが、自分が調べた内容で答えなさいね』『答えは、人によって違いますよ』と、前置きをしてから問題を読み上げた。

　『（問題プリントの）29番。「富国強兵」の意味は何でしょう？』と問うと、生徒は、「国を豊かにし・・・」「国を富まし・・・」とバラバラに答え出した。そこで、『ちょっと待て、待て！』『全員が声を出していない。〈１・３班を指さしながら〉この辺からしか声が出ていないですよ』と、とくに教室の後方の班で一斉発言ができていないことを指摘。集中をつくりだすために、一斉問答のやり直しをした。

　『全員で、確認の意味で、一斉に、はい！』と指示を出すと、今度は、「国を豊かにし、兵力を強める」などの一斉発言が多く聞き取れた。『いま発言したことが、今日の授業のポイントになりますが・・・』『まず、各班からプリントを取りに、こさせなさい！』と代表ガイドに指示を出し、各班の代表ガイドに指名された生徒が私のところにきたので、通信プリントと学習プリントを渡す。そして、プリントが行き渡ったのを確認して、説明を始めた。

　※学習プリントは『討論する歴史の授業④』114-115ページ参照。

> ▶ 討論の後、そこでの意見を参考に、個人の結論とその理由を意見プリントに書かせて提出させている。提出された意見は、次の授業のはじめに「通信プリント」の記事として生徒に知らせている。それを配布する際、簡単な解説をおこない、前時の授業とのつながりをつくる。

　『前回の授業を受けてですが、「政府に反対する動きが激しくなる」という意見が多くて、「そうはならない」というのが少ないのですが・・・』と、配布した通信プリントの中身について説明を始めたが、まだ生徒が集中していないことが気になった。そこで説明を途中でやめて、話の聞き方の指示を出した。

　『プリントを見るのをやめて、椅子ごとヘソを前に（向けなさい）！』

　『６班は、班の向きが違うぞ。（黒板の）真ん中を向くようにしなさい！』『〈両手を挙げて向きを示しながら〉こっち、こっち！』と、生徒各自の体の向きと６班の班の向きがわかるように、手で向きを示しながら指示を出す。

　『４班の人、椅子ごと〈黒板中央を示しながら〉ここに向けるんですよ！』との指示を出した後、全員が前を向いているのを確認できたので、説明を再開した。

- 50 -

『24人と、圧倒的にAの意見が多いんだけど、ただ「現実的には、これはないだろう」という意見もありますよね』『三・一独立運動のところで、（日本の）軍隊がどんなことをやったのかを考えてみると、それに対して抵抗できるんですか？』『そのあたりは、現実を踏まえて考えないと、「ちょっとどうかな？」という意見もありますが』『そのあたり、これから頭を鍛えていくことで、「現実的にどうしたらいいのか」を考えることができるようになればと思いますので、今日もしっかり考えましょう』

> ▶ 前時の意見プリントには単純に「軍隊に抵抗する」などの意見がいくつかあり、「はたして一般の国民に、そんなことができたのだろうか？」「その意見は非現実的だろう」との指摘をおこなっている場面である。
>
> ▶ たとえば、国語の授業では、自分の思いや想像で文章を書くこともあり得るだろうが、社会科の授業では（歴史的）事実を踏まえて意見をつくらないといけないことを説明している。そうしなければいと、討論が単なる自分の思いの言い合いになってしまって、相互の意見は噛み合わないし、どちらも説得力を持たない。それでは大人になって社会的に発言しようとしても通用しない。

（2）普通選挙の要求は実現するのか？

『では、（政府に反対する動きが）激しくなっていくのかどうかということですが、こんな写真があります』と言って、デモの写真を3枚、黒板に貼った。

『これ、何をやっているかわかりますね？』との発問には、生徒からの発言は無かった。しかしここでは発言が無くてもかまわなかったので、先に進んだ。

『米騒動の後、実は大勢の人が集まって、行動に出ることが多くなるんです』『これ、何をやってるんですか？』と、説明し再び発問した。すると、「デモ」と自由発言があった。

『そう、これデモ行進ですね』『ここ見ると、デモ行進の要求、何でしょう？』と、「普通」と書いてあることが読み取れる旗の部分を指差して発問した。

『最初の2文字だけ、わかるね。何を要求しているの？』

「普通選挙」と、つぶやくような声で自由発言が聞こえた。

そこで、この発言を拾って、全員の生徒に一斉発言で確認させた。

『普通選挙ね。はい、一斉に（発言しよう）！』

「普通選挙」〈 一斉発言 〉

『普通選挙を実現して、国民は自分たちで代表を選んで、帝国議会に送りたいと考えたわけなんです』『1911年の日比谷公園での大会では1万人以上が集まって、新橋から新宿へとデモ行進をおこない、国民の要求を突き付けていくということをやるんです』

『で、この普通選挙の要求は、実現するのか、しないのか？』との発問に対しては、「する」とつぶやくような声での自由発言が聞こえた。

そこで、『（実現）するんじゃないかなぁと思う人 [挙手]！』と、私は右手を高く上げながら生徒に挙手を求めた。すると、ゆっくりと半数ぐらいの生徒が手を挙げた。

『それは、無理なんじゃないかなぁ（と思う人、挙手）！』と、今度は左手を高く上げた。しかし、

今度は生徒の手は挙がらなかった。そこで、『ちょっとよくわからないなぁ・・・、というのはダメですよ』と、（実現するのかしないのかの）どちらかで判断することを要求した。この説明には、少し笑いが起きた。

> ▶ ここは自由発言を拾って、生徒の考えをつかみ、必ず自分の結論を出すこと要求する場面である。
>   ただ要求するといっても、強要ではなく、柔らかく笑いが生まれるような表現でおこなっている。

　『中身で判断してみましょう』『（要求の）中身から判断して、それやったら実現するかな、無理かなで』『（学習プリントの）資料２を見ると、このときの要求がわかります』
　『はい、ペンを持って！』『この要求は「いいなぁ」「なるほどなぁ」「納得できるなぁ」という部分があったら線を引きながら、聞いておくように！』『では、各班から１名、資料を読む人を指名しなさい！』と、資料を読む生徒を代表ガイドに指名するよう指示を出した。
　その後、各班で指名された生徒が、プリントを持って立ち上がり始めたが、すぐに立った班となかなか立てない班がある。そこで、早く立った班には短めの、遅く立った班には長めの文章を割り振って読ませることにした。

【 普通選挙の要求 】（学習プリントの資料２）

> 我々労働者は、普通選挙を要求する。我々は普段は国を富ませ戦時になれば兵として戦う。

> 我々は田畑を耕し、種をまき人々のためにパンを作り、人々のために衣を織る。

> その我々が一票の選挙権を要求するのに何の不思議があろう。

> 我々は、選挙権を要求する。我々は生命をかけ危険を犯して、人々のために生産する。
> そして、その生産物を買う「金を持つ者」が選挙権を有する。

> 『生産者に選挙権がなくて、なぜ消費者にあるのか？』我々は、生産者として投票権を有する。
> それを要求するのに、何の不思議があろう?! 　我々は、金力による選挙制度を退ける。

> 　金力がおこなわれている今の選挙制度を見よ！ 　何と悲惨なことであるか！ 　我々は、このような金力による文化が堕落していくことを知っている。だからこそ、金力ではなく、筋力と頭脳と正義による普通選挙を要求する。生産者には、選挙権を要求すべき正当な根拠があるのだ！

　『というような内容での要求です』
　『この要求の中で、何を一番言いたかったのか、そこに線を引くんですよ！』
　『（線を）引いたら、（班内で）見せ合いなさいね！』『お互いに見せ合って、自分が引いたところを確認しなさい！』

> ▶ 文字資料の読み取りでは、「線引き」をさせる。「自分が大事だと思う部分」「一番言いたい部分」「結論部分」などの指示で、資料に線を引かせる。
>   表やグラフの読み取りでは、「一番大きい数字（部分）」「一番小さな数字（部分）」をマーカーで

- 52 -

塗らせる。

絵画資料などの読み取りでは、「丸で囲みなさい！」と指示を出して、注目すべき部分を「線囲み」させている。

▶ 資料に線引きや線囲みをさせたら、班内でお互いに見せ合わせることで確認させる。このとき、線引きの場所がわからなかったら、班内の人に見せてもらって線引きをおこなうよう指示を出している。つまり、他の人から意見をもらってでも線引きをさせている。

『わからなくても、まずは引いてみる』『そうやっていくことで、わかるようにもなっていきます』『どうしても、（ 引くところが ）わからなかったら、（ 班内の人に ）見せてもらってもいい』

　この指示で、どこに線を引いたのかについて、班内でお互いに確認する作業が始まる。「選挙権を要求する・・・」などと、確認のための声が聞こえたりする。各班を見て回りながら、どこに引いているか確認し、その後、各自が引いた箇所を全員で確認させるために、一斉発言をさせる。

　『自分が引いたところを、その場でいいから、声を出して、読んでみなさい！』

　『一斉に、はい！』

　「生産者に選挙権がなくて、なぜ消費者にあるのか」「我々は、生産者として投票権を有する」「それを要求するのに、何の不思議があろう」〈 一斉発言 〉

▶ ここでは、生徒各自が読み取った資料の部分を学級全体で確認させている。

資料の読み取りでは、個人から班、班から学級へと確認する範囲を広げて、最終的には学級全体で確認をさせる。そうして読み取るべき内容が間違っていないのか全員で確認する。

もし、明らかに間違った読み取りをしていた場合には、このあとに教師が間違いを指摘して、「きちんと資料の読み取りができるようになろう」「そのためにも、まずは線引きをやっていこう」と呼びかけている。

▶ 文章資料では、「結論があって理由が書かれている」か、「理由があって結論が書かれている」場合が多いため、線引きする部分は最初にあるか、最後にある場合が多い。生徒が資料の読み取りに慣れてきたら、そうした説明もおこない、読むべき場所を意識させるようにしている。

▶ この資料を読み取る力は、授業でも大事だが、テストでも役に立つ。そうした説明も、生徒に資料を読み取らせるときにはおこなっている。

　『はい、全員、ヘソ前に（ 向けなさい ）！』

　『いま見て回っていると、いろんなところに引いているようですが、「選挙権を持つ者」とは、誰なんですか？』

　「自分たち」・・・〈 自由発言 〉

　『自分たち？』『この資料で言うと・・・？』

　「生産者」・・・〈 自由発言 〉

　『生産者って、誰のこと？』

　「労働者」〈 自由発言 〉

　『労働者でしょう。「労働者が選挙権を持つべきだ」「一部のお金持ち、特権階級が選挙権を持つことは、おかしい」という要求を、ここではやっているのですが・・・』

　『今まで勉強してきた当時の状況から考えて、「この要求は、無理があるのか？　それとも、これは

- 53 -

当然の要求なのか?」について、グループではなしあい！　はい、どうぞ！』と、大きく手をたたきながら指示を出した。

　この指示で、各班内のグループでのはなしあいが始まった。私は、その様子を見ながら、A：この要求には無理がある　B：普通選挙要求は当然だ　と書いた貼りもの資料を黒板に貼った。

　ところが、グループでのはなしあいが、あまりスムーズに進んでいないように感じたので、『あっ、あんまり時間がなくても大丈夫のようだね（静かだということは大丈夫ね）?』と、教育的挑発をおこない、グループでのはなしあいの時間を切り上げるような言い方をした。

　すると、「いいえ」「時間は必要です」との発言とともに、「Aだと思います。理由は・・・」などと各グループからはなしあいのための声が聞こえ始めた。

▶ 指示が通っていないと感じたときには、叱るよりは、こうした教育的挑発の方が効果的であり、授業の雰囲気も固くならずに済む。

　それでも、各グループでのはなしあいの様子を見ていると（聞いていると）、意見の出し合いが上手くいっていないように思えたので、はなしあいの仕方の指示を出した。

　『「どっち（だと思いますか）?」と聞くんじゃないんですよ』『結論と理由を言って、それに賛成か反対かを聞くんですよ！』と。

　そして、ここから1分ほどの時間が経過したので、はなしあいをやめさせて、各グループからの意見を発言させることにした。

▶ 班でのはなしあいにしろ、グループでのはなしあいにしろ、「はなしあい」のやり方は、基本的には、最初に代表ガイド（またはガイド）が結論と理由を述べ、その意見（＝結論と理由）に賛成か反対かを隣の生徒に訊ねさせる。そして、その生徒が意見を述べたら、その意見に賛成か反対かを、そのまた隣の生徒に訊ねさせている。つまり、単に意見の出し合いをさせているだけである。
　ここは、そのやり方にまだ慣れていない生徒がいたので、説明をおこなった場面である。

　『はい、では各班のBグループの2番、起立！』と、各班からの発表者が誰になるのか指名。「え〜っ」「いえ〜い」などの声や笑い声が聞こえ、少し騒がしくなる中、各班のBグループ2番の生徒が立ちはじめた。

　『はい、意見が出せるところがあれば・・・』と言いながら、私は右手を高く挙げた。すると6班の生徒が手を挙げたので指名した。

　『では、6班！』『はい、（全員）6班を注目！』

　「Bだと思います」〈指名発言〉

　『（この要求は）当然だろうと。それは何故でしょう?』と結論を確認して、貼りもの資料のBの欄の横に⑥と板書した。

▶ 授業時間を確保するためと授業のテンポを落とさないために、グループでの話し合い活動で出された意見は、板書していない。
　ただ、少なくとも出された意見が（A・B）どっちだったのかがわかるように、班の名称だけは○番号で板書している。

「労働者も日本の国民だから」〈 指名発言 〉

『労働者も日本の国民だから・・・、だから何ですか？』とその後の発言を促したが、発言は続かなかった。

『そこから先が大事なんだけどな～。（ 意見は ）出せない？』

『残念だな～』『まぁしょうがない』との指摘に対して、３班の生徒が手を挙げて「反対」と発言した。

『反対、この要求は無理だろうと』

『では、（ 意見を ）どうぞ！』と結論を確認して、貼りもの資料のＡの欄の横に③と板書して発言を促した。すると、自分の意見がＡの方に書かれたのを見た発言者の生徒が、「あっ間違えた、Ｂだ」と訂正した。この発言に少し笑いが起きた。

『ということは「賛成」だ』と結論を確認し直して、発言をすることを促した。しかし、そのまま黒板に向かって発言をしようとしてので、『（ 人数が ）多い方を向いて（ 発言すること ）！』と発言する場合の体の向きについて指示を出した。この指示で、３班の発言者の生徒は後ろに向き直して発言を始めた。

「今までの方法で失敗ばかりしていたから・・・」〈 指名発言 〉

『えっ、「今までの方法」って、どんな方法？』

「金持ちの人が・・・選挙をする？」と自信なさそうに、そして漠然とした意見を述べた。

そこで、『というのは失敗？』『どういう形で失敗なのか？　そのことについては、今までの授業で出てきていることなので、そこが言えればいいわけよね』『そこが最初言ったように、現実的に考えてどうかということで意見が言えるようにね』と、事実を踏まえ、具体的な意見が出せるように要求した。しかし、この要求に対して３班の発言者からの発言は出なかった。

▶ 授業の初期段階では、話し合い活動後、発表者の生徒は、それぞれの意見をからませることはできない。そのため、はじめに教師が「反対」「賛成」を確認する（ させる ）ことになる。
また、発言内容もはっきりしないことが多いため、何を言っているのか（ あるいは、何を言いたいのか ）を解説することが必要になる。そのときに、生徒が言いたいことを引き出すように発問や確認などをおこなう。そうやって、何を根拠に意見（ 結論と理由 ）を考えたのかを他の生徒に伝えられるようにしていく。だから、生徒の発言の後におこなう教師の解説は、しだいに少なくしていくようにする。そうすることで、教師の解説がなくても、言いたいことが伝えられるようになり、さらに、からみ問答の実現にもつながっていくからである。

『はい、今の（ ３班からの ）意見に反対の班ありますか？』との指示に対して、１班の生徒が反対の意思表示をしたので、指名した。

『はい、１班を注目！』と指示を出したが、話をしている班があったので、『聞く時間です！　聞く時間！』と話をやめて、意見を聞くように指示を出した。

『はい（ １班から発言 ）どうぞ！』

「帝国主義が、社会主義が多発していたから」と発言者の生徒は、同じ１班の生徒から発言内容を教えてもらいながら、理由を述べた。そこで、その発言に対して教師は、『帝国主義が、社会主義が多発していた？』と、何を言っているのかわからないという表情をしながら、１班からの意見をくり返して言ってみせた。すると、教師のその表情と発言に対して、「（ 今の意見 ）おかしかった？」などの声が

1班内から聞こえてきた。

『（今の意見は）何か、近いところを言っているけど、何となく迷子になってしまっているような感じだな』と教師の指摘に、1班内で補足するような意見が小声で出された。その発言は学級の全体には聞こえていなかったので、私はその発言を拾って、

『あぁ、今1班の他の人から意見があったけど、「こうした動きには、弾圧があるんだ」と。「弾圧があるから、これは無理なんじゃないの」と』『これを要求しても、今まで選挙で選ばれた人がやっている政治の流れから言うと、こんな要求は認められるわけないだろう』ということですよね？』と、1班に発言内容の確認をおこなって、全体にわかるように説明をした。

『はい、それに反対意見、どうぞ！』と発言を促すと、5班や4班から手が挙がった。

『では、5班、どうぞ！』と5班を指名した。

『1班（の意見）に・・・？』

「反対です」「苦労しているのは自分たちなのに、なんで苦労していない人の言うことを聞かなくちゃいけないのか」〈指名発言〉

『「頑張っている人の言うことを聞くのが当たり前なんだから、この要求は当然なんじゃないの」ということなんですが・・・』との説明に、4班の生徒が指名してもらうために元気よく手を挙げた。私は、その元気な様子を見て4班を指名した。ところが、『5班に・・・？』「賛成です」とまでは言えたが、その後が続かなかった。

その様子を見て、『（1班のように班内の）まわりからの助け舟が出てきませんね』『はなしあったことを言えばいいんですよ！』と指示を出したが、意見は出そうになかった。

そこで、『ちょっと後回しにします』『では2班、どうぞ！』と、先に2班からの意見を聞くことにした。

「5班に賛成です。理由は、今まで労働者は苦労ばかりしてきたので、選挙権を要求することは当然だと思います」〈指名発言〉

『（労働者は）自分たちの代表を送り込みたいと』『現実的に、できますかね？』

「えぇ？」〈指名発言〉

『えぇ？　そこですよ（現実的に考えて意見を出すところは）』

『どうなんでしょう？』といいながら、2班と同じ意見の4班の生徒に再び発言を求めた。しかし、意見が出せそうになかったので、『じゃ、ちょっと座りましょう』と座るように指示を出した。そして、ここではもう発言は出てこないだろうと判断して、先に進めることにした。

▶ この授業をおこなったのは、まだ5月である。そのため、無理に意見を言わせるよりは、とにかく「話し合い活動の後には必ず発表をしなければならない」ことが生徒に理解されればよい。そのため、ここでは無理に4班の生徒に発表を求めるのではなく、授業を先に進めた。

▶ 授業の受け方に生徒が慣れるのには、やはり時間がかかる。そのため、焦って指導しても仕方がない。特にこの学年は、2年生までは授業で話し合い活動など全く経験しておらず、社会科の授業は、「教師の説明を聞いて、ワークシートの（　　　）に言葉を記入して、事柄を覚えるものだ」と思っていた（このことは、前の年、この学年の社会科の授業を参観したときに感じていたが、学年末のアンケートに生徒自身が書いていたことからもわかった）。そうした事情も考えて、ゆっくりした指導を考えていた。

▶ 授業の受け方に生徒が慣れるのには、およそ1学期間（4～7月）を目途に考えている。それぐら

> い気長に構えておかないと、教師の方がイライラしてしまうことがある。そのため私は、「2学期から、本格的に話し合い活動に取り組める授業になればいい」ぐらいに考えている。それが「1学期のうちに話し合い活動ができるようになれば、それは儲けものだ」と思っている。

『じゃ、単純に結論だけ聞きます』

『この要求は、状況から考えて、無理なんじゃないかと思う人！』と、右手を挙げながら賛成する生徒に挙手を求めた。

『あれっ、いない？』

『じゃ、（この要求は）当然だろうと思う人！』と、今度は左手を挙げながら挙手を求めた。するとほとんどの生徒の手が挙がった。

『（なかには）手が挙がらない人もいるようだけど・・・』『当然であれば、実現した方がいいんでしょうけど、（実現）するのか、しないのか・・・の前に・・・』

『この時代は、こうした国民の要求が出てくるようになるんですが、何故この時代にそうした動きが出てきたのか？』と、生徒に投げかけた。

（3）富国強兵政策で、日本はどんなことをしてきたのか？

『（みんなは）受験生ですから、受験勉強を兼ねた「おさらい」をやりますよ』

『江戸時代から明治に変わっていくきっかけ、きっかけをつくったのは、この人！』と言いながら、ペリーの絵を提示した。

『この人、誰？』

「ペリー」と、ここでは元気のいい一斉発言が聞かれた。

> ▶ 最近の3年生は、受験生であることに加えて、点数にこだわるような授業（テストで点数を取るための授業）がなされている傾向にあるため、こうした「受験勉強」的な発問には積極的に答えてくる。そのため、この頃の授業には、意識的に単純な問答で2年生の学習内容を復習する方法を取り入れていた。実際に、このあたりは、かなりテンポよく進めることで生徒も授業にのっていることがわかった。

『ペリーね』と言いながら黒板に貼り、『ペリーは大統領の国書を持ってきて、「日本に港を開いてくれ」と言って、条約を結びました』

『何条約？』

「日米和親条約」との元気のいい自由発言と共に、 日米和親条約 と書いたカードを黒板に貼った。

『日米和親条約にもとづいて、下田にやって来た・・・』と説明しながら、ハリスの絵を提示したが、「えっ（誰）？」との反応だった。そこで、『えっ？（知らないの）』と同じ言い方をして、笑いながら驚いてみせた。すると「ザビエル」との自由発言があった。

『ザビエル。下田にやって来たザビエル』と強調していると、答えはザビエルではないことに気づいた生徒が、「コロンブス」「ペリー」などと自分が知っている歴史上の外国人の名前を口々に言い出した。

『下田の領事館にやって来た人ですよ』

「ペリー」「マゼラン」と、まだ自分が知っている外国人の名前を言い続けていた。

『え～っ（マゼラン）、受験生、ダメだ～こりゃ～』と言いながら、井伊直弼の絵を黒板に貼りながら、『この人（ハリス）とこの人（井伊直弼）との間で条約』と説明した。

『この人、誰？』

「西郷隆盛」・・・

『え～っ、西郷隆盛？』と、大袈裟に驚いてみせた。すると、「井伊直弼」との発言があったので、その発言を受けて、確認するために再度発問した。

『これ、誰？』

「井伊直弼」と、一斉発言をすることができた。そこで再度、ハリスの絵を指して発問した。

『じゃ、これ誰？』

「おじさん（笑）」この発言に笑いが起きる。また「ペリー」「ルター」などの発言が続いた。

どうも生徒は、ハリスの顔を知らないように感じたので、私は正解を教えた。

『「ハリス」やろっ。ハリス』

「あぁハリスか」「ハリス」「（ハリスって）誰～？」などと発言があり、少し騒がしくなった。

『で、この２人の間で結ばれた条約が？』

「日米修好通商条約」「通商条約」などとバラバラに自由発言があった。そこで、全員に確認させるために、一斉発言をさせた。

『なんて（いう条約）？』

「日米修好通商条約」と、今度は全員で同じ答えでの一斉発言ができた。

『という条約を結んだんですよね』『ただ、これは日本に不平等な内容でした』

『（不平等な内容は）２つ（あった）』

『１つ目？』

「関税自主権がない」「日本に関税自主権がない」・・・〈自由発言〉

『もう１つが？』

「領事裁判権がない」「領事裁判権を認めた」などの自由発言が多く、答えがはっきりしていなかった。そこで、『領事裁判権が、ない？』と、投げかけた。すると、「ある」「ないことはない」「認められない」などと口々に答えが返ってきた。答えをはっきりさせるために、『領事裁判権を？』と発問すると、「認めた」との答えが、やっと返ってきた。

ここで、きちんと確認させるために、『「認めた」ということでしょう？』『一斉に（発言）！』との指示を出して、「領事裁判権を認めた」と一斉発言をさせた。

『そういう不平等な条約を結ばざるを得なかったのは、なぜなのか・・・』『日本の力が？』

「弱かった」・・・〈自由発言〉

『だから明治政府としては、対外政策として取ったのが何だったのかというと？』

「富国強兵」〈自由発言〉

この一斉発言と同時に、富国強兵と書いたカードと訓練の様子の絵を黒板に貼った。

その絵を示しながら、『こういうふうに外国の軍隊のやり方を取り入れて』と説明していたら、その間に、「富ませ」と自由発言があった。そこで、この発言を受けて、『国を富ませ、強い兵をつくっていきましょう』と説明を続けた。

▶ このあたりの授業内容は、2年生のときに学んでいるはずだが、私が授業を担当していたわけでは
なかったので、事実を確認するために問答をおこなった。

『（この絵は）江戸時代の兵と違いますよね?』『どこが違うかわかる?』

「かっこう」・・・〈 自由発言 〉

『格好が違いますよね』『着物じゃなく洋服だし・・・』と説明をおこなっていると、「鎧じゃない」
との自由発言があった。そこで、この発言を拾って、『鎧じゃないね』『鎧なんかつけていないね』と、
武士の姿とは違っていることを指摘していると、「馬」との自由発言が出た。そこで、『馬?』『そうか、
（兵の）全員は馬に乗っていなかったか・・・』などと、武士も馬には乗っていたのだが、生徒の発言
を活かすように説明をおこなった。

この後、さらに「鉄砲」との自由発言に、『鉄砲などの新しい武器を持って富国強兵政策を、つまり
西欧諸国のまねをして勢力を広げていくんですが、その結果、1894年、清との戦争になります』との説
明をつなげていった。

『何戦争?』

「日清戦争」・・・〈 自由発言 〉

この発言を受けて、 日清戦争 と書いたカードを黒板にはり、『日清戦争という戦争になりますが、
その頃の状況をあらわした絵が、これ』と説明しながら、日清戦争前の様子を描いたビゴーの風刺画の
コピーを黒板に貼った。

そして、『これが試験によく出るんだなぁ』と、受験生を刺激する説明をお
こなった。すると、「あ〜知っとっ（＝知っている）」などの小さな声での
自由発言が聞こえた。

『ちょっと、絵の読み取りをしてみようか』

『これ、どこの国?』と、左端の人物を指さしながら発問をした。

「日本」という多くの自由発言に交じって、「ロシア」なども聞こえた。

次に、右端の人物を指さしながら、『これ、どこの国?』と発問した。

「朝鮮」「中国」などの自由発言が聞こえたので、『えぇ?（それは違う
だろう）』と驚いてみせたが、すぐには訂正せず、絵の読み取りを進めた。

『ここの魚が?』

「朝鮮」〈 自由発言 〉

『（橋の上で）眺めているのが?』

「ロシア」と、ここの問答はスムーズに進んで行った。

▶ このように問答がテンポよく進むのは、生徒が答えを知っている場合である。そのために授業では
問題プリントを使うのだが、ここでの発問は、問題プリントからの出題ではなかった。それでも、
「3年生（受験生）なのだから、ある程度の勉強をしているため、たぶん正解は出てくるだろう」
と予想しておこなった問答だった。そして、その予想通りに問答を進めることができた。この流れ
に沿って、授業を先に進めていった。

『こういう状況が生まれてくるんですが、この日清戦争は、日本としてやるべきだったのか?　やる

- 59 -

べきじゃなかったのか？』と発問した。

> ▶ この発問は、私が授業していれば、「近代」の単元の授業で討論させた内容のおさらいになるもの
> だった。しかし、最初に述べたように、2年生でのこの学年の授業は担当していなかったため、ど
> こまで反応があるのかを探りながらの問答になった。

「やるべき」と一人の生徒が、すぐに答えた。

『ここは、先生が授業をしているわけじゃないので、どういうふうに習っているのかわかんないけど
も・・・』『日清戦争は、日本として、やってよかったと思う人！』と右手を挙げながら、賛成する生
徒の挙手を求めた。5〜6名の生徒が手を挙げた。その後すぐに、『やるべきじゃなかったと思う人！』
と、今度は左手を挙げて挙手を求めたが、生徒の手は挙がらなかった。

「やはり2年生のときの学習内容が記憶にないようだな」と感じたので、その様子を見て、『あれ〜、
覚えていない？』と、少しおどけたような言い方をしながら確認をおこなった。

> ▶ 日清戦争については、「どれだけ記憶に残っているのか」　また、「どのように記憶に残っているの
> か」を知りたかったために挙手をさせたのだが、ほとんど記憶にはない感じだった。そこで、日清
> 戦争についての簡単なおさらいをすることにした。

『（ 日清戦争後 ）条約を結びました』

『何条約？』

「日清条約」とか、「日米和親条約」「下関条約」などいろいろな答えが返ってきた。そこで、『日清
戦争後の条約、何条約？』と、もう一度確認のために発問した。すると「下関条約」という自由発言が
ちらほら聞こえたので、その発言を拾って、『（ 日清戦争後の条約は ）下関条約』『はい一斉に（ 発言し
なさい ）！』と指示を出し、「下関条約」と一斉発言により確認をさせた。

『下関条約で、（ 日本が ）手に入れたものがあります』

「遼東半島」との自由発言した生徒が一人いた。すると、「お〜っ（ すごい ）」という声が上がった。

『「お〜っ」って、受験生やったら（ これくらいは ）知っとかんば』と、生徒の反応に対して教育的
挑発をおこなった。その後、『遼東半島』と生徒の発言を拾って、さらに条約の内容の確認のための問
答を続けた。

『もう1つ？』

「台湾」「賠償金」・・・〈 自由発言 〉

『台湾を手に入れました。賠償金も手に入れました』『そうやって手に入れたものがあるんですよ』『そ
して、清には朝鮮の独立を認めさせました』

『ということは、（ 日清戦争は ）やってよかったのかどうか？』と、日清戦争での成果を確認させた。
するとやはり「よかった」と、予想通りの答えが返ってきた。そこで、今度は逆の面からの確認をおこ
なうことにした。

『ただし、これによって目をつけられました。3つの国から』と説明をおこなった。すると、「ロシ
ア」「イギリス」「アメリカ」などの答えがあった。しかし、この答えには間違いもあったので、『ええ
っ、ちょっと待て』『ロシアはわかるけど、あとは？』と、発問し直すと、「フランス」「ドイツ」など
の答えが出てきた。

そこで、その発言を受けて、『「返せ」と言ってきたでしょ？』と発問すると、「遼東半島」「三国干渉」・・・などの答えが返ってきた。
　『三国干渉というのがあった』『そのへんを考えると、(日清戦争は)やってよかったのか、やるべきじゃなかったのかな〜？』と、再度投げかけた。この発問に対して自由発言が聞かれたが、ここでは取り上げずに、『実際に、ここ(ロシア)と対立してしまいましたね』と、ビゴーの風刺画に描かれた「橋の上の人物」の絵を指さしながら発問をおこなった。
　『(日清戦争の)10年後の1904年、戦争になります』
　『それが何戦争？』
　「日露戦争」・・・〈 自由発言 〉

　『「日露戦争」という戦争になってしまうんです』と説明しながら、日露戦争 と書いたカードを黒板に貼り、『203高地の戦いが有名ですが・・・』と続けながら、203高地の戦いの絵を貼った。
　私が、『かなりの負傷者が出ています』と掲示した絵を指さしながら説明をすると、その絵に対して、「何(が描かれているの)？」「何あい（ ＝何あれ)？」「人間？」などの発言が聞こえた。そこで、それらの発言を拾って、『人ですよ』と私が説明をすると、「え〜っ」などの声があり、『戦争とは、そういうもんですよ』と続けると、「いや〜っ」などの反応があった。

▶ この絵は、日露戦争の授業で提示するのだが、その授業を私がおこなっていないため、生徒はこのとき初めて見た。そのため、こうした反応になったようだった。

　『たくさんの人が、折り重なって亡くなっています』『このときは８万人の犠牲者を出しています』との説明には、「８万・・・」などのつぶやくような反応があった。
　『日露戦争が終わったときに結んだ条約は、何条約でした？』
　この発問に対しては、「ポーツマス条約」「ポーツ・・・」などと言って、はっきりとした発言にはならなかった。そこで、全員に確認させるために一斉問答をおこなった。
　『ポーツマス条約』
　『はい、全員で、一斉に(発言しなさい)！』
　「ポーツマス条約」〈 一斉発言 〉
　『ポーツマス条約は、中身を考えてみると、どうなのかな〜？と』『そうしたことを考えてみると、日露戦争は、やってよかったのか？　やるべきじゃなかったのか？』との発問に対しては、すぐに「やるべきじゃなかった」との多くの自由発言があった。

▶ 自由発言で「やるべきじゃなかった」が多かったのは、先に見せた「203高地の惨状を描いた絵」からの印象が大きく影響したのだろうと思われた。これでは、「やるべきではなかった」の方に意見が偏るだろうと予想はできたが、それでも生徒の考えを確認しておくことは必要だと思い、挙手による意思確認をおこなった。

　『(日露戦争は、やるべきじゃなかった)と思う人！』と、左手を挙げて賛成する生徒に挙手を求めた。すると多くの生徒が手を挙げた。次に、『やってよかったんだと思う人！』と、今度は右手を挙げ

て挙手を求めたが、ここでは生徒の手は挙がらなかった。

（4）富国強兵政策での日本のやり方を、自分自身としてはどう考えたのか？

『ここ（やってよかったという意見）は、いないようだけど、「どうなのか」ということだろう』『こうした流れがあって、1910年、日本はとうとう朝鮮を手に入れます』と説明をしながら、今度は発問する前に 韓国併合 と書いたカードを黒板に貼った。

『1910年、何がおこなわれたのか？』

「韓国併合」（カードを見ながらの一斉発言）

『韓国併合ですよね』と確認しながら、伊藤博文と李垠の写真のコピーを黒板に貼った。

『このことを象徴する写真が、これまた試験によく出てくるんだなぁ』と説明しながら、伊藤博文を指さして発問した。

『この人、誰？』

「伊藤博文」・・・〈自由発言〉

『伊藤博文ね』

『この（韓国併合）のときに、「日本政府が、韓国に対してやったことをどうみるのか」については、この前の授業（＝三・一独立運動）でおさらいをしましたよね』

『「どんなことを強制していったのか」「どんなことを禁止していったのか」ということを考えていくと、日本政府がやったことを、「当然」と見るのか、植民地支配するんだから。ちょっと「それはやり過ぎやろう」とみるのか。「まぁ仕方ないんじゃないかなぁ」とみるのか、わかれるところなんですね』

『さぁ、これをどう考えるのか？』と、ここでは問題を投げかけるだけにして先に進んだ。

『で、その翌年、中国で革命が起こります。1911年』

『何革命？』との発問には、「辛亥革命」と数人からの自由発言しかなかった。そこで、『あぁ覚えていない？』と投げかけながら、 辛亥革命 と書いたカードを黒板に貼った。このカードを見ながら、一斉発言をさせた。

『はい、何と読む？』

「辛亥革命」と、これは元気な声で一斉発言ができた。

『辛亥革命、進めた人物（誰）？』と説明しながら、孫文のコピーを黒板に貼った。

「孫文」〈自由発言〉

『孫文は、一時期、日本に留学していたんですよ』『日本に来てたんですが、日本を去るときに最後の演説をやっています』『演説の中で、日本国民に訴えたんです』と説明しながら、 西洋覇道の鷹犬か、東洋王道の干城か と書いたフリップを黒板に貼った。

『ここは（2年生の時に）習ってますか？』

『習っていないかな・・・？』

「習ってない」などという声とともに、黒板に貼ったフリップを読む「西洋覇道の・・・」「東洋王道の」などの声も聞こえていた。

そこで、そうした発言を拾って、『そうです。「西洋覇道の鷹犬か？　東洋王道の干城か？　日本は今度よく考えてください」と最後に訴えて、日本を去っていくんです』

『どういうことかというと、「ヨーロッパの国々と同じ帝国主義で、アジアを支配する立場に立つんですか？　それとも、アジアの指導者として一緒にやっていくんですか？」「日本は、今後の道として

は、支配者の道を取るんですか？　指導者の道を取るんですか？」「よ〜く考えて欲しいです、日本の
みなさん」と最後に訴えかけて、日本を去っていくんです』

『ここまでの（歴史の）流れを見て、日本の取るべき道は、どっちなのかということです』と説明を
したところで、「下（＝東洋王道の干城）」「とうぜん」などの発言が、ちらほら聞こえてきた。そこで、
『西洋覇道の鷹犬だと思う人！』と、右手を挙げて賛成する生徒に挙手を求めた。しかし、生徒の手は
挙がらなかった。そこで次に、『東洋王道の干城だと思う人！』と、左手を挙げて挙手を求めた。今度
は、ほとんどの生徒が手を挙げた。

『本当は授業をやっていたら、もう少し詳しく（学習）できますが、どうなのかということです』
『じゃぁ、日本が取ったのはどっち（の道だった）？』
「西洋覇道の鷹犬」〈自由発言〉

『みんなは、こっち（＝東洋王道の干城）を挙げましたが、でも、（日本は）こっち（＝西洋覇道の
鷹犬）を取ったわけです』『こういう道を日本は取っていくんです』

> ▶ 「どうすべきか」と「どうしたか」は別のことである。ここでは、まず「どうすべきか」（政策）
> を訊ね、その後に実際は、「どうしたか」（事実）を確認している。
> ▶ 「どうしたか」は、教科書に書かれている歴史的事実について問うているわけだから、当然、生徒
> は答えを知っている。しかしそれは、単に事実として知っているに過ぎない。大切なのは、結果を
> 知っていることではなく、その結果に至る歴史的事実を生徒自身がどう考えるのかにある。そのた
> めに歴史の授業では、こうした政策論題を設定して話し合い活動をおこなわせることが多い。

『なぜかというと、それは当時取っていた政策が・・・』と説明しながら、富国強兵と書いたカー
ドを示した。

『何という政策？』
「富国強兵」〈カードを見ながらの一斉発言〉

『最初の一斉問答で確認したけど、この「富国強兵」って、どんな意味やった？』との発問に、「国
を富ませ、軍事力をあげる」「国を豊かにして、強い兵をつくる」などの発言がバラバラに聞こえてき
た。そこで、一斉発言をさせて富国強兵の意味を確認することにした。

『口が開いていない人（＝発言していない人）がいるようですが、もう一度、全員で、はい！』
「国を豊かにして、兵力を強くする」などの発言が一斉に聞こえてきた。この一斉発言を受けて、『と
いうふうに（富国強兵の）意味を取ると、これ、２つにわかれるでしょ？』と発問したが、反応は無か
った。そこで、富国強兵と書いたカードの富国の部分と強兵の部分を指し示しながら、説明をお
こなった。

『「富国強兵」じゃないですよ。「富国」、「強兵」ですよ』『「国を豊かにする」ということ。「軍を強
くする」ということ』

『２つの意味が含まれますが、じゃぁ、この２つのうち、優先すべきは、「富国」か「強兵」か？』
まず「強兵」の声が多く出たが、その後すぐに「富国」の声も出てきた。そこで、その発言を受けて、
『富国か？　強兵か？　グループではなしあってみよう！』と、グループでのはなしあいにもっていっ
た。この指示で、各班のグループでのはなしあいが始まった。

このとき、私に一番近い位置にある３班から質問があったため、はなしあう内容について再度説明を
おこなった。

『これ、あまり時間取りませんよ。あと10秒ぐらいでいいですか？』との投げかけに、どこが指名されるのか生徒が話している声が聞こえた。そこで、『大丈夫。今度はＡグループをあてるから』『さっき、Ｂグループやったろ？』などと説明した。すると、「Ａの２番」など、どのグループの何番が指名されるのかについての声が、あちこちから聞こえ出した。しかしそれも、すぐに静かになってきたので、次の指示を出した。

『ほら、もう静かになってきた』『（優先すべきは富国と強兵）どっちなのかですが・・・』

『ではＡの２番、起立！』との指示で、各班のＡグループの２番の席の生徒が立ち上がった。

『どっちなんでしょう？』『はい、立っている人（で発言できるのは）？』との投げかけに、１班の生徒が手を挙げたので、指名をした。

『はい、１班を注目！』

「富国だと思います。理由は、まず国を富ませないと兵も強くならないし、軍備の拡張もできないと思うからです」

『だから「富国を優先すべきなんだ」と』

『今の意見に反対のところ！』

『はい、どうぞ！』と、手を挙げた５班を指名した。

「（１班に）反対です」

『５班を注目！』

「当時の日本は、軍が強くなれば豊かになると考えていたと思うからです」

『だから、軍を強くすることが優先』

『今の（意見）に反対（の意見は挙手）！　反対！』との指示に３班の生徒が手を挙げた。

『本当に反対？』『はい、ではどうぞ！』と３班を指名した。そして、私の『５班に・・・』という発言に続けて、「反対です」と言い出したが、そのまま私の方を向いて発言を続けたので、『先生に（向かって）言わない！』との指示を出した。

「国を豊かにすること・・・」と発言し出したが、それでも体の向きがそのままだったため、『先生に言わない！　（人数の）多い方を向いて（発言しなさい）！』と、体の向きがわかるように両手で示しながら、もう一度指示をした。

「豊かにすることが先だから」

『なぜそれが先なのか』『それは、さっき１班が言ってくれたよね』『そのへんを活かしながら言ってくれるといいんですが・・・』と説明をした。しかし、これまでの発言から、それほど内容は深まらないように感じたため、先に進めることにした。そこで、まだ発言をせずに立っている生徒もいたが、いったん全員を座らせた。

『単純に手を挙げてみて！』

『どっちが優先？』『富国の方だと思う人！』と、右手を高く挙げて挙手を求めた。そして、手を挙げた人の数を声に出して数えた。『１、２、３・・・21人』

『いや、強兵の方だろう（と思う人）！』と、今度は左手を挙げて挙手を求めた。『１、２、３・・・10人・・・』と、また声に出して手を挙げた生徒の人数を数えたが、手を挙げていない（手をあげることができない）生徒がいた。そこで、『ちょっと「わかりません」というのはいない？』と、私語をしている生徒に向かって訊ねた。そして、『いないね？』と強調して確認した。

▶ 挙手させることで、自分の結論がどっちなのかをはっきりさせる（他の生徒に示す）ということ

と、そのことで授業に参加している姿勢を示す（参加していることを意識させる）ことができる。
　　だから、原則、全員の生徒が、どちらかの結論に挙手するようにしている。
　　ただ、中には、どうしても判断ができないという生徒もいるため、あまり強要もしにくい面はある。

　ここでは生徒全員の手は挙がらなかったことを確認して、授業を先に進めた。
　『もう一つ質問します』『今度はグループでの討論をしますよ』『みんなが、どう考えるのかを、今訊いたんですが・・・』
　『日本政府が進めているのは、どっちを優先させているんですか？』
　「強兵」〈 自由発言 〉
　『ということは、そのやり方は、どうなのかと？』
　『ここまでの流れを見ると、確かに「富国強兵」なんだろうけど、日本がやってきたのは、当然の行動なのか？　それとも、間違っているんじゃないかと見るのか？』
　『このことについて、グループで、討論しなさい』
　『討論ですよ、（やり方を）覚えてますか』『発表の仕方が違うから、両方の意見を出しておかんといかんですよ』
　『はい、ではグループで討論！』
　すぐに各班内のグループでの討論が始まった。今度は、先の話し合いを受けた形なので、活発に意見が出されていた。私は、１・３・５班（＝教室の前に位置する班）の間を動きながら、２・４・６班の様子を観ていた。すると、３班の生徒が、「Ｂだと思う人？」「は〜い」などと手を挙げて結論を決め出した。そこで、『多数決を取る必要はないです』と指示を出した。その指示に対して、「班内で討論をしている」という返事が返ってきたので、学級全体で討論をするので、班内での討論は必要ないことを説明した。
　『あと10秒ぐらいで（時間を）切りますよ』『今度は、どこをあてるか』と説明すると、「Ａの３」「Ａの１番」とか、「Ｂの２は、あてたじゃなかですか」などの声が聞こえた。そこで、『そうね、わかりました』と生徒の声を受け止めながらも、グループの討論をやめるよう指示を出した。
　『はい、やめ！』
　『では、Ａの１番、Ｂの１番、２人立ちなさい！』
　この指示には、「えぇ〜」という声や笑い声などの反応があった。そうした中、各班から２人ずつの生徒が立ち始めた。
　『はい、きり〜つ！』と、指名された２人の生徒が、まだ立っていない班に催促をした。
　『（各班から）２人立ってますが、どちらか１人言えば座っていいです！』
　『はい、意見が言える班！』との指示に、すぐに３班が手を挙げたので指名した。
　『３班、どうぞ！』
　「え〜っと、Ｂだと思います」
　この出だしの発言がおもしろかったので、『ＡとＢと、どっち？』『「エ〜とビ〜と思います」って、（Ａ・Ｂ）どっち？』と、生徒の発言を茶化した。すると、大きな笑い声が起きて、少し騒がしくなった。ただし授業が乱れるという感じではなかったので、注意はしなかった。そして、『は〜い、３班を注目！』といいながら、Ｂの意見の方に③と板書して、３班の意見がＢであることがわかるようにした。
　「先に富国の方を優先した方がいいと思ったので、日本は強兵を優先していたので、間違っていたと思います」

『なぜ「富国を優先した方がいい」と考えたのかということを言ってくれたら、もっといいんだろうけど・・・』と、３班からの発言内容には付け足しが必要なことを指摘した。しかし、ここでは、これ以上の発言はないだろうと判断して、先に進めた。

『はい、反対意見！』との指示に、６班が手を挙げた。

『６班、どうぞ！』

「反対です」「今後のためにも、もっと軍を強くしていた方がいいと思うから」と、やや小さい声で自信無さげに意見を述べたため、「聞こえん」などの声が周りの班から出た。黒板にはＡの意見の方に⑥と書いて、３班には反対であることがわかるようにした。

『今後のために、軍を強くしておかないと、まずいですか？』

「まずい」「負けるから」・・・〈 自由発言 〉

『そもそも、なぜ不平等な条約を結んだのかを考えてみると、軍を強くしておかないといけないんじゃないかと』『はい、それに反対意見！』と指示を出すと、２班から手が挙がったので指名した。

『どうぞ！』

「６班に反対です」

『はい、反対で〜す』と、Ｂの意見の方に②と板書した。

その後、２班の生徒が意見を述べ出したが、周りの生徒が発言者を見ていなかったために、体を２班の方に向けてきちんと注目するように指示を出さなければならなかった。

『２班を見るんですよ、２班を！』と、このときは少し険しい表情で指示を出した。この指示で、周りの生徒が２班に体（ヘソ）を向けたので、２班の生徒は意見を述べ始めた。

「理由は、兵を強くして国を豊かにするのは、本当の平和じゃないと思うからです」

『本当の平和ではない、豊かな国じゃないんじゃないかと』

『はい、反対意見！』との指示で、どこの班からも手が挙がらなかった。そこで、『あてますよ、討論だから』『必ず反対意見を言ってもらいます』と説明をして、指名発言をさせるために１班を指名した。『では１班！』

▶ ここでは「反対意見」を発表させるのに、挙手した班を指名する挙手発言をさせている。しかし、基本的には、グループでの討論の後の発表では、発言する班は教師による指名発言で進めている。指名発言だと、「どの班が」、「どっちの意見で発表しなければならないか」の予測がつかないため、グループでの討論で、必ず両方の意見を出しておかなければならなくなるからだ。

▶ ただ、このとき挙手発言を求めたら、挙手する班があったため、そのまま挙手発言で進めた。絡み問答への発展を考えた場合、次々に反対意見が出てくる状況をつくっていた方がよいとの判断であった。しかし、それも続かなかったため、指名発言に切り替えた。

ところが、こうして１班を指名したすぐ後に、４班が手を挙げた。そこで４班に発言してもらうことにして、指名をやり直した。

『あぁ反対意見がある』『じゃぁ４班、どうぞ！』

『２班に？』「反対です」『はい、反対』と言いながら、Ａの意見の方に④と板書した。

「軍を強くして・・・」と、４班の生徒が発言を始めたが、また周りの生徒の聞く姿勢ができていなかった。そのため、再び意見を聞く姿勢として発言者の方を向くように指示を出した。

『ちょっと待って！』『ちゃんと４班、注目！』

> ▶ ここまで、発言の仕方と聞き方については、何度も同じような指示を出している。生徒が発言する場合、「他の生徒の発言をきちんと聞かない」とか、「発言は教師に向かっておこなう」傾向が強いため、こうした指導は、かなり意識しておこなう必要がある。
>
> ▶ 特に授業の初期の段階では、「誰に向かって発言すべきなのか（意見を聞いて欲しい相手は先生よりも学級のみんな）」とか、「発表者を無視しない（そのためには発言者の方を体ごと向く）」との言い方で、発言の仕方と聞き方については、くり返し根気強い指導が必要になる。

「『強兵』をおこなって軍を強くして、国民ば安心させて『富国』をおこなう」

『軍を強くして国民を安心させる。そして国が豊かになっていくという段階を考えていくと、日本がやっていることは、これは当然のことなんだ』

『この流れは、当然なんだ、に反対意見どうぞ！』と、今度は１班に指名発言を指示した。

『はい１班、どうぞ！』『１班を注目！』

「４班の意見に反対です」との発言で、Bの意見の方に①と板書した。

「富国をしていないから、騒動が起こる、国民の騒動などが起こると思うので、B（間違っている）だと思います」

『これ（＝強兵）ばっかりやっていて、こう（＝富国）じゃないから、（国民の）不満が出てくるんだと』『これ（＝富国）がちゃんとできていれば、そんなことにはならないじゃないかと。つまり、（日本は）間違ったことをやっているんだということね』『そういうふうに考えていくと、明らかに、6班・4班の意見は違うんじゃないかと』

『でも、反論どうぞ！』と、5班を指名した。

「え〜と・・・」と意見を言い出したが、先に進めなかった。そこで、意見を言いやすいように、結論は１班に反対だということを言ってあげた。そして、Aの意見の方に⑤と書いた。

『え〜と、Aですね』『１班に？　１班に？』

「反対です」と意見を述べ出したが、黒板の方を向いての発言だったため、生徒の人数の多い方を向くように指示を出した。

『反対ですね』『黒板に言わないよ！』

この指示で発言者は向きを変えたのだが、そのことで眼の前に同じ５班の生徒が見えたため、その生徒と話を始めてしまった。その様子を観て、今は話し合いの時間ではないことを指摘した。

『あらっ、今はなしあいよんね。ダメですよ、それは』『だから班でのはなしあいのときに、討論だから、両方の意見を出しておかないと』

このときは、発言に自信がないため他の生徒に発言内容を訊ねていたようなので、これ以上、意見を求めても無理かなと判断して、『ちょっと、座りなさい！』と、発表を中断させた。

『単純に聞きますよ！』『これはA（当然のこと）だと思う人！』『１、２、３・・・10。10人』

『いや、間違っている、Bだと思う人！』『１、２、３・・・20人』『ということは、みんなは、「間違っているんじゃないか」と思っているわけだ』と、いったん、学級の結論を確認した。ここでも生徒全員が手を挙げたわけではなかったが、時間が不足しそうだったため授業を先に進めた。そして、ここまでの内容をまとめさせるために、ノートをとる時間にした。

『先に行く前に、ちょっとここまでの内容をノートに写しましょう！』

ここで、ノートを取る時間を３分ほど設けた。この間に、砂時計を生徒に見えやすいように教室前方の壁に掛けてある時計の下（＝黒板の上）に置き、黒板の貼りもの資料をはずしていった。

その後、はじめに板書していた内容に、更に書き加えをしていった。私からの指示で、すぐに静かに集中してノートを取り始める生徒がいたり、おしゃべりしながらノートを取ったり、まずはおしゃべりを始めたりしている生徒がいた。そこで、時間の設定を指示した。

　『時間は・・・、あまり取れないから、３分ぐらいでいいかな』

　この指示で、ほぼ全員が静かにノートに取り掛かった。

（５）軍閥の行動を、日本国民はどうみたのか？

　時間になったので、黒板上に置いた砂時計を取って、黒板中央に立った。

　『はい、やめ！』『（書くのは）そこまで！』と、かなり大きな声でノートをとることをやめさせる指示を出した。生徒は驚いて、少し騒がしくなった。

　『大丈夫です。これ（＝「はい、やめ」の大きな声）で心臓が止まった人は、一人しかいませんから』と冗談を言った。すると、「（私が）二人目になったもしれん（＝しれない）」との反応が返ってきた。『二人目？　そりゃ大変だ。でも大丈夫、なりません』と笑って答えると、そのやり取りに笑いが起きて、教室の雰囲気が少し和んだ。そこで、説明を始めた。

　『富国強兵を進めている中で、1912年に軍部が「陸軍のストライキ」という事件を起こすんです』

　『何で軍がストライキを起こすのかという話なんですけれども・・・』

　『前年、1911年、中国で革命が起きた』

　『さっき出てきたね？』

　「辛亥革命」〈自由発言〉

　『その辛亥革命に危機感を持った陸軍が、当時の内閣に対して、２個師団、２万人の増兵を要請したんです』『つまり、〈「板書＝軍の増設」部分を指しながら〉「軍を増設してくれ」という要求を政府にしてきたわけなんです』

　『その当時、２万人もの増設が必要だったのかどうか・・・ということを考えてみると、どっちなのかなんですけれども・・・』

　『国民の生活がどうなっていたのかを表した絵を見てみると、どうかということなんです・・・』と、説明をしながら税に苦しむ国民の様子を描いた風刺画を黒板に貼った。

　『当時の国民の様子なんですが・・・』

　ここでは、「苦しめられている」などの発言を予想していたが、何の発言もなかった。そこで、風刺画についての発問をおこなった。

　『豊かな暮らし？』

　しかし、この発問に対しても発言はなかった。そこで、さらにわかりやすく発問をおこなった。この発問は、わかりやすいというよりは、「誘導尋問的な発問だな」と思いながらおこなった。

　『「富国」の暮らしを、やって・・・？』

　「ない」・・・〈自由発言〉

　『（この絵の中の国民は）重い物を背負わされています』『何と書いてあるのかというと？』

　「税」〈自由発言〉

　『増、税』『税金で押しつぶされそうだ。「もう苦しい国民生活になっているんですよ」と』『つまり「軍を増設する」ということは、「さらに増税する」ということですよね。「さらに戦争を進め」「強兵を進めますよ」と、こういう流れになっていくわけで、政府としては「ちょっと待て」と、「（富国強

兵は）わかるけども」と、悩んでいる様子が（学習プリントの）資料の裏側を見ると、当時の西園寺内閣の首相の顔が描かれている』

『どんな表情？』

「考えている」「しょぼんってしとんしゃ」・・・〈自由発言〉

『しょぼんとしてますね。困ってますね』『どうしましょう～。「国民生活やら、国家予算を考えると、軍の要請は聞けないぞ」「聞けない

けど、聞かないと（軍が）突っぱねるぞ」と。「軍としては、陸軍大臣は出しません」と』『（軍から）出してもらわないと、内閣がつくれなくなるんです』『「じゃどうしようか」と悩みに悩んだ結果、どうなったかというと・・・、内閣はつぶれてしまいました』

『その後どうなったかというと、陸軍大将である桂太郎が・・・、西園寺内閣の後を継いで、内閣総理大臣になっていくという動きになる』『そして、この人（桂太郎）が「陸軍の要求、認めましょう」という流れをつくっていく』

『こうした軍の動き、富国強兵を進めている軍部として、当然なのか？　当然とまでは言えないが仕方ないのか？　そんなことは許せないのか？』

『国民は、どうみていたのか？』

『これについて、はなしあいをしたいところですが、とりあえず班ではなしあいをして、結論が出たら意見プリントを取りに来て、持って帰りなさい。宿題にします』

『はい、全員起立！』

　ここから、各班でのはなしあいが始まる。ところが中には、まだノートを取っている生徒もいたため、『全員座ったら、意見プリントを取りに来なさい』と指示を出した。つまり、まず全員が立って意見を出し合って、班の結論を出すことを要求した。これによって、まだ立っていなかった生徒も立ち上がって、はなしあいに参加していった。

▶ この日は45分授業だったため、最後の討論の時間がとれなかった。そこで班でのはなしあいを実施させ、意見プリントは宿題とした。
　この授業は、当初から2時間続きで予定していたため、次回につなげるためにも、こうした方法をとった。

▶ ここで紹介した話し合い活動は、グループでの「はなしあい」「討論」と班での「はなしあい」である。この日は、授業時間の関係で、班でのはなしあいを受けての学級での討論までは実施できなかった。そのため、グループでの話し合い活動を中心とした実践記録となった。

▶ グループでの話し合い活動には、「はなしあい」と「討論」の2つがある。両方とも「3人構成のグループ内で意見を出し合う」という意味では同じ活動をおこなうが、はなしあいと討論では、話し合い活動の後の発表の仕方が違っている。

▶ 各グループから発表をする場合、「はなしあい」では自由に意見を述べてよいのだが、「討論」では、必ず1つ前の意見に反対の意見を述べなければならないことにしている。そのためグループでの討論をおこなう場合には、グループ内で意見を出し合うときに、A・Bの二者択一の論題の場合には、必ずその両方の意見を出し合っておかなければならない。そうしないとグループからの発表ができなくなってしまう。だから、例えば、自分たちがAの意見であっても、あえてBの立場で考えて意見を出さなければならなくなる。

▶ なお、こうしたグループでの話し合い活動で大事なことは、話し合い活動の前から意見を出し合う形で授業が流れているところにある。そうした授業の流れができているため、グループでの話し合い活動や、その後のグループからの発表もスムーズにおこなわれるのである。また、グループから必ず反対意見を出すように指示してあることも大事な点であり、この指示があるため、各班（グループ）から意見を出し合うときに討論になっていく。

▶「討論しよう」と言っても、生徒に経験がなければ、論題がいかに優れていても討論は実現しにくい。生徒に討論に向かう構えを持ってもらうために、発言方法を明確にして誰でも発言できるようにしたり、日常的に発言することを生徒に意識させ（習慣化させ）、はなしあいのやり方を明確にして、すべての生徒にはなしあい（やってみれば楽しい）を経験させるなど、授業内容を実現する授業方法を工夫する必要がある。

大日本主義か小日本主義か（後半）

◎明治以後の日本の動きを振り返り、これまで通り大日本主義でいくのか、小日本主義でいくべきなのか、日本の進むべき道について考えさせる。　　　　　　　　　　　※ 2時間扱い（ 2時間目 ）

授業後半のはじめに

　2時間目（ 授業後半 ）を紹介する。ただし授業前につくっている「授業案」の形での紹介である。
　授業案は、授業の前につくっておく計画書のようなものだから、事前に授業の流れをつかむことができて、授業に臨みやすくなる。のみならず授業を終わった後には、その授業での生徒の反応や発言、教師の指導言の変更など、次に授業をする場合に参考になることを書き込めるため、授業を深めていくことができる利点もある。そして、それがそのまま授業の記録にもなる。また何より、授業案形式で授業づくりを進め授業の全体像をつかんでおくと、授業での内容と方法を噛み合せやすくなる。それは、「何を教えるのか」「そのための資料をどうするのか」「どこで何を考えさせるのか」「そのための時間の確保はどうするのか」といったことで、授業内容と授業方法を同時に考えていくことになるからである。
　以下の「授業案」では授業案と実際の展開が異なった場合、実際の教師の指導言や生徒の発言などを罫線で囲んで(▶ を付して)書き加えている。

（6） 大正デモクラシーとは、どんな動きだったのか？

　2時間目(授業の後半)では、まず前時の論題についての解説をおこなった。『軍部のやり方を国民としてどうみていたのか？』『富国強兵政策として、それは当たり前だろうとみたのか？　仕方ないとみたのか？　いくらなんでも、そこまでは認められないだろうとみたのか？』
　どう見たのかで大きく違ってくることを投げかけて、この日の授業内容に入っていった。ここまでは、前時の授業の続きということもあってか、生徒は静かに聞いていた。

①・当時、日本の政治は、政党を無視して一部の、何を中心におこなわれていた？
　⇨ 藩閥

②・西園寺内閣の後を継いだ(長州出身の)桂太郎の内閣も、そんな藩閥政府だった。
　・では、【資料：6】にある桂太郎が手を伸ばして、「師団増設」「海軍拡張」を手にしたら、乗っている馬は、どうなると思う？
　→つぶれる・耐えきれない・・・

③・つまり、この「やせた馬」は何をあらわしているのか？
　→国民・苦しい生活をしている国民・・・

④・だから、そうした「藩閥政治を批判し、憲法の精神にもとづいて、政党による政治をおこない民衆の考えを反映していこう」という運動が起きた。
　・この運動を何と言った？
　⇨ 護憲運動

⑤・桂太郎内閣のやり方に対しても、東京や大阪・神戸で反対集会が開かれた。当然、国民党や立憲政友会などの政党も支援した。この国民の動きに対して、桂太郎内閣は、「2個師団の増設は

- 71 -

天皇の命令である」と言い出した。これには国民も反対できなかった。
・どうして？
→天皇主権だから・主権は天皇にあったから・・・

▶ 実際の授業では、ここで次のような問答をおこない、生徒の発言を引き出していった。
『「天皇が主権者である」と決めてあったんです』
『何によって？』
「大日本帝国憲法」と、数人の自由発言しかなかった。そこで、確認のために発問した。
『1889年に公布された憲法、何憲法？』
「大日本帝国憲法」と、今度は発言する生徒の人数は増えた。しかし、ここでも全員の発言ではなかったので、一斉発言で全員に確認させた。
『はい、もう一回（ 全員で一斉に ）！』
「大日本帝国憲法」〈 一斉発言 〉

⑥・それでも尾崎行雄は反論をした。
・【資料：3】だ！

▶ 実際の授業では、ここは次のように変更して問答をおこなった。
『それでもこの人は反論をします』と説明をしながら、尾崎行雄のコピーを黒板に貼った。
『この人、誰？』
「尾崎行雄」「尾崎・・・」・・・〈 自由発言 〉
『尾崎行雄です』『はい、一斉に！』
「尾崎行雄」〈 一斉発言 〉
『尾崎行雄は、（ この絵の中の ）A・B、どっちだかわかりますか？』
「B」（ 自由発言 ）
『じゃぁ、Aは（ 誰 ）？』
「桂太郎」・・・〈 自由発言 〉
『ここで、どういう批判をしたのかは、資料の3にある！』

▷【 資料：3 】

彼らは、いつも口を開けば「忠君」を唱え、しかも「忠君愛国」は自分たちだけの専売ように唱えています。しかし、そんな彼らのやっていることを見ると、いつも王座の陰に隠れて、政敵（＝政治上の敵）を狙撃するような行動を取っている。（ 拍手 ）
　また、彼らは王座を砦として、詔勅（＝天皇の言葉）を弾丸のように使って政敵を倒すようなことをやっている。
　・・・また、内閣総理大臣の地位に就いて、その後で政党を組織するということも、彼らの一味が、いかにわが国の憲法を軽く見て、その精神を理解していないのかの一端がわかる行動である。

⑦・この[尾崎行雄の]主張は、支持されたのか？　されなかったのか？
　→支持された・支持されなかった・・・

⑧・桂太郎内閣は、1913年、民衆や議会の批判を受けて、どうなった？

⇨ たおれた

⑨・「桂内閣が倒れた」ということは２個師団の増設は、実現したのか？　しなかったのか？

→しなかった・・・

⑩・つまり、桂太郎内閣を辞めさせ、軍の増設をさせなかったのは、誰だったのか？

→国民・民衆・政党・・・

▶ ここでは「尾崎行雄」との自由発言しかなかったため、次のような発問と説明をおこなった。

『尾崎行雄、一人の力？』

「国民」などが、ここでの自由発言で加わった。

『「これ以上、国民生活を苦しめることは認められない」と、国民の反対があったということでしょう』『公民分野で詳しく勉強しますが、政府というのは、国民生活を豊かで安心なものにしていくためにあるんです』

---

⑪・内閣とは国民の生活を考えるところ。だからこそ「いつまでも一部の藩閥の人たちにより勝手に政治をやられたらかなわない」と大勢の人たちが主張し出した。

・藩閥ではなく政党による政治がおこなわれ、こうした社会運動が盛んになった大正の時代の風潮を何言ったのか？

⇨ 大正デモクラシー

（７）普通選挙法か？　治安維持法か？

①・その大正デモクラシーの動きの中で、1925［ 大正14 ］年、何が実現したのか？

⇨ 男子普通選挙

②・つまり、前回の授業の最初に考えた「普通選挙実現」の国民の要求は実現されたと、言えるのか？　言えないのか？

→言える・言えない・・・

③・このとき、衆議院議員の選挙権を与えられたのは、どんな人たちだった？

⇨ 25歳以上のすべての男性

④・これで選挙に参加できる国民が、一気に増えた。しかしそれでも選挙権がない人たちもいた。

・それは(どんな人たち)？

→女性・・・

⑤・つまり、普通選挙実現の国民の要求は、実現されたと、言えるのか？　言えないのか？

→言えない・言える・・・

⑥・ところが、政府は男子普通選挙が実現したのと同時に「ある法律」も成立させた。

・それが何という法律だった？

⇨ 治安維持法

⑦・この治安維持法とは、どんな動きに対して重い刑罰を加えようとするものだったのか？

⇨① 天皇に主権がある国の体制を変えようとする動き ② 私有財産の廃止を主張したりする社会主義の動き

⑧・1928年、政府は治安維持法の内容を改正して、更にどんなことの取り締まりにも利用するよう

になったのか？

⇨ 社会運動全般

⑨・つまり、治安維持法により社会主義や社会運動は押さえ込まれることになる。

・では結局のところ、男子普通選挙と治安維持法によって、国民の要求や主張は政治に反映されやすくなったのか？　反映されにくくなったのか？

→反映されにくくなった・されやすくなった・・・

▶ ここでの生徒の反応が弱かったため、実際の授業は次のような流れにした。

「されやすくなった」との自由発言がわずかに聞かれた。そこで、挙手による確認をした。

『されにくくなったと思う人［ 挙手 ］！』と、右手を挙げて生徒に挙手を求めた。すると、5〜6人の生徒が手を挙げた。

『いや、反映されやすくなったと思う人！』と、今度は左手を挙げて挙手を求めたが、生徒の手は挙がらなかった。このとき、生徒はどう判断していいのか迷っている感じだった。

『よくわからない・・・というのは・・・、ダメですよ』と、手が挙がらない状況を見て、とにかく、この時点で自分自身の判断をすることを要求した。と同時に、ここは少し時間を置く必要を感じたため、ここまでの内容をノートに書き写す時間にした。

『では、ここまでの内容をノートに書き写しなさい！』との指示で生徒はノートをとりだし、私は板書の書き足しをおこなった。

3分計の砂時計が落ちてしまうのを見計らって、ノートをとる時間の終りとした。

『書いた人は筆記用具を置いて、前の方に（ 体を向けなさい ）！』との指示を出した。

（8）国民の税金は何に使われていたのか？

①・大正時代、日本国民はどんな意識を持つようになった？

⇨ 「日本は一等国である」

②・でも、何が一等だったのか？

→・・・？

③・「一等国日本」の国民の生活は、豊かになっていたのか？　いなかったのか？

→（ 豊かに ）なっていなかった・・・

④・一等国なのに、どうして国民の生活は豊かではないのか？

→・・・？

⑤・これまでの日本の対外的な動きを振り返ると、このようになる！

▷〈 右フリップの提示 〉

1894年	日清戦争
1904年	日露戦争
1910年	韓国併合
1914年	第一次世界大戦
1918年	シベリア出兵
1919年	三一独立運動

▶ フリップを提示するだけでなく、受験勉強を兼ねて次のような説明をおこなった。

『1894年、日清戦争。10年後（ 1904年 ）、日露戦争』『そして韓国併合があって、朝鮮を植民地にし、日露戦争から10年後（ 1914年 ）第1次世界大戦』『おぼえやすいでしょう、10年、10年、10年で、日本は大きな戦争をやってきている』

『（ 第1次世界大戦が ）1914年だから、今年は2014年』

『何年目？』との発問には、発言はなかった。そこで、『第1次世界大戦が始まってから・・・？』

- 74 -

と、誘導的発問をおこなった。この発問には、「100年目」との自由発言があった。

『ちょうど100年目の節目の年になっている』『こうしたことを意識しながら、受験勉強をすると覚えやすいんです』

『その後はシベリア出兵をおこない、三・一独立運動では軍隊を派遣した』

⑥・つまり、日本の国民の納める税金は何に使われていたのか？

→戦争・兵器・軍隊・軍事費・・・

⑦・【資料：4】を見ると、1921（大正10）年には国の会計の何％が軍事費に使われていた？

→49.0％

⑧・つまり、日本は何が一等国になったのか？

→軍事力・軍隊・・・

⑨・これは「富国強兵」として、当然？　間違っている？

→当然・間違っている・・・

年	一般会計歳出額	一般会計軍事費	（％）
1915(大正4)年	583,269	182,168	31.2
1916(大正5)年	590,795	211,438	35.8
1917(大正6)年	735,024	285,871	38.9
1918(大正7)年	1,017,035	367,985	36.2
1919(大正8)年	1,172,328	536,687	45.8
1920(大正9)年	1,359,978	649,758	47.8
1921(大正10)年	1,489,855	730,568	49.0
1922(大正11)年	1,429,689	604,801	42.3
1923(大正12)年	1,521,050	499,071	32.8
1924(大正13)年	1,625,024	455,192	28.0
1925(大正14)年	1,524,988	443,808	29.1

（9）大日本主義か？　小日本主義か？

①・〈 フリップを提示しながら 〉これらの戦いで兵士となり出兵したのは、誰だったのか？

→20歳になった男子・国民・・・

▶ 実際にはここでの生徒の発言が誰を指しているのか漠然としたものに感じられたため、次のような展開になった。

「国民」・・・〈 自由発言 〉

『国民・・・？』『もっと正確に言うと？』

「軍」「軍隊」・・・徴兵令によって国民が兵として派遣されていたことに気づいていないようだった。そこで、『いや違う違う、違う』と、わざと慌てた様子で生徒の発言を否定する言い方をした。すると今度は、「労働者」など自由発言が出てきた。

『えっ？　労働者？』『違いますよ』『もっと具体的に答えられないとダメですよ』と説明をすると、「軍隊」「国民」「奴隷」などの自由発言が続いた。

『奴隷じゃない』『えっ、これは勉強しているはずで、2年生のときに』『誰が兵として出て行ったのかというと・・・「20歳以上の男性」でしょう』

『それは、なぜかというと・・・？』

「徴兵令」との自由発言があったので、この発言を拾って、『徴兵令があったんです』

『「徴兵令」、はい一斉に！』と、全員の生徒に確認させるために一斉発言をさせた。

「徴兵令」〈 一斉発言 〉

『徴兵令で、20歳以上の男性は、兵として出なければならなかったんです』『だから、日清戦争も日露戦争も、「鹿島市史」を調べてみると、鹿島の人が兵隊として出ていたことがわかります』『そして、亡くなっているんです』『そうした記録が残っています』との説明には、静かに聞き入っていた。

『ただ、徴兵により国民が兵として出て、国を守るということは、あたりまえのこと？　おかしいこと？』

「おかしい」と、すぐに発言があったので、あえて次のような発問をした。

『「国民が国を守ること」は、おかしいことです』と説明されて、「あたりまえ」などの声がちらほら聞こえてきた。

『「あたりまえ」との声も聞こえるが、どっちだと思う？』との発問に、「あたりまえ」などの小さな声がチラホラと聞こえてきた。その発言を拾って、説明をした。

『国を守ります』『では、どこの国から日本を守るわけ？』

「外国」〈 自由発言 〉

『具体的には・・・？』

「アメリカ」〈 自由発言 〉

『ええっ、アメリカ？』『アメリカが、何で日本に攻めてくるわけ？』と発問をしたら、すぐに、「ロシア」との発言があった。

② ・税金は、その兵士の武器や食料のために使われていた。
   ・でも、どうして男子は20歳になると兵にならなければならなかったのか？
   →徴兵令があったから・・・
③ ・徴兵令により「日本の国民が、日本の国を守る」ことは当然のこと？　おかしなこと？
   →当然・当たり前・・・
④ ・でも、当時の軍隊は、どこの国からの攻撃に対して日本を守っていたのか？
   →ロシア・イギリス・アメリカ・・・
⑤ ・果たして、ロシアが日本に攻めてくる可能性があったのか？
   →なかった・あった・・・
⑥ ・確かに日本が満州へ出兵したのは、ロシアの脅威に対する自衛のための手段だった。しかしその
   脅威は、日露戦争後ほぼなくなっていたのではないか。それどころか、第１次世界大戦中、
   革命によってそのロシアそのものがなくなっていた。
   ・では、日本に軍隊は必要ないのか？ [それでも必要なのか？]
   →必要ない・・・

▶ 助言⑤以降、問答で事実を確認する方法に変更した。

『ロシアが日本に攻めてくる可能性というのは、あまり・・・？』

「ない」〈 自由発言 〉

『それどころか、ロシア帝国もなくなったでしょう？』『何によって？』との発問には、「社会・・・」「ロシア・・・」「ロシア革命」などの声は聞こえたが、はっきりとした発言はなかった。そこで誘導的に『1917年の・・・？』と発問した。するとこの発問には、「ロシア革命」と多くの自由発言があった。

『そうすると、ますます脅威はないわけだから、日本を守るための軍隊も、必要・・・？』との誘導発問に対して、すぐに「ない」との多数の自由発言があった。

しかし、そこですかさず、『（ 必要ない ）と、言えます？』との発問で切り返した。

この発問には、すぐに発言はなかったが、少しして、「言えない」という小さな声での自由発言があった。そこで、この発言を拾って、『「言えない」・・・なぜ？』と発問したが、発言はなかった。

ここでは、これ以上訊ねても発言は出てこないだろうと判断して、先に進めた。

『ヨーロッパの国々は、対外政策として、何主義を取っていた？』
「帝国主義」〈 自由発言 〉
『帝国主義は、何の奪い合い？』
「植民地」〈 自由発言 〉
『とすると、下手をすると「日本も植民地支配を受けるかもしれない」ということを考えると、軍隊が必要ないとは・・・？』との誘導発問に対しては、「言えない」との多くの自由発言があった。
ここまで進めてきて、『だから日本は、勢力を伸ばしておかなければならないということもあった・・・』と説明をおこない、富国強兵政策について単純には判断できないことをまとめた。

⑦・欧米列強が「帝国主義」を採っている限り、危険性がなくなったわけではない。
　・だから勢力を広げるため、日本は第1次世界大戦中の1915年、中国に対し何を出した？
　→二十一か条の要求〈 一斉発言 〉

⑧・この日本の行動は、よかったのか？　まずかったのか？
　→よかった・まずかった〈 挙手により人数の確認 〉

⑨・また、ロシアとの関係では［ ロシア革命に対して ］、1918年に何をおこなった？
　→シベリア出兵〈 一斉発言 〉

⑩・このシベリア出兵について、自分自身の考えは、もっと軍を派遣すべきだった？　それとも、派遣はすべきではなかった？
　→やるべきでなかった・もっと派遣すべきだった〈 挙手により人数の確認 〉

⑪・ただ、このシベリア出兵では兵士の食料確保のため日本国内の米が不足し、何が起こった？
　→米騒動〈 一斉発言 〉

⑫・さて、こうして明治から大正の日本の行動を振り返ってみると、その進路には2つの道があったことがわかる。
　・この日本の進路について、戦後に内閣総理大臣になった（ 当時ジャーナリストだった ）石橋湛山〈 コピーを提示！ 〉は、1921年のワシントン会議に臨むにあたって、【資料：7】にある1つの提案をしていた！
　▷【資料：7】提案の中心的内容部分に線引き

　　仮に、日本の国際的な地位が低くて、ワシントン会議の主導者にはなれなくても、日本政府と日本国民に全てを捨てる覚悟があれば、会議そのものは必ず日本に有利に持っていけるに違いない。
　　たとえば満州を捨てる、山東省を捨てる、その他に中国が日本から受けていると考えている一切の圧迫を捨てる。その結果は、どうなるだろうか？
　　また、たとえば朝鮮に、台湾に、自由を許す。その結果は、どうなるだろうか？　イギリスにせよアメリカにせよ、このことによって大変苦しい状況に陥ることになるだろう。なぜなら、イギリスもアメリカも、日本にだけそのような自由主義を採られては、世界における道徳的な地位を保つことができなくなるからである。

> 　日本が全てを捨てた時には、中国をはじめ世界の弱小国は、一斉に日本に対して信頼をよせることになるだろう。インド、エジプト、ペルシャ、ハイチ、その他の欧米列強の植民地は（日本が台湾や朝鮮に対して自由を許したように）、一斉に「自分の国にも自由を認めるべきだ」と騒ぎ出すだろう。このことが、まさに「日本の地位を九地の底から九天の上に昇らせて」、イギリスやアメリカをその反対の地位に置くことになる。
>
> 　日本が、この覚悟を持って会議に臨めば、イギリスやアメリカは考えて、「まぁ少し待ってくれ」と日本に懇願してくるだろう。ここにこそ、まさに「身を捨ててこそ、浮かぶ瀬もあり」の面白みがある。「今更遅い」と言う声もあるが、今からでも、その覚悟をすれば、日本は救われる。しかも、これが日本を救う唯一の道なのである。また、この日本を救う唯一の道は、日本の国際的地位を、これまでの守勢から一転して攻勢に出すための道でもある。

⑬・石橋湛山は、日本に何をする覚悟が必要だと言っている？

　→全てを捨てる覚悟

⑭・全てとは、何？

　→満州・山東省・中国・朝鮮・台湾・植民地・・・

⑮・確かに日本は、 領土拡大・植民地支配 という 帝国主義・軍国主義 を採る 大日本主義 で一等国になった。そして、この方針でやってきた日本は、欧米列強に支配されずにきた。しかし石橋湛山は、これからの日本は、 個人の自由と活力 を生かし 国内政治や産業を盛んにする ことで日本を一等国にしていく 小日本主義 で行くべきだと主張した。ではどうなのか。

・日本の進むべき道は、Ａ：これからも大日本主義でいくべきなのか？　それとも、Ｂ：小日本主義へ変更すべきなのか？

・Ａ：やはり、これからも"大日本主義"でいくべきだと思う人［ 挙手 ］！

▷（ 挙手により人数の確認 ）

・Ｂ：いや、これからは"小日本主義"に変更すべきだと思う人［ 挙手 ］！

▷（ 挙手により人数の確認 ）

・班ではなしあい［ ３分間 ］！

▷〈 班内でのはなしあい 〉

※・ここから班内でのはなしあい　→　学級全体での討論へとつなげていく

(10) 学級での討論

　ここまでを読んでもらうと、授業案はあくまで「案」（＝計画）であって、実際の授業ではかなり変更をしていることが理解してもらえると思う。しかし、だからと言って、「授業案は必要ない」とは考えない。はじめにきちんとした筋ができているから、（そこからの）変更もできるのであり、最初から何もない状態では、授業を進めるべき道すらわからない。

　授業案は、その進むべき道をつくっているのである。ただし、その道（＝授業案）は、事前に教師が考えていた道に過ぎない。だから実際に生徒とともに歩いてみると、意外なつまずきや脇道に気づかされることになる。そこで気づかされたこと（＝生徒の反応）によって授業案は変更していくことになる。授業は、教師と生徒でつくりだしているものだからである。

　授業の最後に実施した討論の様子を紹介する。この日の授業を見る限り、わずか１ヶ月しか経って

いないにもかかわらず、話し合い活動は上手くできるようになったとの印象を持った。というのも、生徒は２年生まで、教師の説明を聞きながらワークシートの（　　）埋めをしていく授業を受けていた。そんな経験しかなかった生徒が、１ヶ月間まったく違ったかたちの授業を受け、話し合い活動をおこなうようになり、活発に意見を出せるようになったのだから。

　学級での討論は、提言８の助言⑮の指示が教師から出され、各班でのはなしあいから始まった。私は、そのはなしあいの途中に『代表ガイドで、班での結論・理由、発表者まで決めなさい！』と指示を出したり、１班のはなしあいに入り込んだりした。

　班でのはなしあいが進む中で発言した生徒は座っていき、各班からの代表発言が決められていく様子が見られた。ただこのとき、ジャンケンで代表発言者を決めようとしていた班があったため、そのことについて注意をして、代表発言者決めについての指示を出した。

　『ジャンケンでは（代表発言者は）決めません！』

　『（代表ガイドが）決め切れなければ、（座っている席の）順番で指名しなさい！』

　『（代表発言者には）さっき（資料を）読んだ人はダメですよ。（資料を）読んだ人以外から（代表発言者を）決めなさい！』と、代表ガイドに代表発言者の指名の仕方を指示した。この指示に従って、各班で代表発言者が決まり出し、その場に立ち始めた。

　『あと（代表発言者が決まっていないのは）５班だけ』『５班、大丈夫かい？』

　『残り30秒程で（はなしあいの）時間を切るぞ！』と、５班に代表発言者を早く決めるように促した。それから30秒たったため、はなしあいをやめさせ、発言を求めた。

　『では、意見、出せるところからどうぞ！』との指示を出すと、４つの班の代表発言者の手が挙がった。その中から、１番早く手の挙がった３班を指名した。

　３班が発言を始める前に、『（人数が）多い方を向いて（発言すること）！』と発言者に体の向きの指示を出し、『（他の班の人は）３班を向いて！』と、聞いている生徒の体の向きについて指示を出した。

　「Ｂ（＝小日本主義）だと思います。前に大日本主義でいって、軍事力中心で国を進めてきたら、国民の生活が苦しくなったりしたので、これからは国民のことを考えて小日本主義に変更すべきだと思います」

　この発言を聞きながら内容を簡単に板書した。そして発言後には、内容の確認をした。

　『軍事力中心にやってきて、その結果、国民生活が苦しくなったわけだから、今度は、これ（＝国民生活）を良くしていくようにやっていくべきだと。つまり、方向転換すべきなんだと』

　『この意見に対して、賛成、反対どちらでもいいですが（あったら出してもらおう）！』と、手を挙げながら、意見を出すように指示を出した。すると２つの班から手が挙がったので、５班の方を指名した。

　「３班に賛成です。このまま行ったら、国民に限界がくると思ったからです」

　『国民に限界がくる』『どういう限界がくるのかを説明してくれたら、もっとわかりやすいんだろうけど・・・』

　『はい、この意見に、賛成、反対、どちらでもいいですが（出してもらおう）！』

　このとき、『反対意見の班は？』と反対意見を出すことを促したが、手を挙げる班は無かった。そこで、『反対意見は無い。じゃ賛成意見どうぞ！』と賛成意見を求める指示を出すと、４班が手を挙げた。

　「５班に賛成です。大日本主義でまたいくぎん、同じ過ちばくり返すけん・・・」

　『何？　後半が良く聞こえなかった』

『というか、〈 ３・５班を指しながら 〉この辺、聞いていない人がいるので、（ 意見を聞く人は ）ちゃんと発表者を見らんば！』と、発言者に聞こえるように発言することと、意見を聞く生徒に体の向きの指示をした。この後すぐに、４班からの発言が続いた。

「また同じ戦争とかになってしまうからです・・・」

『このままいくと、また戦争とかになってしまうということを考えていくと、「大日本主義は方向転換すべきだ」、というのに反対意見は無いようですが・・・』との説明に対して、１班が手を挙げた。

『はい、（ １班 ）どうぞ！』

『４班に・・・』

「（ ４班に ）反対です。理由は、『一等国日本』と言っているぐらい戦争に勝ち続けてきているので、このまま戦争とかして勝っていったら、植民地を増やしたりとか、「富国」もできるようになっていくかもしれないからです」

『実際、大日本主義でやってきて植民地を広げたから一等国になった。おまけにヨーロッパの国からは植民地支配を受けなかった。だから、「豊かになり一等国になってきた」と言える。もし、それ（ ＝大日本主義 ）をやっていなければ、（ ヨーロッパの国々から ）攻められた。何で日本が富国強兵政策を採ったのかを考えてみると、不平等条約があったからでしょう。力が無かったから。だから（ 力を ）つけてきて、ここまでやってきた。だから、ここで方向転換したらダメやろうと。この方向で行かないと日本は攻められますよと』

『この意見に反対意見！』

この指示に、すぐに６班が手を挙げた。６班の代表発言者は、すぐに「１班に反対です」と発言し出すが、そのあとが続けられなかった。そこで、ひと呼吸つかせるため、代表発言者とその周りの生徒に発問した。

『（ １班の意見の ）どこがおかしかった？』

『はい、６班を注目（ して聞きなさい ）！』

６班の生徒は、この後、次の発言を続けた。

「このまま戦争をしても、国民の生活が苦しくなるだけだからと思うからです」

『このままだと国民の生活が苦しくなるだけです』

『これには反対意見がないようなので、先生が反対します』

『今の６班の意見に反対です』『戦争をやったら、その（ 国民の生活が苦しくなる ）可能性はありますが、今までの流れを見たら、「戦争に勝った」から１班が言ったように「一等国になれた」わけでしょ』と、意見を述べながらフリップを黒板に貼り、日本のおこなってきた戦争を示した。

『それで、よその国から支配させずに済んだわけでしょう』

『ペリーが来たときに、アメリカと不平等な条約を結ばざるを得なかった』

『その後、イギリスとかフランスとかとも同じ不平等な条約を結ばされたんですよ』

『でも、（ 今は ）その危険性は無いでしょう。なぜなら、今では一等国になった』

『〈 フリップを指しながら 〉こうやって戦争をやって勢力を広げたからでしょう？』

『それがなければ、日本も中国のようになっていた可能性は高いわけでしょ？』

『であれば、このまま（ 大日本主義で ）いかないとダメでしょう』と、１班の方を向いて同意を求めた。『日本のためには大日本主義がいいんですよ。そうしないと植民地にされて、国民が苦しめられる』

『「そういう危険性があるわけでしょ？」に、反対意見をどうぞ！』と、まだ発

1894年	日清戦争
1904年	日露戦争
1910年	韓国併合
1914年	第一次世界大戦
1918年	シベリア出兵
1919年	三・一独立運動

言をしていない２班を指名した。そのため生徒は、２班の代表発言者の方を向き直した。しかし、急に指名された２班の代表発言者からは発言は無かった。

> ▶ 生徒から反対意見が出てこない場合には、教師が、あえて反対意見を出している。そうすることで、いま出されている意見とは別の見方があるということを教え、反対意見を出しやすい雰囲気をつくるようにしている。
> また、授業の初期の段階では、教師が反対すると出された意見に疑問を抱く傾向が強いので、反対意見が出やすくなる（ 慣れてくると、教師の反対意見にも疑問を抱く生徒が出てくる ）。

『そう言われると困るよね』
『でも、そういう風に両方（ の考え方が ）あるんです』
『じゃ、どっち（ の意見を支持するの ）かで、もう一度はなしあい！』
『全員、起立！』と、ここから２回目の班でのはなしあいを実施させた。

　ここで授業時間が残り少なくなってきた。生徒のノートを取る時間や意見プリントの記入時間を考えると、この後、班でのはなしあいをもとにした学級討論は実施できそうになかった。そこで、話し合いの結果、結論と理由が確認できた班には意見プリントを取りにこさせるように指示を出し、生徒個人に自分の考えを書かせて終わりにすることにした。班でのはなしあいで出された意見をもとに個人の考えを意見プリントに書いて、授業は終了となる。
　学級討論は無理をすれば実施できないことはなかったかもしれない。討論を実施して、意見プリントを宿題にする方法もあった。しかし宿題にしてしまうと、提出しない生徒がいるため、学期始めのこの時期には、まずは意見を持たせる（ 書かせる ）ことを優先して、討論の実施は見送った。

(11) 通信プリントによる意見交流

　授業での討論は討論をおこなうこと自体が目的ではない。討論はあくまで歴史の見方や考え方を深めるための方法である。そのため授業の最後に、討論でのさまざまな意見を受けて、意見プリントに自分自身はどう考えるのかを書かせるようにしている。前述のように意見プリントは班で集めて提出させ、通信プリントとしてまとめて生徒に返している。次ページに掲載した通信プリントの〇番号は班をあらわしている。ゴシック体で書かれた意見は、班の代表意見である。班の代表意見は、意見プリントを集めて提出するときに、代表ガイドの判断で決めさせている。

歴史　通信プリント〈　大日本主義か、小日本主義か　〉　　　3年5組

◎戦後、内閣総理大臣となった石橋湛山は、かつて政府・国民に日本の進むべき道を「大日
　本主義か小日本主義か」と訴えていた。明治～大正の日本の行動を振り返ってみると、採
　るべき道は、大日本主義なのか？　小日本主義なのか？　そして、実際の日本は、このあと
　どんな道を歩むのか？

Ａ：やはり、今まで通り大日本主義を通すべきだと思う！　　7人
・大日本主義をとって植民地を増やせば富国につながるが、ウィルソンの民族自決の考えやロシア
　革命で皇帝が倒れたことを知っている民族が、独立運動などを起こして植民地支配をし辛くなる
　から、軍備を拡張して大日本主義をとるべきだと思う。　　　　　　　　　　　　　（①：・・）
・国民が抵抗しても軍事で抑えればいいし、戦争に勝って日本は一等国となり、富国強兵も実現し
　ているので、この調子で戦争をしていけば真の富国強兵が現実となり、国民も落ち着くから。

　　　　　　　　　　　　　　　　　　　　　　　　　　　　　　　　　　　　　　（⑥：・・）
・大日本帝国憲法の考えのままで戦争に勝ち続けてきて、一等国になるくらい戦争に勝ち、軍事力
　もついているので、これからも戦争で勝てば賠償金で国が富国するから。　　　　　（①：・・）
・今まで大日本主義でやって来たから領土拡大や植民地支配できたことで、やってこなかったらど
　こかの国の植民地になっていたかもしれないから、大日本主義で通すべきだと思う。

　　　　　　　　　　　　　　　　　　　　　　　　　　　　　　　　　　　　　　（①：・・）
・一等国になった日本が、戦争でこのまま勝ち続ければ、植民地や軍事費などが全て自分たちのも
　のになり、富国強兵がより成立するから。　　　　　　　　　　　　　　　　　　（①：・・）
・日本は不平等条約を結んだ時代から比べて、日清戦争や日露戦争など世界に通用する国になった
　ので、今さら小日本主義にするのはおかしいと思う。　　　　　　　　　　　　　（⑥：・・）
・今まで戦争に勝ってきたので、このまま続けて富国強兵を続けたら植民地にもならないと思うか
　ら。　　　　　　　　　　　　　　　　　　　　　　　　　　　　　　　　　　　（①：・・）

Ｂ：いや、小日本主義に変更すべきだと思う！　　27人
・他の国から支配を受けないくらい軍が強くなったら、もう十分のはず。自分の国を守れるように
　なったら、植民地を手放し、平和に向かって進むべき。　　　　　　　　　　　　（④：・・）
・シベリア出兵など軍事力を優先してきたら、米騒動など起きて、国民の生活が厳しくなったので、
　今後は国民の生活を優先すべきだと思ったから。　　　　　　　　　　　　　　　（③：・・）
・このまま戦争を起こして勝ち続けても、必ず平家物語のように、栄える者は、いつかは滅びてし
　まうと思うし、国民の怒りの限界がくると思う。　　　　　　　　　　　　　　　（⑤：・・）
・他の国ばかりを見て大日本主義になって、戦争が起こると軍費がかかって国民の生活が苦しくな
　り、国民の不満が高まるばかりだから。　　　　　　　　　　　　　　　　　　　（②：・・）
・戦争で国民が苦しむのと税金などの金の問題で苦しむのは、どっちみち国民が苦しむことに変わ
　りはない訳だから、少しでも国民のことを思って国を豊かにした方がいいと思う。あとから戦争
　が起こるとしたら、力ではなく話し合いで決めればいいのではないのかと思う。　（⑥：・・）
・このまま大日本主義で行くと軍事費が大量に必要になるし、強い国と戦うには、それ以上に軍事
　費がかかるので、更に国民の生活が苦しくなる。植民地支配を受けないためにも軍事力はこのま
　ま保持して、小日本主義にするべきだと思う。　　　　　　　　　　　　　　　　（④：・・）

- 82 -

・日本は一等国と言われるまでに強い国になったけれど、このまま行くと軍事費などが足りなくなって強兵ができなくなり、戦争に負けて国民の生活が苦しくなるだけだと思うから。（④：・・）
・日露戦争やシベリア出兵のときも日本内の経済が不安定になり、このまま戦争を続けると、いつ日本国民がつぶれてしまうかわからないから。　　　　　　　　　　　　　　　（④：・・）
・このまま大日本主義を通してしまうと、軍事費に莫大な税金を使わなくてはならなくなると思うし、国民の生活を第一に考えるべき。　　　　　　　　　　　　　　　　　　　（④：・・）
・これまで通りに大日本主義を続けていたら戦争で人も減っていくし、米騒動とか治安のことで国がダメになっていくと思うから。　　　　　　　　　　　　　　　　　　　　　（④：・・）
・このまま大日本主義で行っても国内で不満がつのったりして貧国になってしまうのに、軍事費や戦争で更にボロボロになって国が滅んでしまうから。　　　　　　　　　　　　（⑤：・・）
・軍事費などの税金で苦しい国民生活をしているから、小日本主義にして国民を少しでも豊かにした方がいいと思うから。あと、石橋さんの顔を見て、いい人だと思った。　　　（⑥：・・）
・また戦争などをして国民の生活を苦しくしたり、軍事費もかかるから、やっぱり小日本主義にした方が国民のためになると思うから。　　　　　　　　　　　　　　　　　　（⑥：・・）
・今まで帝国主義で戦争をたくさんしてきて国民は苦しめられてきたので、これからは国民を第一に考えるべきだと　　　　　　　　　　　　　　　　　　　　　　　　　　　（③：・・）
・このまま大日本主義を続けていくと国民の生活が苦しくなり、富国強兵が成り立たなくなると思ったから。　　　　　　　　　　　　　　　　　　　　　　　　　　　　　　（②：・・）
・これ以上戦争を続けると国民に軍事費などの負担がかかり、国民の生活が苦しくなるから。
　　　　　　　　　　　　　　　　　　　　　　　　　　　　　　　　　　　　　（③：・・）
・普通選挙にしても、日本のやっていることは身分の上の人ばかりに偏っているので、日本の底上げができない。　　　　　　　　　　　　　　　　　　　　　　　　　　　　　（②：・・）
・軍事力を強くし戦争をしても、軍事費で国民の負担が大きくなるだけだから。　　　（②：・・）
・軍事力が中心でしていたら、国民の生活が苦しくなってきたから。　　　　　　　（③：・・）
・このまま戦争に勝っても、軍事費がかかって経済が安定しないから。　　　　　　（⑤：・・）
・このまま勝ち進んでも経済が安定しないから。　　　　　　　　　　　　　　　（⑤：・・）
・大日本主義で行っても、国民に限界が来るから。　　　　　　　　　　　　　　（⑤：・・）
・大日本主義でいっても、国内が不満がつのったりして貧国になってしまう。　　　（⑤：・・）
・韓国併合で得た領土を捨てることで信頼を寄せることができる。　　　　　　　（③：・・）
・今までしているといろんなことがちこってしまうと思ったから。　　　　　　　（③：・・）
・国民が納得しないから。　　　　　　　　　　　　　　　　　　　　　　　　（⑥：・・）
・日本は一等国と言われるまでに強い国になったけれど、このまま行くと軍事費などが・・・
　　　　　　　　　　　　　　　　　　　　　　　　　　　　　　　　　　　　（④：・・）

(12) おわりに

　「現代の始まり」の単元は、①第１次世界大戦勃発・②戦争は天の助けか・③社会主義国の誕生・④ハガキ１枚一億マルク・⑤独立バンザイ・⑥おんな一揆・⑦大日本主義か小日本主義か（２時間扱い）の８時間としている。この単元での学習を受けて、次の「15年戦争」の単元の授業となるため、ここで学んだことや考えたことをもとに、15年戦争を学んでいくことになる。つまり、日本がやっていることを「このまま続けていくと一体どうなるのか」という視点で15年戦争を学んでいくことになる。同時にそれは、「どうして、そんなことになってしまったのか」という視点で歴史を遡ることで（つまり、前の単元をふり返ることで）考えていくことにもなる。

　生徒は、「15年戦争」の単元で、戦争そのものについて学んでいく。そして、戦争は始めてしまったら止められないことも理解していく。だから、戦争を起こさないようにしなければならないことも学ぶことになる。そのためにも、15年戦争そのものの学習とともに15年戦争に向かう過程の学習が大切になる。その中で「戦争を防ぐには、どんなことが必要なのか」を、自分ごととして考えていくことになる。

　こうして生徒は先人の経験に学び、そこで身につけた力を、これからの社会形成に活かしていくことができる。

7　テストをつくる

　私が社会科でおこなっているテストには、①単元テスト②定期テスト③実力テストの3つがある。単元テストと定期テストは教師（＝私）が作成し、実力テストは、いわゆる業者テストを使っている。したがって実力テストの作成にはかかわれないので、ここでは教師が作成する①単元テストと②定期テストについて述べる。

1　単元テストで教え合いをつくりだす

❖単元テストとは

　単元テストとは、1つの単元が終わったときにおこなう単純暗記型のテストである。教科書に書かれている知識を問う出題をしている。具体的には生徒に予習用に配布している問題プリントから、そのまま出題している。つまり、生徒はテストを受ける前にすでに問題と答えを知っていることになる。

　1単元で扱う知識はかなりな量になるが、単元が終わったときにまとめてテストを実施することが多い。単元の終わりにまとめて実施している理由は、単元の途中で数回にわけて実施すると、生徒の負担は減るが、単元としての流れが中断してしまうからである。また、分割せず一気におこなうことで、話し合い活動をする普段の授業との違いを際立たせつつ、暗記という単純作業に集中して取り組む環境をつくっている面もある。

　個人で、孤独な作業に耐えながら努力する経験は、中学生の時期には必要なことであると考えている。中学生を見ていると、面倒くさいことを避ける傾向を感じることがある。すぐに簡単にできることが当たり前のような感覚である。そして、自分の思うように事が運ばなかったときや何か失敗したときに、原因を自分以外のもののせいにして、まずは何かしら言い訳をする生徒が少なくない。

　しかし、世の中というものは、自分の思い通りにならないことが多いのが現実である。だから、自分の思うようになすためには、それなりの努力が必要になる。苦しくても自分自身で取り組んでみる経験が大切になる。それは勉強に限らず、いろいろなことに共通して言えることでもある。そうした話をしながら、テスト勉強にも頑張って取り組むよう訴えている。

❖学習班で助け合う

　単元テストに向けて生徒が頑張る目的は、「苦しくても自分自身で取り組んでみる経験」を積むことにある。この目的を学級の全員が共有しているのだから、学級では「お互いに点数が取れるように頑張っていこう」という雰囲気づくりが重要になる。そうした雰囲気をつくるため、単元テストの合格基準点を設け、班の平均点が基準点に達しなければ、その班の全員に再テストを受けさせるようにしている。つまり、単元テストも、まずは班を意識させて受けさせているわけである。

　もちろん、テスト勉強は個人の取り組みが基本である。しかし、上記の単元テストの目的は学級の全員が共有しているのだから、個人の取り組みを学級の仲間の取り組みとして互いに支え合うこともできるようになっている。そうした活動をつくり出すための仕掛けが、合格基準点の設定である。基準点に達すれば合格であり、そこに順位を付ける必要はない。生徒は、単元テスト前には勉強しようと互いに声を掛け合ったり、単元テストの日には互いに問題を出して答え合ったりしている。

　このとき活動の中心になるのが班の代表ガイドである。この取り組みは、下手をすると班内で互いに非難し合う状況をつくってしまう危険もある。たとえば、「お前がもっと点数を取らないから、オレた

- 85 -

ちが再テストを受けなければならなくなったじゃないか」とか、「私は頑張ってテスト勉強して基準点以上の点を取ったのに、どうして再テストを受けなければならないのか」といった不満の声が出てくることがあるからだ。こうした声は、最初の頃はどうしても出てくる傾向がある。

しかし、そうした声が出たら、「班とは、お互いが協力し助け合うものだ」、「将来のことを考えてみなさい。ある程度の知識を共有したり、そのための苦労をして学級のみんなで賢くならないと、いつでも支え合えるようなみんなが生きやすい世の中をつくることはできない」ことを伝え、班で協力して単元テストに取り組む意義を説いている。そして、そうした動きを学習班の中でつくり出していくのが、代表ガイドの仕事であることを生徒全員に向かって話し、代表ガイドが活動しやすい状況をつくるようにしている。

❖再テストの実施

再テストを受ける場合のテスト勉強の方法も、暗記するという意味では同じである。しかし、1回目の単元テストの勉強と比べると、暗記する対象はさらに限定されている。再テストに向けての勉強は、1回目のテストで答えられなかった問題を優先的に暗記するように指示しているからである。そして、そうした工夫もテスト勉強で身につくものだと説き、少しでも取り組みやすい方法を意識させるようにしている。

基本的には、再テストでの合格は、班ではなく個人の点数としている。つまり、班で平均点を出して、その点数が「合格基準点を上回らなければ不合格」とはしていない。合格基準点が取れなかった生徒に対しては、「1回目の単元テストの点数を5点以上取れたら合格」としている。ただし、1回目の単元テストの点数があまりにも低い場合には、5点ではなく10点などにすることもある（そこは臨機応変におこなっている）。

基準点以上の点数が取れていた生徒に対しては、「1回目の単元テストの点数を下回らなければ合格」としている。こうした説明をしないと、テスト勉強を拒む生徒が出てくることもあるからだ。そして、「1回目で答えられた事柄は覚えているのだから、そのときの点数を下回ることはないはずだ。下回ったとしたら記憶が不完全だったことになる。つまり、テスト勉強が必要になる」とか、「くり返すことにより記憶は定着するものなので、再テストに向けての勉強は無駄なことでない」などの説明をおこなって、再テストに向けての勉強に取り組むよう訴え、「班内の人たちで、教え合ったり、覚えてきているかどうかを確かめ合うために、『頑張ろうね』と声を掛け合ったり、組をつくってお互いに問題を出し合ったりして、1回目の単元テストの点数を上回るように取り組もう」と励ましている。

❖テスト勉強での教え合い

単元テストがある日は、朝から問題プリントを使って覚える作業をしている生徒の姿をよく見かける。担任の教師からも、「今日は、社会のテストがあるんですか」と訊かれることもある。「どうしてですか」とたずね返すと、「生徒が、朝から社会のプリントを必死に見てるんですよ」との返事があり、生徒が単元テストに向かって頑張っていることが伝わってくることがある。

また、単元テストの日に、いつものように5分程前に教室に入ると、隣同士で、問題プリント使って問題を出し合っている様子を見かけることもある。お互い協力し合ってテスト勉強ができていることがわかる。テストの実施は生徒間の競争を助長するものととらえがちだが、生徒の協同をつくりだす機会に変えることもできるのである。

■ 歴 史 単 元：テ ス ト〈 前日本史 その１ 〉 ■ | 問 題 用 紙 |

※ 答えは、教科書に漢字で書いてある場合には漢字で書くこと！ また、上手でも下手でもていねいな文字を書くこと！

1 **人々が最初に日本列島に住みはじめたころについて答えなさい。**

1．現代人に直接つながる旧石器時代の人類を何というのか？

2．旧石器時代の新人は、長い間、何を使っていたのか？

3．1946（昭和21）年に日本で初めて打製石器が発見された遺跡を何というのか？

4．狩りや漁、採集だけでは食料が足りなくなった人類は、すばやい動物を狩るために何を使うようになったのか？

5．すばやい動物を狩るために問４を使うようになった人類は、野生の小動物を飼いならして増やす何をおこなったのか？

6．野生の小動物を飼いならして増やす問５をおこなった人類は、よく実のなる野生植物を栽培する何を始めたのか？

6点（ 6点 ）

岩宿遺跡	群馬遺跡	弓矢	銛槍	打製石器	磨製石器	牧畜	新人	濃厚	農耕	猿人	猿
民宿遺跡	弓失	放牧	遊牧	原人	飼育	鉄砲	機関銃	農作業	大砲	狩	石宿遺跡	犬

2 **縄文時代の人々の生活について答えなさい。**

1．人類が牧畜や農耕を始めたころには、石を磨いてつくった何がつくられたのか？

2．人類が牧畜や農耕を始めたころには、粘土を焼いた何がつくられたのか？

3．人類が牧畜や農耕を始めたころ、問１の石器や問２をつくるようになった時代を何というのか？

4．表面に縄目の模様がつけられていることが多い土器を何というのか？

5．人々が定住するようになった、地面に穴を掘り屋根をつけた建物を何というのか？

6．集落近くのごみ捨て場のことを何というのか？

7．食物が豊かにみのることなどをいのり、まじないに使うために何もつくられたのか？

8．青森県にある、当時の人々が、すぐれた技術で大きな建物をつくっていたことがわかる遺跡を何遺跡というのか？

9．約１万年前から紀元前３世紀ころまでの時期を何時代というのか？

9点（ 15点 ）

よこ穴住居	高床住居	たて穴住居	魚塚	貝塚	土塁	土隅	土偶	埴輪	水晶玉	高床家
三内丸山遺跡	吉野ケ里遺跡	土器	石器	水器	縄文時代	原始時代	弥生時代	縄文石器
縄文土器	山内丸山遺跡	弥生土器	回塚	新石器時代	打製石器	盛土	旧石器時代	倉庫
磨製石器	青森遺跡	新石器	親戚時代	親戚	輪埴	打製石器時代	よこ穴倉庫	佐賀遺跡
たて穴倉庫	登呂遺跡	恐竜時代	ゴミステーション	掘立小屋	捨場	ゴミ収集所	植輪

3 **弥生時代の人々の生活について答えなさい。**

1．縄文時代の終わりころ、中国や朝鮮半島などから北九州へ渡来した人々は何を伝えたのか？

2．縄文土器よりうすくてかたく、米の保存・煮たきに適した土器を何土器というのか？

3．人々は、収穫した稲は、鉄製の鎌や何で穂先をつみ取ったのか？

- 87 -

4．人々は、水田の近くの台地に定住して何をつくったのか？

5．定住して問4をつくった人々は、稲をたくわえるため何もつくられたのか？

6．稲作とともに、中国や朝鮮から伝えられたものには青銅器や何があったのか？

7．紀元前3世紀ごろから紀元3世紀ごろまでの約600年間を何時代というのか？

8．問4と問4の間で土地や水の利用をめぐって争いが生じてくると、やがて周辺の問4をまとめる有力な何が現れたのか？

9．争いにより一つの問3が周辺の問4をあわせて問8になったようすを示している佐賀県の遺跡には何があるのか？

9点（24点　）

ムラ　　マチ　　平安時代　　石包丁　　古墳時代　　鉄包丁　　弥生土器　　縄文土器　　出刃包丁　　稲作
畑作　　たて穴住居　　高床倉庫　　高床住居　　鉄器　　銅器　　弥生時代　　クニ　　ケン　都市　　岩包丁
吉野ヶ里遺跡　　奈良時代　　飛鳥時代　　縄文時代　　畑　　水田　　おつぼ山神籠石　　銅青器　　水田跡

4　ムラからクニへの変化について答えなさい。

1．紀元前1世紀頃の倭は「100ほどの国に分かれていた」と書かれている中国の歴史書を何というのか？

2．1世紀半ばに漢に使いを送ったのは、現在の福岡市付近にあったとされる何という国の王だったのか？

3．1世紀半ばに、漢に使いを送った問2の国の王は、皇帝から何を与えられたとあるのか？

4．1世紀半ばに漢に使いを送った問2の国の王が、皇帝から問3を与えられたと書かれている中国の歴史書を何というのか？

5．福岡県出土の金印には、何とほられているのか？

6．問5とほられた問3は、江戸時代に、どこで発見されたのか？

7．中国は、漢のあと、何時代となったのか？

8．漢のあと中国は問7の時代となったが、この三国とは、どことどことどこなのか？

9．魏の歴史書によると、3世紀に小さな国に分かれ、長い間争いが続いたのはどこだったとあるのか？

10．魏の歴史書によると、3世紀の倭の争いがおさまったのは、どこの国の人物を倭国の女王にしたからだとあるのか？

11．魏の歴史書によると、3世紀の倭の争いがおさまったのは、問10の誰を倭国の女王にしたからだとあるのか？

12．問10の問11を倭国の女王にしたところ、3世紀の倭の争いがおさまったと書かれている魏の歴史書を何というのか？

14点（38点　）

後漢書　　前漢書　　漢倭奴国王　　宇間島　　志賀島　　三国時代　　雨志島　　魏　呉　蜀　倭和　鹿島
邪馬台国　　卑弥子　　卑弥呼　　妃美子　　耶麻台国　　山隊国　　『魏志』倭人伝　　漢書　日本書紀
奴国　古事記　金印　銀印　銅印　南朝　中朝　北朝　　『倭人』魏志伝　唐　鹿野島　五官書

5 **ヤマト王権**について答えなさい。

1．土をもり上げてつくった大王や豪族の墓を何というのか？

2．古墳の上に、何が並べられているのが見つかったのか？

3．四角い**問1**を何というのか？

4．円い**問1**を何というのか？

5．**問3**と**問4**を合わせた形の**問1**を何というのか？

6．富と権力をもった支配者のことを何というのか？

7．3世紀末から6世紀までの古墳がさかんにつくられた約300年間を何時代というのか？

8．大阪府堺市にある、日本で最も大きい前方後円墳を何というのか？

9．日本で最大級の方墳の一つで周囲のもり土は失われ、石室の部分が見えている奈良県明日香村にある古墳を何というのか？

10．古墳からは、祭司に関係した銅鏡や何が見つかっているのか？

11．7世紀後半ころにつくられ、古代中国で信じられていた4つの方位を守る空想上の動物(四神)が壁にえがかれている奈良県明日香村にある古墳を何というのか？

11点（ 49点 ）

角古墳	方墳	方古墳	円形古墳	ピラミッド	円墳	明日香古墳	前方後円墳	墓 古墳墓
後方前円墳	豪族	貴族	家族	古墳時代	大仙古墳	大泉古墳	大山古墳	四角墳 霊園
能舞台古墳	石舞台古墳	王様	国王	女王	王子	まが王	まが玉	まがった玉 がま玉
キララ古墳	古墳	土偶	埴輪	ヒドラ古墳	あめ玉	輪埴	四神古墳	前角後円墳 植輪
キトラ古墳	ギドラ古墳	ピラミット	銅鏡	鉄鏡	銀鏡	金鏡	皇子	天皇 皇后 大古墳

■ 歴 史 単元：テスト〈 前日本史 その2 〉 ■ 問題用紙

※ 答えは、教科書に漢字で書いてある場合には漢字で書くこと！ また、上手でも下手でもていねいな文字を書くこと！

6 **ヤマト王権について答えなさい。**

1．3～4世紀ころ、朝鮮半島の北部へ領土を広げた国は、どこだったのか？

2．3～4世紀ころ、朝鮮半島の南部で小国がまとまり成立した国には何と何があったのか？

3．倭国の大和地方に成立した、のちの大王を中心とする豪族たちのゆるやかな連合勢力を何というのか？

4．問3の勢力は、朝鮮半島南端のどの地域とのつながりを強めたのか？

5．5世紀の時期に、戦乱の多い中国や朝鮮半島から、倭国に移住した人々を何とよぶのか？

6．問5の人が製造の技術を伝えた土器を何というのか？

7点（ 7点 ）

高麗	百済	隋	唐	大和朝廷	ヤマト朝廷	新羅	韓国	高句麗	加羅	北朝鮮 ヤマト
伽耶	弥生土器	ヤマト朝廷	素焼器	須恵器	渡来人	縄文土器	弥生人	縄文人	古代人	
ヤマト政権	帰化人	貴婦人	化帰人	朝鮮	難民	韓国	明	渡米人	親羅	百斉 新土器

7 **蘇我氏と聖徳太子について答えなさい。**

1．南北に分かれていた中国で、6世紀末、約300年ぶりに国内を統一し大帝国をつくった王朝は何だったのか？

2．豪族の対立や争いが激しくなったヤマト王権のなかで、渡来人の知識と技術を利用して、勢力を大きくのばしたのは誰だったのか？

3．問2の人物は、何の導入につとめたのか？

4．問2の人物により大王にされた額田部皇女とは、のちの誰なのか？

5．大王（天皇）が女性や幼少のときに政治をかわりに行う地位を何というのか？

6．問4の人物の問5となった人物は誰だったか？

7．問4の人物は、何という制度を設けて、家柄にとらわれず有能な人を役人に用いたのか？

8．問4の人物は、仏教や儒教の考えを取り入れた何を定めて役人の心得を示したのか？

9．問4の人物は、誰を問1につかわしたのか？

10．問9の人物らは、何として問1につかわされたのか？

11．問4の人物が建てたと伝えられ現存する世界最古の木造建築として有名な寺を何というのか？

12．海外との交流により、大和の飛鳥を中心に栄えた最初の仏教文化を何というのか？

13．7世紀初め、中国で短命の隋にかわり大帝国を築いた王朝は何だったのか？

14．問13の国の皇帝は、何という法律で国を治めたのか？

15．問13の国の首都は、どこだったのか？

15点（ 22点 ）

日本国憲法	冠位十二階	大日本帝国憲法	十七条の憲法	十二階の憲法	西大寺	古推天皇
官位十二階	関白	阿蘇氏	小野妹子	小野姉子	遣隋使 遣唐使 法隆寺 東大寺	西小寺
飛鳥文化	尾野妹子	唐	律令	長安 短安 東安 西安 元 隋 北大寺明 蘇我氏		長案
キリスト教	仏教	ユダヤ教	本能寺	イスラム教 ヒンドゥー教 元本応寺		バラモン教
推古天皇	関白	摂政	聖徳太子	福沢諭吉 厩戸王 天智天皇 津 玲 尾野妹子		鑑真

- 90 -

8　大化改新について答えなさい。

1．蘇我氏をたおして政治改革に着手した人物は誰だったのか？

2．問1の人物は、のちの何という天皇なのか？

3．問1の人物は、誰と図り、蘇我氏をたおしたのか？

4．645年、問1の人物が、問3の人物らと図り蘇我氏を倒して着手した政治改革を何というのか？

5．百済を支援するために大軍を送り、唐・新羅の連合軍と戦った倭国の軍が、663年に大敗した戦いを何というのか？

6．倭国は、唐・新羅が攻めてくるのに備えて守りをかためるために、九州地方の政治や防衛にあたる何を設けたのか？

7．問6を防衛するために築かれた、直線状の堀と土塁からなる何を築いたのか？

8．問6を防衛するために築かれた数mの高さの城郭で山を囲んだ朝鮮式の山城を何というのか？

9．672年に起きた、問2の天皇のあとつぎをめぐる戦いを何というのか？

10．問9の乱の戦いに勝利し、大きな権力をにぎったのは誰だったのか？

11．問10の人物は8世紀に、唐から政治のしくみや進んだ文化を取り入れるため、たびたび何を派遣したのか？

12．問11の使節とともに唐へ派遣され多くの留学生の中で唐で活躍した人物には誰がいたのか？

13．刑罰のきまりを何というのか？

14．政治のきまりを何というのか？

15．問13と問14にもとづき国をおさめる国家を何国家というのか？

16．701（大宝元）年に定められた問15の国家のしくみを定めたきまりを何というのか？

17．701年の問16により定められたしくみの中央政府を何というのか？

18．701年の問16によって定められたしくみによると、地方は、何と何と何に分けられたのか？

19．地方豪族は、地方の郡や里を治める何や何に任命されたのか？

20．問19に任命された地方豪族を監督した、中央から派遣された役人を何といったのか？

21．律令国家の政治のしくみの中で朝廷の祭りや神社の仕事をおこなった役職を何といったのか？

22．律令国家の政治のしくみの中で、一般の政治をおこなった役職を何といったのか？

23．律令国家の政治のしくみの中で、九州の行政・防衛・外交をおこなった地方の組織を何といったのか？

26点（ 48点 ）

両立国家　律令国家　大砲律令　令律国家　大宝律令　政府　市　朝廷　国　県　郡　里　司
村　故郷　地区　古里　郡司　群司　里長　班長　級長　国司　神祇官　太政官　太宰府　群
大宰府　人心の乱　大政官　水城　土城　木城　大野城　壬申の乱　大納言　推古天皇　水木
推理天皇　天智天皇　天武天皇　遣唐使　遣隋使　阿倍仲麻呂　律　令　聖徳天皇　推古太子

歴 史 単 元：テ ス ト〈 前日本史 その１ 〉　　　　解　答

◇ 答えは、教科書に漢字で書いてある場合には漢字で書くこと！　また、上手でも下手でもていねいな文字を書くこと！

1　　　　　　　　　　　　　　　　　　　　　　　　　　　　6点（ 6点 ）

1	新　　人	2	打製石器	3	岩宿遺跡	4	弓　矢
5	牧　畜	6	農　耕				

2　　　　　　　　　　　　　　　　　　　　　　　　　　　9点（ 15点 ）

1	磨製石器	2	土　器	3	新石器時代	4	縄文土器
5	たて穴住居	6	貝　塚	7	土　偶	8	三内丸山遺跡
9	縄文時代						

3　　　　　　　　　　　　　　　　　　　　　　　　　　　9点（ 24点 ）

1	稲　作	2	弥生土器	3	石包丁	4	ム　ラ
5	高床倉庫	6	鉄　器	7	弥生時代	8	ク　ニ
9	吉野ケ里遺跡						

4　　　　　　　　　　　　　　　　　　　　　　　　　　14点（ 38点 ）

1	漢　書	2	奴　国	3	金　印	4	後漢書
5	漢倭奴国王	6	志賀島	7	三国時代		魏
9	倭	10	邪馬台国	11	卑弥呼	8	**蜀**
12	『魏志』倭人伝	*8番は、答えの順番は関係なく、１つずつ〇で採点をする					呉

5　　　　　　　　　　　　　　　　　　　　　　　　　　11点（ 49点 ）

1	古　墳	2	埴　輪	3	方　墳	4	円　墳
5	前方後円墳	6	豪　族	7	古墳時代	8	大仙古墳（ 大山古墳 ）
9	石舞台古墳	10	まが玉	11	キトラ古墳		

*8番は、（ ）の中の答え（ ＝大山古墳 ）でも〇とする

　　　　１ 年　　　　組　　　　号：なまえ _____　　　　点

歴　史　単元：テスト〈 前日本史　その２ 〉　　解　答

◇　答えは、教科書に漢字で書いてある場合には漢字で書くこと！　また、上手でも下手でもていねいな文字を書くこと！

6　　　　　　　　　　　　　　　　　　　　　　　　　　　　　7点（ 7点 ）

1	高句麗	2	百　済	新　羅	3	ヤマト王権
4	加　羅 （ 伽耶 ）	5	渡来人	6	須恵器	

※4番は、（　）の中の答え（ ＝伽耶 ）でも〇とする

7　　　　　　　　　　　　　　　　　　　　　　　　　　　　15点（ 22点 ）

1	隋	2	蘇我氏	3	仏　教	4	推古天皇
5	摂　政	6	聖徳太子 （ 厩戸王 ）	7	冠位十二階	8	十七条の憲法
9	小野妹子	10	遣隋使	11	法隆寺	12	飛鳥文化
13	唐	14	律　令	15	長　安 （ 西　安 ）		

※5番・15番は、（　　）の中の答え（ ＝厩戸王 ）・（ ＝西安 ）でも〇とする

8　　　　　　　　　　　　　　　　　　　　　　　　　　　　26点（ 48点 ）

1	中大兄皇子	2	天智天皇	3	中臣鎌足 （ 藤原鎌足 ）	4	大化の改新
5	白村江の戦い	6	大宰府	7	水　城	8	大野城
9	壬申の乱	10	天武天皇	11	遣唐使	12	阿倍仲麻呂
13	律	14	令	15	律令国家	16	大宝律令
17	朝　廷	18	国　　郡　　里		19	郡　司 里　長
20	国　司	21	神祇官	22	太政官		
23	大宰府					

※3番は、（　）の中の答え（ ＝藤原鎌足 ）でも〇とする
※18番・19番は、答えの順番は関係なく、1つずつ〇で採点をする

　※で書いている但し書きの文章は、答え合わせをすると
きに各班に渡している「解答」には書いているが、生徒が
答えを書く「解答用紙」では消している。

　解答欄に明朝体太字で書かれている答
えは、はじめから解答用紙に書いている。
こうして事前に書かれている答えも〇に
して点数に入れさせている。そのため、単
元テストは０点が取れないテストになっ
ている。

1　年　　　　組　　　　号：なまえ　　　　　　　　点

2　定期テストで授業を再現する

❖授業の流れを再現

　定期テストは、基本的には「授業の再現」を目標にしている。定期テストを授業のまとめと考えているからである。つまり、授業は問答と話し合い活動で進めているため、そのまとめとしての定期テストでは、問答で問われた知識を思い出させ、話し合い活動で議論したテーマを再び考えさせて、その結論を論述させることを考えている。

　テスト問題は、授業の流れを再現したかたちにしている。そのため生徒は、授業でたずねられた質問に再度答え、授業中に使った資料をもとに順番に問題を解いていくかたちになる。授業で「何を学び」、「どんなことを考えたのか」、テスト問題を真剣に解くことで、忘れかけていた問題意識を再び呼び起こすことができれば、授業での学びが深く生徒に残っていくのではないかと考えてのことである。

　しかし、全ての授業をテスト問題として再現することは不可能である。そこで実際には、「単元の中で、特に教師が力を入れた授業」や「討論が盛り上がった授業」に絞って取り上げている。ただそうしたテストをつくれるのは、1つの学年を私一人が担当している場合に限られる。1つの学年を2人以上の教師で相持ちして授業をおこなっている場合には、「授業の流れを再現」して問題をつくることは、ほぼ不可能である。

❖1つの学年を複数の教師で担当する場合

　テストをおこなう目的を考えると、「授業で学んだことの定着ぶりを確認すること」があるため、授業と全くかけ離れた問題は出題できない。私一人で1つの学年を担当している場合には、全ての学級で同じ授業をおこなうため、授業を再現したテスト問題の出題は可能となる。しかし、1つの学年を複数（2・3人）の教師で担当している場合には、そうはいかない。それは、それぞれの教師が全く同じ授業をおこなっているわけではないからだ。そのため、もし授業を再現したテストを実施しようとするならば、それらの教師がおこなった授業内容に沿った、しかもそれらの授業内容に共通した内容を探し出して問題をつくらなければならない。そのよう問題をつくるためには、それぞれの教師がおこなった授業内容を確認しなければならないが、そのようなことは現実的には不可能である。その結果、生徒が共通に持っている教科書やワークなどを基にテストをつくらざるを得なくなる。

　その場合、ワークの問題などをそのままは出題できないため、改良を加えることになる。そうしたテスト問題であれば、生徒にとっては一度見て解いている問題となるため、点数が取りやすくなる。そうして点数が取れると、喜ぶ生徒が多くなる（ただ、それでも点数が取れない生徒がいるのも事実である）。

　ワークなどは学年で統一して購入するため、自分が担当していない学級の生徒にも同じものが配布されている。そのため学年で共通した問題が出題できる。ただし、そうなるとテストで「授業で学んだことの定着ぶりを確認すること」はできにくくなる。近年は、1つの学年を私一人で担当することは少なく、こうした学年で統一したテストづくりをしなければならない状況が続いている。

❖生きた知識の定着度をみる

　教科書的知識そのものは、単元テストで定着をはかるようにしている。定期テストでは、教科書に載っている知識のほか、授業で教師や他の生徒に教えてもらった知識が問われる。ただし、単元テストで問われる知識とはその性格が異なる。単元テストで問う知識は相互の関連をほとんど問題にしない知識

である。だから生徒は単なる暗記などで対応している。

　それに対し、定期テストで問われる知識は、生徒が自分ごととして構築した物語世界の中で時間的空間的に関連付けられた生きた知識である。それは考え方と結びついた、実際に使える知識ということができる。つまり物語世界に位置づけられた知識であり、仲間とともに考えを深められる共有可能な知識なのである。

　授業の問答で知識を確認する場面を設定しているのは、生徒全員で確認することにより、その知識で物語世界を共有し、安心して話し合い活動ができる教室空間をつくりだすことをねらいとしている。

❖思考・表現力をみる

　定期テストを実施したら、その評価をしなければならない。テストで評価するのは、生きた知識の定着度と思考・表現力ということになる。授業では物語世界を構築することで思考・表現したことを、定期テストではさらに学習が進んだ時点から表現することになる。そうして、1つの歴史の出来事について授業で考え、そしてテストでも考えていくことにより、生徒の思考力や表現力を高めることができればと考えている。

　具体的には、どんなテストになるのか、ある年の1年生の定期テストを地歴社のホームページに掲載した（ http://chirekisha.jp/ ）。なお、そこでは地理の問題は省いている。

- 95 -

第2部　授業案
戦後の国際社会

01　世界で起きていること

02　冷たい戦争・熱い戦争

03　平和会議かミサイルか

04　泥沼の中東戦争

05　核戦争後の地球Ⅰ

　　核戦争後の地球Ⅱ

06　恐怖の核戦争

07　気候大異変Ⅰ

　　気候大異変Ⅱ

08　核と温暖化

09　国連は何をしているのか

10　予言

[01] 世界で起きていること

◎「戦後」日本は戦争をしなかったという視点から、日本や世界で起きていることをとらえる。具体的には、ソ連のアフガニスタン侵攻、イラク戦争、対テロ戦争、激増する難民の事例を通して武力行使について考えさせる。

1 「戦後72年」という言葉の意味は、何なのか？

①・ 戦後72年 〈 と板書して 〉、さて、どういう意味なのか？

→戦争から72年たった・戦争が終わって72年が過ぎた・・・

②・言葉だけの表面的意味だと「戦後72年目」とか、「（戦争から）72年たった」ということになるが、中学3年生なのだから、もっと深い意味を考えて答えると（ どうなる ）？

→日本が最後に戦争をしてから72年が過ぎた・日本は72年間戦争をしていない・・・

③・この「戦後」＝「戦争の後」という場合の「戦争」は、何戦争を指しているのか？

→第2次世界大戦・太平洋戦争・・・

④・つまり、「日本は第2次世界大戦が終わってから後、72年間、どうだった」ということを意味しているのか？

→平和だった・戦争をしていない・戦争がなかった・・・

⑤・でも、本当に戦後72年間、日本は戦争とは無関係だったのか。

・日本がかかわった最後の戦争、第2次世界大戦が終わったのは、何年のこと？

→1945年

⑥・しかし、そのわずか5年後（ の1950年 ）に、日本の近くで大きな戦争があった。

・それは、何戦争？

→ 朝鮮戦争（ 1950年 ）

⑦・その朝鮮戦争と日本は、どんな関係があったのか？

→・・・？

⑧・アメリカ軍は朝鮮へ出兵する際に、どこの国に置いた基地を使っていたのか？

→日本・・・

⑨・それだけでなく、日本は、アメリカ軍への軍事物資の生産をおこなっていた。このことにより日本は戦後の経済の復興が進んだ。

・この戦後まもない時期の経済復興のことを何と言ったのか？

→ 朝鮮特需

⑩・ということは、日本は朝鮮戦争に参加したと、言えるのか？　言えないのか？

→言えない・言える・・・

⑪・日本は軍事基地や物資の補給のみで、「実際の戦闘には参加していない」面だけを見ると、朝鮮戦争に参加したとまでは言えない。

・では、日本は、朝鮮戦争とは無関係だったことに、なるのか？　ならないのか？

→ならない・なる・・・

2 自衛隊の海外派遣は、日本国憲法違反になるのか？

①・2008年12月、日本の自衛隊が海外から帰ってきた。

・「海外」とは、（ 具体的には ）どこの国だったのか？

　→イラク（ サマーワ ）・・・

② ・日本の自衛隊は、2003 年から 5 年間、人道復興支援活動 と 安全確保支援活動 のために、戦
　　争中のイラクに派遣されていた。

　・でも、「自衛」隊を、戦争中のイラクに「派遣」することは、日本国憲法違反に、なるのでは
　　ないのか？（ なるのか？　ならないのか？ ）

　→なる・ならない・わからない・・・？

③ ・このときの自衛隊派遣は、「非戦闘地域に限定する」との条件を付けての（ 人道復興支援活動
　　と安全確保支援 ）活動だった。

　・それだったら、日本国憲法違反には、ならないのか？　それでも（ 違反に ）なるのか？

　→ならない・なる・わからない・・・

④ ・このときのイラク派遣では、朝鮮戦争のときと同じように、日本は戦闘そのものには参加して
　　いない。ただし、戦争中の国に、「自衛」隊という日本の組織を「派遣」したのは事実だ。

　・そんなことが、日本国憲法で、認め、られるのか？　られないのか？

　→認められない・認められる・わからない・・・

⑤ ・「認められる」のであれば問題はない。しかし、もし「認められない」のであれば、戦後の日
　　本が築き上げてきた平和は、「守られなかった」ことになる（「戦後 72 年」などとはいえない）。
　　自衛隊のイラク派遣は、それだけの重みを持った大変な出来事だった。そして今、自衛隊は、
　　PKO（ 平和維持活動 ） の 駆け付け警護 のため南スーダンに派遣されている〔その後撤退〕。

　・この南スーダンへの自衛隊派遣は、日本国憲法で、認め、られるのか？　られないのか？

　→認められる・認められない・わからない・・・

⑥ ・この「駆け付け警護」とは、どんなことなのか？

　　→・・・？

⑦ ・（ 駆け付け警護とは ）国連の PKO に携わっている軍隊以外の人たちを危険から守る（ ＝警護す
　　る ）こと。「警護する」わけだから、（ 駆け付け警護では ）状況によっては「武器の使用」が認
　　められている。つまり（ 最悪の場合 ）、自衛隊が武器を使用して、南スーダンの人を殺すこと
　　もあり得る（ この点が、自衛隊のイラク派遣とは大きく違っている ）。

　・では、そんな自衛隊の派遣は、日本国憲法で、認め、られるのか？　られないのか？

　→認められる・認められない

⑧ ・南スーダンで、自衛隊が武器を使用する可能性は、あるのか、ないのか。南スーダンは、2011
　　年 7 月（ 9 日 ）に独立した国だが、2013 年 12 月から未だに戦闘状態が続いている。

　・ということは、自衛隊が武器を使用する可能性は、あるのか？　ないのか？

　→ある

⑨ ・では、（ 武器の使用の可能性があるのに ）どうして日本政府は自衛隊を派遣したのか。日本政
　　府は、自衛隊を派遣する首都のジュバは、現在、比較的落ち着いている 、その上 60 以上の
　　国々が部隊などを派遣している から、大丈夫だと説明した。

　・であれば（ 自衛隊が ）、武器を使用する可能性は、あるのか？　ないのか？

　→ない・・・

⑩ ・（ 武器使用の可能性が ）ないのであれば、戦闘に参加することはない。ところが国連は、南ス
　　ーダンの情勢については、大規模な虐殺行為が発生する非常に現実的な危険がある と警鐘を

鳴らしている。実際にロケット砲での砲撃を受けて、中国兵１名が死亡している。

・つまり、（ 自衛隊が ）武器を使用する可能性は、あるのか？　ないのか？

→ある・・・

⑪・（ 武器使用の可能性が ）あるのなら、自衛隊も戦闘に参加することになる。

・ではこの場合、日本政府と国際連合の、どっちを信じればいいのか？

→国際連合・日本政府・・・？

⑫・（ 戦闘に参加する可能性があるのに「自衛」隊を派遣する ）そんな日本の行動は、世界から支持されるのか？　批判されるのか？

→批判される・・・

⑬・（ 他国での戦闘に参加すると ）自衛隊は、日本の「自衛」の隊でなくなってしまう。

・そんなことが、本当に日本国憲法で認められるのか？（ 認められないのか？ ）

→認められない・・・

３ 世界は平和に向かって動いているのか？

①・こうして世界の出来事には、日本も関わっている。そのため、日本がしっかりとした行動を取らないと、世界からの信用もなくしてしまう。では、そんな現在の世界では、どんなことが起きているのか。みんなが中学生になってからの３年間に起きた、「日本や世界の戦争と平和に関する出来事」を書き出してくるように課題を出していた。では、「どんな出来事があったのか？」各班から最低２つ出してもらいます。

・そこでまず、その各自で調べてきていることをもとに、各班ではなしあい「１：どんな出来事があったのか？」「２：どの出来事を発表するのか？」について確認をして、決定しなさい。ただし、「他の班から出たのと同じ出来事は言ってはいけないこととする」。

・では、班ではなしあい！

▷〈 班でのはなしあい（ ３分間 ） 〉

※・「中学校に入学してからの３年間で、世界で起こった戦争と平和に関する出来事を 10 コ調べてくる」という課題を出しておく。

※・ここで出しているような指示（ 各班でのはなしあい、それを受けての発表 ）は、発言が活発に出てくるように学習集団の指導がなされていれば必要ない。ただし、あまり発言が出ない状況であれば必要となり、さらに場合によっては、「３：誰が発表するのか？」を、班で決めるよう３つ目の指示を出さなければならないこともある。

※・「他の班から出たのと同じ出来事は言ってはいけないこととする」という制限も、できるだけ多くの意見を引き出すための指示である。だから、このような制限が必要かどうかは、学習集団の状況を考えて判断する。

②・では、発表してもらおう（ 発表できる班から出してもらおう ）！

▷〈 各班からの発表 〉

※・各班から発表された出来事については、その都度、板書をしていく。

③・確かに、この３年間でもいろんな出来事が世界中で起きている。

・これらの出来事から考えると、Ａ：世界は平和に向かっていると言えると思う人［ 挙手 ］！

▷〈 挙手による人数の確認のみ 〉

・Ｂ：いや、そうは言えないと思う人［ 挙手 ］！

▷〈 挙手による人数の確認のみ 〉

④・では、この中には、今後さらに深刻な事態、例えば大きな戦争（第3次世界大戦など）に発展しそうな出来事があるのか？（ないのか？）

→ある・ない・・・

⑤・「ある」としたら、それは、どの事件なのか？

→・・・

⑥・でも、どうして、その事件が世界大戦などの大きな戦争へと発展すると考えられるのか？

→・・・

※・このような助言で発言が得られなかったら、板書してある出来事の1つひとつを指しながら、次のような発問をして、指示を出し確認していく。

⑦・この中で、今後さらに深刻な事態、例えば「大きな戦争」などに発展しそうな出来事があるとしたら、どれなのか？

・「これは、可能性があるかもしれない」と思えるものに手を挙げなさい！

▷〈 挙手による人数の確認 〉

4　アメリカは、どうして中東に口を出すのか？

①・いま世界の注目を集めているのが、第45代目のアメリカの大統領だ。

・（アメリカの大統領）それは誰？

→（ドナルド・）トランプ

②・トランプ大統領に対しては、アメリカ内外で支持もあるが、批判も多い。

ところがその前の大統領の支持率は、かなり高かった。

・（第44代の）前アメリカ大統領は誰（だった）？

→（バラク）オバマ

③・オバマ大統領の就任に対しては（国民生活、経済、そして戦争などに関して）、アメリカ国民の大きな期待があった。それは、当時アメリカでは、数年間の戦争により約3千人の兵士が亡くなっていたからでもあった。

・でも、アメリカは、どこの国と戦争をしていたのか？

→イラク

④・でも、どうしてアメリカは、イラクと戦争をしていたのか？（知っている？）

→大量破壊兵器を持っていたから・フセイン大統領に苦しめられていたから・・・

⑤・アメリカは、イラクと戦争をする前、その近くの国にも攻撃をしていた。

・テロリストを支援しているとして、アメリカが空爆と地上攻撃をおこなったのは、どこの国だったのか？

→ アフガニスタン

⑥・そのアメリカの行動のきっかけをつくったのは、2001年の世界貿易センタービルなどへのテロ行為だった。

・この事件を何といったのか？

→ 同時多発テロ

⑦・アメリカは、9.11の同時多発テロをおこなったアルカイダや、その指導者のオサマ・ビンラディン氏をかくまっているとして、アフガニスタンを攻撃した。ところがその

攻撃が、いつの間にかイラク攻撃へとすり替わっていた。

・でも、どうしてアフガニスタンへの攻撃がイラク戦争へと変わっていったのか？

→・・・

⑧・イラク戦争は、「イラクが大量破壊兵器を持っている」という理由で始まった。ただ、こうした国際的な争いに対しては、その争いを解決し、世界平和を実現するための組織があるはずだ。

・それは、何という組織？

→国際連合

⑨・実際、国連のアナン事務総長は、アメリカがイラク戦争を始めようとしたとき、「ある演説」をおこなった。

・その演説内容が、【資料：1】に載せてある！

▷【 資料：1 】〈 柱の部分への線引き作業 〉

⑩・この演説で、アナン国連事務総長は、アメリカにイラクとの戦争を、やめさせようとしていたのか？　進めさせようとしていたのか？

→やめさせようとしていた・・・

⑪・「やめさせようとした」ばかりでなく、アメリカの主張するような理由で戦争を始められたら、今後、世界はどんなことになると警告しているのか？

→法に基づかない軍事行動が蔓延する・(国連に関係なく)勝手に戦争を起こすようになる

⑫・現在、世界は、その警告どおりになって、いるのか？　いないのか？

→なっている・・・

⑬・警告のように、世界中で地域戦争や大規模なテロが目立つようになった。そんな事情もあり（ イラク戦争をおこなったブッシュ大統領が辞めて ）、オバマ大統領への期待は高まっていたわけだ。

5　それぞれの国家には、どんな権利があるのか？

①・ところで、どうしてアメリカはアフガニスタンやイラクなど「西アジア」を攻撃目標にしているのか？（ 西アジアには、何があるのか？ ）

→石油・・・

②・そのため、アメリカが西アジア対して口や手を出したのは、今回が初めてではなかった。西アジアでの出来事が、世界的に大きな注目を集めたのは、30 年以上前の 1979 年。このときの事件がもとで、モスクワオリンピックをボイコットする国が 29 ヵ国も出た。

・さて、その事件とは？（ 何だか知っている？ ）

→(たぶんほとんどの子どもたちは知らないはず)

③・(みんなはまだ生まれていない頃の事件だから、知らないのが当然だろうけど)それは、ソ連が「ある国」へと軍隊を派遣して攻め入るという事件だった。

・さて、ソ連は、1979 年〜89 年に、どこの国に攻め入ったのか？

→ アフガニスタン

④・このアフガニスタンという国は昔から外敵に攻められて苦労した国だ。インドを植民地にしていたイギリス軍と何度も戦って独立を回復した歴史がある。

現代の世界では、それぞれの歴史と文化持つ国や地域には、それぞれ自主的な権利が認められるようになった。

- 102 -

・その権利のことを何というのか？

⇨ 主権

⑤・その主権を持つ国のことを何というのか（何という国家）？

⇨ 主権国家

⑥・主権国家には３つの要素（欠かせないもの）がある。「主権」の前に何と何で３つになる？

⇨ 領土・人口・主権

⑦・それぞれの国家は、領土（土地）があり、そこに人が住んでいて、住んでいる人たちには主権がある（その国を治める権利がある）。だから、そんな主権国家に無断で立ち入ることは認められていない。

・そのことを何というのか？

⇨ 領土不可侵

⑧・わかりやすく言えば、「無断で、勝手に入ってはいけない」ということだ。そして、そんな主権国家に対しては、他の国がいろいろと口出しをすることも許されていない。

・そのことを何というのか？

⇨ 内政不干渉

⑨・そうした原則がある。ところが現実には、いろいろな事情がからんできて、そんなに単純にはいかないことが多い。その複雑なからみ合いを、「ソ連のアフガニスタン侵攻」をもとに考えてみよう。

---

6 ソ連の「アフガニスタン侵攻」は当然の行為なのか？

①・当時、ソ連がアフガニスタンに攻め入ったのには、それなりの理由があった。

・その理由は、【資料：２】に書かれてある！

▷【資料：２】ソ連のアフガニスタン侵攻の理由がわかる部分に線引き

②・この資料によると、「ソ連のアフガニスタン侵攻」は、 アフガニスタン民主共和国 の誕生とその後の アミン大統領 の就任が大きく関係していたことがわかる。

・アフガニスタン民主共和国というのは、何主義の国？

→ 社会主義

③・ということは、ソ連寄り？ アメリカ寄り？

→ ソ連

④・アフガニスタンが「社会主義政策」を取ったのは、ソ連に言われたからなのか？ アフガニスタンの人が決めたことなのか？

→アフガニスタンの人が決めたこと・ソ連に言われたから・・・

⑤・しかし、「それでは困る」と思った国があったわけだ。

・それは、どこ（の国）？

→ アメリカ

⑥・だから、アメリカは、誰を後押ししたのか？

→アミン大統領

⑦・つまり、アミン大統領は何主義の勢力？

→ 資本主義

⑧・そのアミン大統領を倒して、 カルマル政権 を援助するためにソ連は軍隊を出した。

・こうした経過を考えてみると、ソ連の取った行動（＝アフガニスタン侵攻）は、Ａ：当然の行動なのか？　それとも、Ｂ：行き過ぎた行動なのか？

・Ａ：ソ連としては、当然の行動だと思う人［挙手］！

▷〈 挙手による人数の確認のみ 〉

・Ｂ：いや、行き過ぎた行動だと思う人［挙手］！

▷〈 挙手による人数の確認のみ 〉

・さあ、どっちなのか？　班ではなしあい！

▷〈 各班でのはなしあい 〉

※・ここから各班でのはなしあい　→　各班からの発表へとつなげる。

※・以上、提言６までを１時間目の授業とする。

7　日本は、どんな態度で臨むべきなのか？

①・（いろいろと意見が出たけど）世界の国々は、ソ連のアフガニスタン侵攻をどのように見たのか？

・Ａ：非難した国が多かったと思う人［挙手］！

▷〈 挙手による人数の確認のみ 〉

・Ｂ：支持する国が多かったと思う人［挙手］！

▷〈 挙手による人数の確認のみ 〉

②・【資料：３】を見ると、国によってソ連に対する見方には、微妙な違いがあることがわかる！

▷【 資料：３ 】

※・いくつかの班を指名して、各国の声明をそれぞれの班に分担して読ませるようにする。

③・こうして見ると、ソ連を非難する国と支持する国では、どちらが多かったのか？

　→非難する国・・・

④・ところで、このとき、日本はどんな態度を取ったのか？　Ａ：やはり、ソ連を非難したのか？　それとも、Ｂ：支持したのか？　あるいは、Ｃ：中立を保ったのか？

・Ａ：非難したと思う人［挙手］！

▷〈 挙手による人数の確認のみ 〉

・Ｂ：いや、ソ連を支持したと思う人［挙手］！

▷〈 挙手による人数の確認のみ 〉

・Ｃ：どちらでもない中立を保ったと思う人［挙手］！

▷〈 挙手による人数の確認のみ 〉

⑤・日本は、「武力による他国の内政への干渉は、許せない」「ソ連は、ただちに軍を撤退させるべきだ」と発言した。しかしこれは、世界からは「日本独自の態度」とは見られていなかった。

・では、どこの国に合わせたものと見られたのか？

　→アメリカ

⑥・でも、どうして世界からは、そのように見られてしまうのか？

　→アメリカと同盟を結んでいるから・・・

⑦・日本政府は、そのことを、どう考えていると思う？

・Ａ：当然のことだと考えていると思う人［挙手］！

▷〈 挙手による人数の確認のみ 〉

- 104 -

・Ｂ：いや、迷惑なことだと考えていると思う人［ 挙手 ］！

▷〈 挙手による人数の確認のみ 〉

・Ｃ：何とも考えていないと思う人［ 挙手 ］！

▷〈 挙手による人数の確認のみ 〉

⑧・このときのソ連軍の介入を アフガニスタン紛争 という。第２次世界大戦後も、こうした世界の平和を脅かす紛争が絶えなかったわけだが、このアフガニスタン紛争も、やはり米・ソの対立がからんでいた。もっとも、対立していた一方の勢力であったソ連はその後崩壊し、現在ロシアに変わっている。また、ソ連が撤退したアフガニスタンを、現在はアメリカが攻撃している。アフガニスタンの平和にとって「昨日の味方は、今日の敵」という感じだ。

・こういう状況で、今後、世界は、Ａ：平和の方向へ向かうのか？　Ｂ：新たな対立が絶え間なく生まれてくるのか？

・Ａ：世界は、平和の方へ向かっていくと思う人［ 挙手 ］！

▷〈 挙手による人数の確認のみ 〉

・Ｂ：いや、新たな対立が絶え間なく生まれてくると思う人［ 挙手 ］！

▷〈 挙手による人数の確認のみ 〉

⑨・どうして世界は、こんな戦争や紛争が続く状況になってしまったのか。

2度に渡る世界大戦への反省は、忘れ去られてしまったのか。

8　テロ組織は、どうやって武器を手に入れているのか？

①・ところで最近は、戦争よりも、イスラム国などの テロ （ ＝テロリズム ）の活動が目立ってきている。

・では、この「テロ」とは、一体どんなことなのか？

→・・・

②・ 国家どうしの武器を使った争い を何というのか？

→ 戦争

③・ 戦争にはいたらない程度の争い を何というのか？

→ 紛争

④・では、「テロ」とは、どんなことを言うのか？

→・・・

⑤・テロとは、 個人や組織が自らの政治目的を実現するために個人や組織に対しておこなう暴力行為 を言う。このテロ活動は、「ある戦争」をきっかけに世界で注目されるようになった。

・その「戦争」とは（ 何戦争なのか ）？

→イラク戦争・・・

⑥・前回の授業で出てきたアナン国連事務総長が心配していた事態になってきたわけだ。

・ということは、どこの国への対抗が、テロの大きな原因になっているのか？

→アメリカ・・・

⑦・イラク戦争後、西アジアでは内戦が続き、テロ活動が活発化し、宗派や民族対立による紛争が激化してきた。このときテロリストたちは、自分たちの宗派や民族の主張を実現させるため、武器を使い、死者を出すことで、従わない人々に恐怖を植え付けようとした。

・でも、テロ組織は、どうやってそんな武器を手に入れているのか！

| A：自分たちで造っている　B：他の国から買っている　C：敵国などから奪っている |

⑧・一番多いのは、この中のどれなのか？
　→B
⑨・では、具体的には、どこの国から武器を買っているのか（武器を買うのはテロ組織とテロに対抗する国などの双方だ）。
　・つまり、どこの国が、武器を売っているのか？
　→・・・

武器輸出国

⑩・この円グラフのAとBに入る国は、どこだと思う？
　→A＝アメリカ・B＝ロシア・・・
⑪・でも、こうした世界の大国が、どうして武器を売るのか？
　→金儲けのため・・・
⑫・ちなみに、日本は、武器を売っている国なのか？　買っている国なのか？
　→両方・・・
⑬・2014年４月に、安倍首相は、日本の武器輸出を認める決定をしている。
　・でも、そうした現実がなくならなければ、テロもなくならない・・・？
　→なくならない・・・

| 9　子どもは、テロの加害者なのか？　被害者なのか？ |

①・もっとも、テロは、高価な武器が無くても起こされている。それも、人々が日常の生活を送っているときやたくさん人が集まる場所で・・・。
　・そのため、テロなどで一番の被害を受けることになるのは誰なのか？
　→ 子ども ・ 女性 ・ 老人 ・ 病人 ・ 身体の不自由な人 ・・・
②・つまり、武器をもって争いに参加しない（できない）人たちが被害者になる。しかし以前の授業を思い出してみると、この中には、いつも被害を受けるだけとみるには、疑問に思える人たちもいる。
　・それは、この中の誰（なのか）？
　→子ども・・・
③・こんな子どもたちもいたからだ！
　▷【 子ども兵士の写真 】
④・この子ども兵士たちは、テロや争いの、加害者なのか？　被害者なのか？
　→加害者・被害者・・・
⑤・「子ども」というと、昨年、世界の注目を集めた、こんな画像がある！
　▷【 父親（？）と少女（８歳？）の画像 】
⑥・ここでは、こんな会話が交わされていた！
　▷「神のもとへ行くんだね」『はい、知っています』『神の意志により、私はやります』
　　「ジハードは、イスラム教徒の義務です」（母親（？）の会話）を貼る

神のもとへ行くんだね　はい、知っています

⑦・この子どもたちは、このあと何をしたのか？（知っている？）
　→ダマスカス（シリア）の警察署で自爆テロを起こした
⑧・（８歳ぐらいの）こんな小さな子どもが、どうして自爆テロなんてできたのか？
　→・・・？

⑨・この子どもたちは、テロの、加害者なのか？　被害者なのか？
　　→被害者・加害者・・・

| 9 | 難民の受け入れに、賛成？　反対？ |

①・世界の注目を集めた画像を、もう1枚！
　　▷【　トルコの海岸でうつ伏して死んでいた子どもの写真　】※遺体部分は隠しておく

②・この隠された部分には、何が写っているのか？
　　→・・・？

③・この後の様子を写した写真が、これだ！
　　▷【　子どもの遺体を抱きかかえた写真　】

④・この子の遺体が発見されたのは、トルコの海岸だった。
　　・どうして、子どもの遺体が（　トルコの　）海岸に横たわっていたのか？
　　→・・・？

⑤・ギリシャのレスボス島での、こんな画像も注目を集めた！
　　▷【　脱ぎ捨てられた救命胴衣の山　】

⑥・子どもの遺体や山のように脱ぎ捨てられた救命胴衣が、トルコやギリシャで見つかるのには理
　　由がある。この子どもや救命胴衣を脱ぎ捨てた人たちには、ある共通点がある。
　　・それは、どんなことなのか？（　この人たちは何か？　）

　　→難民・・・

⑦・この人たちは、シリアなど西アジアや北アフリカの国々でのテロなどから
　　命がけで海を渡って逃げてきた「難民」だ（　こうして逃げてくる　）！

　　▷【　あふれるほど船に乗って海を渡る難民の写真　】

⑧・地中海を渡って逃げてくる難民の数は、2016年は35万人。その中で、途中で亡くなった人は、
　　2,600人にも達している。特に、この子どもの遺体の写真が報道されたことをきっかけに、世
　　界の国々では、こうした難民の受け入れの動きが大きくなった。ところが一方では、難民の受
　　け入れを拒否する国も出てきた。
　　・どうして命がけで逃げてくる難民を受け入れないのか？
　　→・・・？

⑨・「たくさんの難民を受け入れたら、国の経済が成り立たなくなる」「難民にまぎれて
　　テロリストが入り込んでくる」などの理由で、難民の受け入れに反対する国もある。
　　・では、難民の受け入れは拒否すべきなのか？、受け入れるべきなのか？
　　→受け入れるべき・拒否すべき・・・

⑩・難民救済の根本的解決は、テロや争いをなくせばいい。つまり、世界平和が実現すれば、難民
　　は生まれなくなる。そのために、日本の首相などは、「積極的平和主義を取り、武力には武力で
　　対抗してテロや戦争をなくしてくべきだ」と唱えている。
　　・では、テロなどなくし、世界平和の実現のためには、武器は、必要なのか？　必要ないのか？
　　・Ａ：世界平和の実現には武力は必要だと思う人［　挙手　］！
　　▷〈　挙手による人数の確認のみ　〉
　　・Ｂ：いや、武力は必要ないと思う人［　挙手　］！
　　▷〈　挙手による人数の確認のみ　〉

・班でのはなしあい［ ３分間 ］！

▷〈 各班でのはなしあい 〉

<参考文献>
安井俊夫「いま世界は…」『たのしい社会・中学公民』麦の芽出版会
安井俊夫「核危機の時代　ぼくらどう生きるべきか」『主権者を育てる公民の授業』あゆみ出版
大野一夫「国際連合とイラク戦争」「武力抗争とテロ事件－子どもたちの犠牲」『新・公民の授業80
　時間』地歴社

★授業〈 世界で起きていること 〉について

　このときの授業では、サマーワへの自衛隊派遣も生徒たちにとっては過去の出来事になっているように感じたため、新たに南スーダンへの自衛隊派遣など、そのとき起きていた時事的な出来事を取り入れることにした。そうすると、生徒の関心が高くなったため、さらに後半部分にテロや難民問題、武器輸出についても加えることにした。

　こうして授業案を改訂し、提言の数が増えたため、授業を２時間扱いにしてじっくり考えられるようにした。教科書の内容を確認する助言をうち、基礎的な知識についての一斉問答も取り入れ、これまで学んだ日本国憲法第９条との絡みや子ども兵などについても取り入れた。

　今回のように新しい内容も取り入れやすいのが、私のような授業案をつくる利点の１つだと思う。新たな提言をたてて助言の数を調整していけば、２時間扱いに変更することも容易だからだ。３年生最後の学期の授業ということもあって進度に余裕を持たせていたため、２時間扱いにすることができた。

公民　学習プリント〈国際社会：01〉

■戦後、世界ではどんなことが起きてきたのだろうか？　少し前の出来事がくりかえされているの
　ではないか？　どう考えたらいいのか？

1：【 アナン国連事務総長のイラク戦争批判 】　　　2003年9月23日の国連総会での演説

　国連憲章51条は、「もしある国が攻撃された場合、自衛する固有の権利がある」と言っている。
しかし、攻撃された国が（「自衛」という）範囲を超え、国際平和と安全に対する幅広い脅威に対
して軍事力を行使しようとするときは、「国連による承認がいる」という理解が今日まであった。
　現在、「こうした理解では、もうダメだ」という国が現れた。その国は言う。「なぜなら、事前の警
告なしに、または秘密裡に、大量破壊兵器による『武力攻撃』が、いつでも起こり得るからだ」と。
「攻撃されるのを待つのではなく、その攻撃に使われる大量破壊兵器が、まだ開発段階のうちに、予
防的に（その将来の脅威となる）他国を軍事攻撃する権利と責任がある」と、その国は主張する。
この主張によれば、「国際連合の安全保障理事会での合意を得るまで待たなくてもよい」。「一国で、
あるいは急場ごしらえの数カ国が共同して、行動を起こす権利がある」と言うのだ。
　この理論は、58年にわたって生きてきた世界の平和と安定 ── 不完全かもしれないが、その原則
に対する根本的な挑戦だ。私が懸念するのは、もしそのような理論による先例をつくってしまえば、
根拠があろうとなかろうと、「一国だけの、法に基づかない軍事力行使が蔓延する結果になるだろう」
ということだ。

── （『戦争熱症候群－傷つくアメリカ社会』より ）

2：【 ソ連のアフガニスタン侵攻 】

　1978年に"アフガニスタン民主共和国"が誕生した。"社会主義"の政策をかかげ、ソ連との結び
つきを強めた。これで「東南アジアから西アジア方面へのソ連の力が強くなる」と考えられた。
　しかし、こうなると、この方面に力を伸ばしたいアメリカがソ連をおさえようとする。アフガニ
スタン国内で、新政府に抵抗する勢力の後押しもする。そのようにアメリカと結びつこうとする勢
力が、クーデターで1979年9月に就任していたアミン大統領自身である。
　これを見たソ連は、政府から要請があったとして12月下旬にアフガニスタンに兵力を出し、ソ連
との結びつきを続けようとするカルマル元副議長を援助しながら、アミン政権を倒した。

※ その後、カルマル氏は大統領に就任した。

3：【 「ソ連のアフガニスタン侵攻」に対する各国の反応 】

▶ アメリカ合衆国

　ソ連軍が引き上げないのなら、今後ソ連に小麦などを輸出しない！　ソ連との軍備縮小の話し合
いも断る！　そして、モスクワオリンピックもボイコットする。

▶ 西ヨーロッパ

　（西ヨーロッパは）アメリカとはNATOという軍事同盟を結んで、ソ連と対抗している。だから、
アメリカに歩調を合わせるのは当然だ。しかし、アメリカと同じく強い態度を取っているのはイギリ
スだけ。フランスは、以前からソ連と対抗するだけでなく、話し合いを求めてきたし、西ドイツはソ
連と近いだけに、ソ連と真っ正面から対立することは避けたい。

- 109 -

▷ 中　国

　同じ社会主義の国だが、これまで国境で戦いを交えるなど、ソ連といちばん激しく対立してきた。従って、今回のソ連の侵攻にも、激しく非難をしている。

▷ 東南アジア

　ベトナムは、ソ連との結びつきが強く今回もソ連を支持している。しかし、だからこそ東南アジア諸国は、ソ連の力が伸びてくることを非常に警戒している。

▷ 西アジア

　アフガニスタンに近いだけに、ほとんどの国がソ連の侵攻を非難している。イランは、アメリカとも対立しているが、ソ連にも強い態度を示している。

※　右の白地図で、アフガニスタンを青で、ソ連（現在のロシア）を赤で塗りなさい！

4：【　親子の会話（？）　】

5：【　トルコの海岸にて・・・　】

公民 意見プリント 国際社会：01 〈 世界で起きていること 〉

３年　　組　　号（　　）班：名前

1．質問

■社会主義的な政策をやめようとするアミン大統領を倒して、カルマル政権を援助するために軍隊を出動させたソ連。はたして、この場合、ソ連の取った行動（＝アフガニスタン侵攻）は、当然の行動だったのか？　それとも、行き過ぎた行動だったのか？

2．結論

A：ソ連としては当然の行動だったと思う！　　B：いや、ソ連の行き過ぎた行動だったと思う！

3．どうして、そのような結論を出したのか？（自分の考え）

〈　授業について意見・質問・考え・感想などあったら自由にどうぞ！　〉

公民 意見プリント 国際社会：01 〈 世界で起きていること 〉

3年　　組　　号（　　）班：名前

1. 質問

■戦争や紛争やテロをなくすには、武力を持って排除し、積極的に平和を実現していかなければならないと日本の首相は言っている。でも、平和実現のためには、武力を使わないといけないのか？　テロなどをなくすには武力が必要なのか？

2. 結論

A：テロなどなくすには武力は必要だと思う！　B：いや、武力によっては解決できないと思う！

3. どうして、そのような結論を出したのか？（ 自分の考え ）

〈　授業について意見・質問・考え・感想などあったら自由にどうぞ！　〉

公民　問題プリント〈国際社会：1－2〉

問題：いま世界では、どんなことが起きているのか？　みんなが中学校に入学してからの約3年の間に
　　　世界で起きた「平和と戦争に関する事件・出来事」の中から、『僕が（　私が　）選ぶ事件・出来事ベ
　　　スト10』の表をつくりなさい。

順 位	この 3 年 間 に 世 界 で 起 き た「 平 和 と 戦 争 に 関 す る 事 件 ・ 出 来 事 」
第1位	
第2位	
第3位	
第4位	
第5位	
第6位	
第7位	
第8位	
第9位	
第10位	

※　記憶にない人は、図書館などで調べたり、家の人に尋ねたりして表を完成させよう。
　　この問題プリントは提出してもらうため、組・番号・氏名の記入を忘れないように。

　　　3年　組　号（　　　）班：名前

[02] 冷たい戦争・熱い戦争

◎第2次世界大戦後の世界情勢を、米・ソの対立を中心につかませる。そして、朝鮮戦争では、具体的に、どんな事態になったのかを理解させ、国連の対応について考えさせる。

1　第2次世界大戦のおさらいをしよう！

①・今日は、まず「第2次世界大戦のおさらい」から始めよう。
　　・第2次世界大戦は、ヨーロッパでは、どこの国のどんな事件をきっかけとして始まった？
　→ ドイツ の ポーランド侵攻

②・そのこと（ ドイツ軍のポーランド侵攻 ）に対し、イギリス・フランスが宣戦布告して始まった第2次世界大戦。それが、1939年の出来事。そのドイツに続き、1941年にも大きな戦争が起こった。
　　・日本が起こした、（ 1941年の ）その戦争を何と言った？
　→ アジア太平洋戦争

③・この太平洋戦争の開始をきっかけとして、世界は2度目の世界大戦へと突入していった。この戦争は、日本・ドイツ・イタリアの同盟国側と、イギリス・フランス・アメリカ・中国・ソ連などの連合国側との世界大戦となった。では、この第2次世界大戦は、いつ、どのようにして終わりを告げたのか。
　　・まず、1943年に最初に降伏した国は（ どこだった ）？
　→イタリア

④・ついで、1945年の5月に降伏した国が・・・？
　→ドイツ

⑤・そして、最後に降伏した国が、日本だった。
　　・それは（ 国民に公表したのは ）、何年何月何日のことだった？
　→1945年8月15日

⑥・そのとき、日本が受諾した宣言が・・・（ 何だった ）？
　→ ポツダム宣言

⑦・そう、ポツダム宣言を受諾し、日本は降伏した。
　　・それは、何の投下がきっかけとなっていた（ とされる ）？
　→ 原子爆弾

⑧・つまり不幸なことに、「『原子爆弾』という恐ろしく残虐な破壊兵器の登場によって、この戦争が終わった」とも言える。このように一般の国民をも平気で殺戮する戦争だっただけに、各国の被害も大変なものだった。
　　・では、この大戦で一般の国民も含めて一番死者を出した国は、どこだったと思う？
　　→・・・

※・ここでは問題の投げかけのみとして、発言は期待しなくてもよい。
　　ただし、出てくるようであれば、次のような助言をうっていく。

⑨・「では、2番目は？」「3番目は？」・・・（ 以下同様 ）
　　→・・・

⑩・おおまかな数字で言うと、このようになる！
　▷【 各国の死者の数を書いた表 】

ソ　連	1500万人
中　国	1000万人
ドイツ	900万人
日　本	300万人
ベトナム	200万人
アメリカ	40万人

- 114 -

⑪・だから、この戦争が終わったときの世界の人々の喜びは、たとえようもなかった。

2 第２次世界大戦が終わって、どのような動きが出てきたか？

①・第２次世界大戦が終わったときの喜びを、フランスのある少年は【資料：１】のようにあらわしている！

　▷【　資料：１　】〈　柱の文への線引き作業　〉

②・この少年は、戦争が終わって、何が「１番うれしい」と言っている？

　→自由になった・もう人が死ぬことがない・・・

③・さらに２度と戦争を起こさないように、「どんなことをしなければならない」と思っている？

　→団結・団結しなければならない

④・そのために「ドイツや日本の子どもたちにも手をさしのべよう」とまで言っている。

　・でも手をさしのべる相手が、なぜ「ドイツ」や「日本」の子どもたちなのか？

　→戦争を起こした国だから・・・

⑤・戦争は大人たちの「いがみ合い」や「対立」から起こることを、少年でさえ知っているわけだ。今一度、世界大戦が起こったら、つまり第３次世界大戦が起こったら、核戦争になる可能性が極めて高い。もしそうなったら、世界は開戦後「わずか13時間で滅んでしまう」と言われている。だから、絶対に３度目の世界大戦を起こさせてはいけない。そのために、1945年10月、世界平和を維持する国際的な組織がつくられた。

　・それが何（　と言う機関なのか　）？

　⇨ **国際連合**

⑥・「世界平和」を願う世界の人々の思いが、心が、国際連合という組織をつくった。にもかかわらず、第２次世界大戦の終わった直後から、すでに対立が、戦争が始まっていた。

　・では、これまでに一体どれくらいの数の戦争が起こっていると思う？

　→・・・

⑦・「すでに300回を越えている」と言われている。

　・その300回にも及ぶ戦争で、軍人の死亡者数は、どれくらいになると思う？

　→・・・

⑧・約2,000万人以上にもなっていて、これは第２次世界大戦での「軍人のみの死亡者数」の1,700万人をはるかに越えてしまっている。

　・でも、どうして対立が起こり、戦争がなくならないのか？

　→・・・

※・この発問は投げかけのみとし、生徒からの発言は期待しなくてもよい。

⑨・第２次世界大戦後の世界の動きから、そのことをみてみよう。

3 冷たい戦争とは、どんな戦争だったのか？

①・第２次世界大戦後の大きな変化の１つに、植民地の独立がある。第２次世界大戦が始まった1939年には、全世界の面積の約３分の１が欧米諸国などの植民地だった。それが、第２次世界大戦が終わると、次々と独立していった。

　・特に多かったのは、世界のどの地域だったのか？

　→アジア、アフリカ

- 115 -

②・また、東ヨーロッパなどもドイツの支配から逃れ自由になり、独立していった。

・その際、独立した東ヨーロッパの国々は、経済的には何主義を取ったのか？

　　→**社会主義**

③・そのこと（＝社会主義国の増加）が、世界の対立の大きな原因の１つにもなった。

・たとえば前回の授業に出てきた「アフガニスタン紛争」は、大きく見ると、どこの国とどこの国の対立だったと言えるのか？

　　→**アメリカとソ連**

④・第２次世界大戦後の世界で、アメリカは経済体制では、何主義のリーダー？

　　⇨ **資本主義**

⑤・それに対して、ソ連は（何主義）？

　　⇨ **社会主義**

⑥・つまり、米・ソの対立は、資本主義と社会主義との対立でもあった。それが第２次世界大戦後の社会主義国の増加で強まっていった。

・社会主義国の増加に一番の危機感を抱いたのは、どこの国だったのか？

　　→**アメリカ・・・**

⑦・その当時のアメリカの対外政策について、【資料：２】に載せてある！

　▷【 資料：２ 】

⑧・アメリカは「全世界を脅かすような出来事」に対して、どうする考えだったのか？

　　→**積極的に干渉し、適時に圧力を加える・・・**

⑨・「積極的に干渉し、適時に圧力を加える」ことを、アメリカは、何だと言っている？

　　→**「義務」**

⑩・この（アメリカの）考えに従うと、対立の原因をつくっているのは、アメリカなのか？　ソ連なのか？

　　→**ソ連・アメリカ・・・**

⑪・この対立は、うっかりすると大きな世界的な戦争、それも核戦争になりかねない。核戦争が引き起こされると、その被害は凄まじいものになる。そのため対立はあるが、実際に戦争をするのではなく、互いににらみ合いを続ける形を取った。

・だから、この対立のことを何と言ったのか？

　　⇨ **冷たい戦争**

⑫・1949年には、アメリカを中心に西ヨーロッパと共に 北大西洋条約機構（ NATO ） という軍事同盟がつくられた。このNATOに対抗する形で、1955年にソ連を中心に ワルシャワ条約機構 という軍事同盟がつくられた。それでも、直接戦争が起こることはなく「にらみ合い」の対立が続いた。

・その状況をあらわしているのが、【資料：３】だ！

　▷【 資料：３ 】

⑬・しかし、この「冷たい戦争」も、1950年、ついにアジアの地で火を噴き「熱い戦争」へと変わっていった。

・それが、何戦争だったのか？

　　⇨ **朝鮮戦争**

- 116 -

4 朝鮮戦争では、どんなことが起こったのか？

① ・朝鮮戦争は、朝鮮半島が南北にわかれて戦われた戦争だった。

　・このとき、朝鮮半島で戦った南北の２つの国とは、どことどこ？

　⇨ 大韓民国 （ 韓国 ）と 朝鮮民主主義人民共和国 （ 北朝鮮 ）

② ・しかしこの２つの国は、単独で戦ったわけではなかった。それぞれの国を支援した国があった。

　・北朝鮮を支援した国は（ どこ ）？

　→ ソ連

③ ・韓国を支援した国は（ どこだと思う ）？

　→ アメリカ

④ ・このことが事態を複雑にしてしまった。第２次世界大戦後わずか５年。当然、国連が、この朝鮮戦争を取り上げた。

　・このような場合、国連としては、戦っている両国のうち、Ａ：どちらかを支援した方がいいのか？　Ｂ：どちらか一方を支援することはしない方がいいのか？

　・Ａ：どちらかを支援した方がいいと思う人［ 挙手 ］！

　▷〈 挙手による人数の確認のみ 〉

　・Ｂ：一方を支援するのはマズイと思う人［ 挙手 ］！

　▷〈 挙手による人数の確認のみ 〉

　・グループではなしあい！

　▷〈 班内のグループでのはなしあい 〉

※ ・ここからグループでのはなしあい　→　各グループからの発表へとつなげていく。

⑤ ・では、国連の決定は、どっちだったのか？　　　　※ ・この発問は、投げかけのみでよい。

　→・・・

⑥ ・「韓国を支援する」ということだった。

　・ということは、この国連軍の中心となるのはどこの国だったのか？

　→アメリカ

⑦ ・このアメリカを中心とする国連軍は北朝鮮軍を北へと追い、38度線を突破して、さらに北へと突き進んだ。そして、とうとう中国国境まで迫っていった（ こうなると、明らかに、この戦争は「南北両朝鮮の戦い」とは言えない ）。ここに至って、北朝鮮に義勇軍が加わった。

　・どこの国の義勇軍だったのか？

　⇨ 中国（ の義勇軍 ）

⑧ ・このとき中国は、正式な軍隊ではなく義勇軍を派遣した。

　・どうして、中国は、正規の中国軍ではなく、義勇軍を派遣したのか？

　→・・・？

⑨ ・中国は正規軍を派遣したわけではないので、国として朝鮮戦争に参戦したわけではないことになる。それでも、この中国義勇軍の攻勢で、国連軍は押し戻され、南下させられてしまった。このとき、アメリカは形勢を挽回するために、「『ある兵器』の使用を考えた」と言われている。

　・さて、その「ある兵器」とは？

　→原爆・核兵器・・・

⑩・しかし、朝鮮戦争では核兵器の使用は実行するには至らず、何が結ばれた？

　　⇨ 休戦協定

⑪・つまり、「休戦」となった。それは、北緯何度の線？

　　⇨ 北緯38度線

⑫・「休戦」になったとはいえ、このような状況が続くと、対立がなくなるどころか、一歩間違え
　　ば、取り返しのつかない大戦争へと発展していく危険性が高くなっていった。
　　　だから、その対立をなくすことを目指す国々も現れてきた。その代表が「第三勢力」（ 第三
　　世界 ）と呼ばれるアジア・アフリカを中心とした国々だった。

※・戦後の動きで植民地の独立などを扱わなかった年には、この助言の後半は省いてよい。

5　拉致問題の背景には、どんなことがあるのか？

①・ところで、かつて朝鮮半島に存在した国は１つだった。それが、２つに分かれたのは1945年
　　のこと。
　　・つまり、原因をつくった国は、どこ（ の国 ）？

　　→日本・アメリカ・ソ連・・・

②・朝鮮半島の２つの国は、ほぼ北緯38度線を境にして南北にわかれている。
　　・1945年にアジア太平洋戦争が終わるまで、この朝鮮半島を植民地支配していた国はどこ？

　　→日本

③・それは、1910年の、何から始まった（ のか覚えている ）？

　　→ 韓国併合

④・日本に、植民地として支配されていた朝鮮。ところが、アジア太平洋戦争で日本が負けると、
　　その朝鮮半島の北からソ連軍が南下してきた。その様子を見て、あせった国があった。
　　・それは（ どこの国だったと思う ）？

　　→アメリカ

⑤・アメリカは、急遽、南から軍隊を上陸させ、北に向かわせた。南下したソ連軍と北上したア
　　メリカ軍。
　　・（ 朝鮮半島の ）どこでぶつかったのか？

　　→北緯38度

⑥・こうした動きもあって、朝鮮半島の南北に、それぞれ国ができることになってしまった。つ
　　まり、日本の植民地支配がなければ、朝鮮半島が今のような状態になることはなかった可能
　　性は高い。また、1945年８月８日以前に日本が降伏していれば、ソ連が参戦してくることは
　　なく、朝鮮半島が２つに分けられることもなかったのではないだろうか。
　　　歴史の授業で考えた、「1945年８月15日でのポツダム宣言の受託は、A：やむを得なかったの
　　か？　B：もっと早くすべきだったのか？」の問題は、実は、こうしてアジアの国々にも影
　　響を与えていた。
　　　更に日本は植民地支配当時、強制連行で無理やり朝鮮の人たちを日本に連れてきたりしてい
　　た。ここに 拉致問題 の解決の困難さもありアジアの国々との関係づくりの大切さもある。

参考文献 〉

安井俊夫「核危機の時代　ぼくらどう生きるべきか」『主権者を育てる公民の授業』あゆみ出版

```
〈 板書例 〉

〈 冷たい戦争・熱い戦争 〉
                                                    3  朝鮮戦争（ 1950 年〜 ）
                                                                        ソ連
  1  第2次大戦後の反省                              朝鮮民主主義人民共和国
        ↓                                                   ↕
      国際連合 ↔ 各地での対立                          大韓民国
                                                              アメリカ
  2  資本主義 対 社会主義
        ↓
      冷たい戦争                                  国連としては？
```

★授業〈 冷たい戦争・熱い戦争 〉について

　この授業案は、公民の学習というよりは、歴史の授業のおさらいの内容となっている。歴史分野で戦後の授業をきちんとおこなった年であれば（ 朝鮮戦争を取り扱った授業をおこなっていれば ）、この授業は省いてもよい。

　諸事情により、3年生の歴史の授業が15年戦争から始められなかった（ 15年戦争より前の内容から始めた ）年には、授業時間の関係もあり、戦後の歴史を詳しく取り扱えないことがある。そうした場合には、この授業をおこなうことになる。それは、次の〈 平和会議かミサイルか 〉の授業も同様である。そうした事情でおこなっている授業であるため、実際はもっと詳しい内容を取り入れて、授業時数も2〜3時間取る場合もある（ 取り入れる戦後の歴史の内容については、歴史分野の戦後の単元計画から考えている ）。

　基本的には以上のように考えているが、近年は、歴史の学習のおさらいとしての意味で実施することも多くなった。3学期の受験の時期の授業となるため、歴史の授業のおさらいとしての内容を助言に織り交ぜていくと、受験生である生徒を授業に引き込みやすいからだ。「受験に必要な知識」との説明には、この時期の生徒は反応しやすく、また一生懸命に答えようとすることもあって授業が盛り上がる。受験勉強のために頑張って覚えたことを、教室で発言したいとの気持ちがあるからのように見えるが、本当にそうなのかを生徒に訊ねたことはない。

　もっとも、それは単に受験用の授業として活用しているだけであって、あくまで1つの方法に過ぎない。そうして生徒を授業に引き込みながら、朝鮮戦争や米ソの対立について考えさせることに目的がある。そのため、時間がある場合には、提言4の助言⑫の後に、次のような助言をうつこともある。

⑬・こうしてみていくと、朝鮮戦争で、一方の国を支援するとして国連の決定は正しかったと言えるのだろうか？

　　・A：やはり、国連の決定は正しかったと思う人［ 挙手 ］！

　　▷〈 挙手による人数の確認 〉

　　・B：いや、国連の決定は間違っていたと思う人［ 挙手 ］！

　　▷〈 挙手による人数の確認 〉

　　・どっちだと言えばいいのか、班ではなしあい！

　こうした助言がうてるのは時間がある場合で、なければ無理に入れることはしていない。そのため、提言1の歴史のおさらいなどで時間がかかってしまった場合には実施できないし、また、もっと時間が無くなった場合には、提言5さえ省かざるを得ないこともある。

公民　学習プリント〈国際社会：02〉

■第2次世界大戦が終わった。人々はどんな反省を持ったのか？　しかし、その直後から対立は始まった。どんな対立なのか？　誰が始めたのか？　それは、やがて・・・。

1：【 平和がやってきた 】　　　　　　　　　　　　　　　　　　　　　　　－フランスの少年の言葉－

「戦争は終わった！」「うれしい！」私たちは、もとのように自由になったのです。そう思うと、うれしくてなりません。そして何千という人が、もう戦争で死ぬようなこともなくなったのです。人々は、喜びに輝いています。もう決して戦争をしないために、私たちは団結しなければならないと思います。

明日の平和を望み、国境を越えて、ドイツの子どもたちに手をさしのべましょう！　日本の子どもたちに手をさしのべましょう！

〈　J．セルパヌ　〉

2：【 アメリカの世界戦略 】　　　　　　　　　　　　　　　　　　　　　　－トルーマン・ドクトリン－

世界のどのすみずみでも、2つの政治傾向の間に闘争がおこなわれており、この闘争がアメリカの安全をおびやかしている。それゆえ、アメリカは全世界をおびやかすような、どんな衝突の発生に対しても積極的に干渉し、適時に圧力を加える「義務」がある。

〈　1947年4月　トルーマン大統領　〉

3：【 ヨーロッパの軍事力 】　　　　　　　　　　　　　　　　　　　　　　－東西の軍事組織の比較－

A：北大西洋条約機構（NATO）　　　　　　　　　　　　　　　　B：ワルシャワ条約機構

アメリカ
カナダ
イギリス
イタリア
ベルギー
オランダ
ルクセンブルク
ノルウェー
デンマーク
アイスランド
ポルトガル
ギリシャ
トルコ
西ドイツ
フランス

ソ連
ポーランド
チェコスロバキア
東ドイツ
ハンガリー
ルーマニア
ブルガリア

※　ともに核兵器を持ち有力な空軍もあるため、衝突すればヨーロッパは完全に破壊される

→戦闘で破壊された町
「破壊された町の中をひとり歩いている人は、何を思っているのだろうか？」

[03] 平和会議かミサイルか

◎冷戦が続く中、米・ソの対立がどんな事件を引き起こしたのか、米・ソの対立により、日本が、世界が、どんな危険にさらされたのかについて理解させる。そして、世界を核戦争の危機に陥れたのは、アメリカなのかソ連なのか、当時の状況から考えさせる。

1　平和会議では、何が話し合われたのか？

①・米・ソの対立＝冷戦が続いていた1959年9月、ソ連フルシチョフ首相のアメリカ大統領アイゼンハワーへの訪問が実現した。フルシチョフ首相は、何のためにアメリカまで出向いたのか。
　・【資料：1】にある当時の新聞記事を見ると、その答えがわかる！
　▷【資料：1】〈 見出しを○で囲む 〉

②・（フルシチョフ首相は）何をしに、アメリカまで行ったのか？
　→仲直りをするため・アメリカと手を結ぶ・・・
③・ソ連首相とアメリカ大統領は、どんなことを話し合っているのか？
　→世界平和について・仲直りをする・・・
④・当然、世界の人々は、この話し合いに注目をした。なぜだか、わかる？
　→世界平和が実現する・対立がなくなる・・・
⑤・世界の人々が願っていた「世界平和」が、いよいよ現実のものになろうとしていた。米ソの会談でも、「平和のうちに共存していこう」という 平和共存 の考えが確認された。ところが、そんな期待を裏切るような事件が起きた。

2　アメリカのスパイ飛行は、どんな事態を引き起こしたのか？

①・米・ソの会談から1年もたたない1960年5月、アメリカのU2型偵察機が、ソ連の上空に入り込み「スパイ飛行」をおこなう事件が起きた。
　・このときのアメリカのソ連へのスパイ飛行の目的は、どんなことだと考えられる？
　→ソ連の軍事基地・軍事力などを探る・・・
②・ということは、平和会議をおこなったにも関わらず、アメリカは、ソ連のことを信用して・・・・いなかった・・・のか？
　→そのとおり・そんなことはない・・・
③・では、この事件に対して、ソ連は、どんな態度に出たと思う？
　→アメリカを非難した・・・
④・フルシチョフ首相は、アメリカを激しく非難して、予定されていた「アメリカ大統領のソ連招待を取り止める」と告げてきた。更に、世界の国々に対しても「ある警告」を発した。
　・その「ある警告」とは、【資料：2】に載せてある！
　▷【資料：2】〈 ソ連の強調したい部分への線引き作業 〉
⑤・この（ソ連の）警告にある「アメリカに基地を貸す国」とは、具体的には、どこの国（を指していると思う）？
　→日本・・・
⑥・実際、このときのスパイ飛行機は、日本にあるアメリカ軍基地から飛び立っていた。ということは、日本には、どんな危険性があるのか？
　→ソ連に攻撃される・・・

- 121 -

⑦・「アメリカのスパイ行為」により、日本までソ連の攻撃目標にされることになった。

それは、A：当然のこと？　B：仕方のないこと？　C：とんでもないこと？

　→当然のこと・（当然とは言えないが）仕方がないこと・迷惑なこと・・・

⑧・ところで、そんな危険な状態に陥れた日本を、アメリカはどのように考えていたのか。【資料
：3】に当時のアメリカの考えが載せてある！

　▷【資料：3】〈アメリカの日本に対する考えの部分への線引き作業〉

⑨・アメリカは、日本を何だと考えていたのか？

　→ロシアに対する防壁（ 対露防壁 ）・ すえつけの空母 ・・・

⑩・このような日米関係から考えると、日本は、ソ連から攻撃をされても、A：当然なのか？　B
：仕方がないことなのか？　C：とんでもないことなのか？

　・A：ソ連の攻撃は、当然だと思う人［挙手］！

　▷〈挙手による人数の確認のみ〉

　・B：当然とまでは言えないが、仕方がないことだと思う人［挙手］！

　▷〈挙手による人数の確認のみ〉

　・C：いや、とんでもないことだと思う人［挙手］！

　▷〈挙手による人数の確認のみ〉

　・班内のグループではなしあい［1分間］！

　▷〈班内のグループでのはなしあい〉

※・ここから各班内のグループでのはなしあい　→　各グループからの発表へとつなげる。

⑪・ところで、先のスパイ飛行事件での対立は、その後、1961年に新しく大統領となったケネディ
とフルシチョフ首相との会談が実現したことで和らぎ始めていった。

　・ところが、今度はベルリンで危険な状況が発生した。

3　ベルリンで、どんなことが起こったのか？

①・（第2次大戦後の）1949年、冷戦によりヨーロッパで東西に分けられた国があった。

　・それはどこ（の国）？

　→ドイツ

②・ドイツは、西ドイツと東ドイツの2つに分けられた。

　・そのドイツの首都であった都市は、どこだった？

　→ベルリン

※・東西ドイツ及びベルリンの位置関係については、板書して理解しやすいようにする。

③・ベルリンも、西ベルリンと東ベルリン（の2つ）に分けられた。このうち西ベルリンを管理し
た国は、どこだったのかわかる？

　→アメリカ

④・では、東ベルリンを管理した国は（どこの国だったのか）？

　→ソ連

⑤・この結果、社会主義国である東ドイツの中にある西ベルリンは資本主義、そして東ベルリンは
社会主義と、完全に別々の体制になっていた。この東西ベルリンの間に、1961年に高く厚い壁
が築かれた。壁を建設した東ドイツ政府は、「交通が自由だと、西ベルリンから東ベルリンへの
敵対行為が続くので、これをくい止めるためである」と説明した。

- 122 -

・この説明からすると、悪いのは、西側？　東側？

　→**西側**

⑥・西側、つまり「資本主義側が悪い」と言っているわけだ。すると、この東ドイツの処置に対して怒った国があった。

　・それは、どこ（の国だったと思う）？

　→**アメリカ**

⑦・アメリカは、「壁の設置は、一方的なやり方だ」として、100台の戦車をベルリンへと差し向けた。

　・ところが、このアメリカの行動に対して、黙っていなかった国が・・・？

　→**ソ連**

⑧・ソ連からも、戦車部隊が出動した。そして、アメリカとソ連との間で、小さな衝突が発生していった。が、それ以上の事態には発展せず、とりあえず危機は去った。しかし壁だけは東西対立・冷戦の象徴として残った。

　・その壁が、何と言われていたのか（知っている）？

　→ **ベルリンの壁**

⑨・人類は2度の世界大戦を経験したにもかかわらず、武力による対立を無くすことができていない。

　・このような事態が続出していくと、世界は一体どうなっていくのか？

　→・・・

4　世界を核戦争の危機に陥れた犯人は、アメリカなのか？　ソ連なのか？

①・やはり、もっと危険な状況が キューバ で発生した。

※・キューバとアメリカの位置関係については、板書か掛け地図で理解しやすいようにする。

②・1959年、キューバは革命に成功して、 社会主義 への道を宣言した。しかし、この（キューバの社会主義路線の）動きを快く思わなかった国がある。

　・どこ（の国だかわかる）？

　→**アメリカ**

③・アメリカは、それまではキューバにおいて、かなり勢力を振るっていた。それだけに、キューバが社会主義国となったことを快くは思わなかった。そこで1961年の春、アメリカはキューバ政府軍の飛行機に見せかけた爆撃機と亡命キューバ人を動員して、キューバに攻撃を開始した。キューバ対アメリカ。

　・さて、その戦いの結果は・・・（どっちが勝ったのか）？

　→**アメリカ・キューバ・・・**

④・キューバの国民は団結して戦い、アメリカの侵攻作戦は失敗した。しかし、「それでおしまい（安心）」とはならなかった。この事件以来、キューバにとってアメリカは、また、いつ攻撃を仕掛けてくるかわからない不気味な存在となったからだ。実際、翌1962年、またもやアメリカはキューバに対する侵攻を準備していた。しかし今度は、アメリカには正当な理由があった。それは、ソ連が、キューバに「ミサイル基地」をつくり始めたからだった。アメリカは、「ソ連はミサイルをキューバに持ち込んでいる。これ以上ソ連船がキューバに武器援助などで近づくなら、海上を封鎖をする」と宣言した。そして、アメリカは、空母8隻を含む90隻もの艦隊をカ

- 123 -

リブ海に結集させた。ここにソ連船が近づけば、ただちに戦争となることは明らかだった。
・ところで、このソ連のキューバへのミサイル持ち込みは、事実だったのか？
→事実だった・ウソだった・・・

⑤・ソ連もミサイルの持ち込みは、認めた。しかもそれは、単なるミサイルではなく（核弾頭つきの）核ミサイルだった。
・これが証拠の写真だ！
▷【 ミサイル基地の写真 】

⑥・でも、このときソ連が、核ミサイルをキューバに持ち込んだ理由はわかる？
→キューバを守る・アメリカに対抗するため・・・
⑦・「同じ社会主義国であるキューバを、アメリカの脅威から守るためである」というのが理由だった。
・しかも、そのミサイルの配置は、【資料：4】の位置だった！
▷【 資料：4 】＆地図
⑧・これでは、アメリカが黙っているわけがない。
・どうして？
→首都ワシントンが射程距離内・ニューヨークも狙われる・・・
⑨・でも、このミサイル設置は、それまでの経過から考えると、当然？　やり過ぎ？
→当然だ・やり過ぎだ・・・
⑩・ソ連は、当然のことと考えた。だから、「核ミサイルをキューバから撤去せよ」というアメリカの要求を拒否した。今度ばかりは、アメリカもソ連も、お互いに引かなかった。事態がここまで発展してくると、世界の人々に一気に不安が広がった。
・つまり、このとき、何が起こる危険性があったのか？
⇨ 核戦争
⑪・いよいよ「核戦争」が現実のものとなった。世界中も核戦争の危機に驚いた。
・そのときの緊張状況が、【資料：5】に載せてある！
▷【 資料：5 】
⑫・このような状態では、いったいどうすればいいのか？
→・・・
⑬・このキューバでの事件。結果としては、ソ連が（キューバからの）核ミサイルの撤退を認めた。ソ連が折れたわけだ。ただし、それは条件付だった。それは、アメリカに対して「今後キューバに侵攻しないと約束せよ」という条件だった。
・アメリカは、この要求を・・・（どうしたか）？
→受け入れた
⑭・これは、「受け入れざるを得なかった」とも言える。こうして、キューバをめぐる核戦争の危機は、とりあえずは去った。1962年の、この事件を キューバ危機 という。
・ここまでの戦後の動きを考えてみると、全世界を核戦争への危機に陥れた犯人は、A：アメリカだったのか？　それとも、B：ソ連だったのか？
・A：アメリカだと思う人 [挙手]！
▷〈 挙手による人数の確認のみ 〉
・B：ソ連だと思う人 [挙手]！

- 124 -

▷ 〈 挙手による人数の確認のみ 〉
・では、班ではなしあい！
▷ 〈 班内でのはなしあい 〉
※・ここから3分間の班でのはなしあいに入らせる。
⑮・ちなみに、2014年、アメリカとキューバが国交を回復する方向での話し合いが進められることが報じられた。キューバ危機から50年以上たって、やっとアメリカとキューバの関係が正常化される見通しが出てきたわけだ。

〈 参考文献 〉

安井俊夫「共存と対立」『たのしい社会　中学公民』麦の芽出版会
安井俊夫「核危機の時代　ぼくらどう生きるべきか」『主権者を育てる公民の授業』あゆみ出版
池上彰「世界は核戦争の縁に立った－キューバ危機」『そうだったのか！現代史』集英社

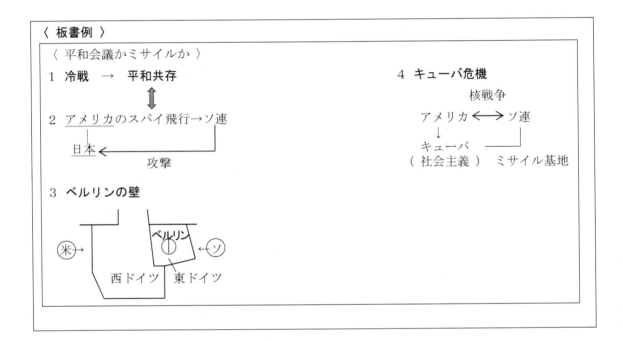

★授業〈 平和会議かミサイルか 〉について

　この授業では、冷戦 → アメリカのスパイ飛行 → ベルリンの壁 → キューバ危機という流れの中に、日本の立場を織り込みながら、戦後の歴史を取り扱っている。そのため、この授業案も前時の〈 冷たい戦争・熱い戦争 〉の授業と同様に、歴史の学習内容となっている。完全な公民の授業内容ではないのだが、歴史分野での戦後の授業がきちんとできなかった場合には、こうした形で公民の授業の中に組み込む方法でカバーをしている。ただ、厳密に考えてみると、現在も歴史の流れの中にあるわけだから、「歴史的分野だ」「公民的分野だ」と明確にわけられるわけでもない。そこで、こうした取り扱いでも問題はない。むしろ、こうした形で歴史の授業内容を復習することで、戦後の動きから現在の状況がつながっているということを、生徒に理解させやすい面もある。

　その後、アメリカとキューバの国交回復のニュースが伝えられたこともあり、まさに現在進行形の学習内容とすることができた。

公民　学習プリント〈国際社会：03-1〉

■米・ソの代表者が歩み寄り、平和会議に力を入れるようになった。どんなことを話し合ったのだろうか？　では、その後、世界は平和への道を歩み始めるのだろうか？

1:【 フルシチョフ－アイク会談 】

－1959年9月16日　朝日新聞（夕刊）－

《 フルシチョフ首相（ ソ連 ）》
　アメリカ・ソ連が戦えば、両国だけでなく、他の国にも大きな被害が起こる。米・ソ両国は、平和のうちに共存するべきだ！

《 アイゼンハワー大統領（ 米 ）》
　アメリカ・ソ連両国は、お互いにできるだけ真実を知り合って、「世界を平和に導くこと」を共通の目標にしていきたい。

2:【 撃墜された黒いジェット機 】　　　　　　　　　－平和会議のあとで‥‥－

　1960年5月1日、ソ連当局は、アメリカのU2型ジェット機を領空侵犯とスパイ飛行のかどで撃墜し、乗員のパワーズを逮捕した。この事件は、7日になってアメリカがスパイ行為を認めたこともあって、人々に大きな衝撃を与えた。‥‥
　ソ連首相・フルシチョフは、この事件について、「‥‥わが国に対して、敵意を持った飛行機を飛ばす基地を貸して、侵略的な目的に使用させている国々が、どういう結果になるか、結論を下さなければならない！」と警告した。

（『日本の歴史　9』　ほるぷ出版 ）

3:【 すえつけの空母・日本 】　　　　　　　　　－アメリカは日本をどう考えていたか？－

　（ アメリカの対日政策 ）第一は、日本をアジアの工場とロシアに対する防壁とに仕立て上げる。‥‥（ 中略 ）‥‥日本は、イギリスと同じように"すえつけの航空母艦"として使うことができる。‥‥（ 中略 ）‥‥
　「生まれつき訓練された日本人は、伝統的には反ロシア的であるから、‥‥（ 中略 ）‥‥アメリカに堅い忠誠をつくすところの『新しい種類の植民地部隊を供給する国』となるだろう」と期待されているのである。

（ オーエン・ラティモア「『アジアの情勢』1948年12月の報告」日本評論社　1950 ）

（左）キューバに設置されたソ連のMRBM
（右）核ミサイル（MRBM）

↑フルシチョフ（ソ連）とケネディー（アメリカ）

公民　学習プリント〈国際社会：03-2〉

■米・ソの代表者が歩み寄り、平和会議に力を入れるようになった。どんなことを話し合ったのだろうか？　では、その後、世界は平和への道を歩み始めるのだろうか？

4:【 キューバ 】

キューバからアメリカ合衆国の主要都市までの距離関係

・内側の円
　＝射程距離1600kmのミサイル（MRBM）の攻撃範囲
・外側の円
　＝射程距離3500kmのミサイル（IRBM）の攻撃範囲

5:【 核戦争の危機 】

　核戦争の危機が高まり、アメリカ中で核シェルターでの生活に備えた"食糧の買い占め"が始まりました。

　ソ連国内では、この事態は報道されませんでしたが、国民の間に「核戦争が始まりそうだ！」という噂が広がりました。フルシチョフの補佐官の中には、妻に「直ちにモスクワから脱出するように」という電話をかけた者もいるといいます。

　世界中が、核戦争の恐怖におびえました。小学生だった私も怯えた一人だったのです。

6:【 アメリカでの検討会議では・・・ 】

ケネディ『どうして、これが中距離核弾道ミサイルだと判断できるのだ？』
CIA分析官「モスクワでの軍事パレードで撮影したミサイルと長さが同じだからです」
ケネディ『発射可能なのか？』
CIA分析官「いえ、まだです」
ケネディ『いつ可能になる？』
CIA分析官「地上の準備具合によります」
ケネディ『核弾頭は、どうなっている？』
CIA分析官「必死に探しておりますが、この地域では発見できておりません。しかし、核弾頭をミサイルに搭載するのは数時間で可能です」

国防長官「もしキューバの基地を攻撃すれば、数百人のソビエト市民を殺すことになるでしょう。その場合、フルシチョフは、どんな反応を示すことになるのか？　その代償は、高いものになることを覚悟しておいた方がいいでしょう」
ケネディ『もしそうなると、ソ連はベルリンを奪い取るだろう』
国防長官「もしソビエト軍がベルリンに攻め込んだら、ベルリンにいるアメリカ軍は、やられてしまいますよ」
参謀本部「全面戦争になります」
ケネディ『核戦争になるということか？』

公民 意見プリント 国際社会：03 〈 平和会議かミサイルか 〉

３年　　組　　号（　　）班：名前＿＿＿＿＿＿＿＿

◇次の質問に対して、自分の考えを書いてみよう！

1. 質問

◆冷戦から平和共存、そしてアメリカのスパイ飛行・ベルリンの壁・キューバ危機という戦後の動きを考えてみると、全世界を核戦争への危機に陥れた犯人は、アメリカだったのか？　それとも、ソ連だったのか？　どっちだったと言えばいいのか？

2. 結論

A：やはり、アメリカがいけなかったと思う！　　B：いや、ソ連こそ間違っていたと思う！

3. どうして、そのような結論を出したのか？（ 自分の考え ）

＿＿＿＿＿＿＿＿＿＿＿＿＿＿＿＿＿＿＿＿＿＿＿＿＿＿＿＿＿＿＿＿＿＿＿＿＿

＿＿＿＿＿＿＿＿＿＿＿＿＿＿＿＿＿＿＿＿＿＿＿＿＿＿＿＿＿＿＿＿＿＿＿＿＿

＿＿＿＿＿＿＿＿＿＿＿＿＿＿＿＿＿＿＿＿＿＿＿＿＿＿＿＿＿＿＿＿＿＿＿＿＿

＿＿＿＿＿＿＿＿＿＿＿＿＿＿＿＿＿＿＿＿＿＿＿＿＿＿＿＿＿＿＿＿＿＿＿＿＿

＿＿＿＿＿＿＿＿＿＿＿＿＿＿＿＿＿＿＿＿＿＿＿＿＿＿＿＿＿＿＿＿＿＿＿＿＿

＿＿＿＿＿＿＿＿＿＿＿＿＿＿＿＿＿＿＿＿＿＿＿＿＿＿＿＿＿＿＿＿＿＿＿＿＿

＿＿＿＿＿＿＿＿＿＿＿＿＿＿＿＿＿＿＿＿＿＿＿＿＿＿＿＿＿＿＿＿＿＿＿＿＿

＿＿＿＿＿＿＿＿＿＿＿＿＿＿＿＿＿＿＿＿＿＿＿＿＿＿＿＿＿＿＿＿＿＿＿＿＿

〈　授業について意見・質問・考え・感想などあったら自由にどうぞ！　〉

[04] 泥沼の中東戦争

◎イスラエルが建国された背景と中東戦争までの流れを理解させ、日本としては、西アジア地域とどうかかわっていくべきなのかを考えさせる。

1　イスラエル建国は、認められるのか？

①・〈『アンネの日記』の本を見せながら〉この本を読んだことのある人［挙手］！
　▷〈 挙手による人数の確認のみ 〉
②・どんな内容か、紹介できる人［挙手］！
　→・・・
※・発言できる生徒がいれば、紹介してもらってもいいが、特に強要する必要はなく、いなければ教師が簡単に説明する。
③・アンネ・フランクは、ユダヤ人だった。
　そのため第2次世界大戦中、ナチス・ドイツから逃れて、家族とともに屋根裏部屋に隠れ住んでいた。しかし、のちに捕まり、強制収容所へと送られ、亡くなってしまった。第2次世界大戦では、アンネと同じユダヤ人たちは、ナチス・ドイツにより約600万人も虐殺された。
　・この「ユダヤ人大虐殺」のことを、何と言ったのか（覚えている）？
　→ ホロコースト
④・このため、多くのユダヤ人たちは、ドイツの占領地から必死になって逃れた。
　・ここ（掛け地図のイスラエルを指しながら）も、その1つだった！
　・何というところ？
　→パレスチナ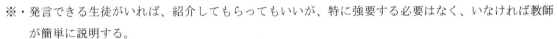
⑤・何故、「パレスチナ」なのかというと、19世紀の後半になり、 パレスチナの地に再びユダヤ人の国家をつくろう という運動が起こっていたからだった。
　・でも、どうしてユダヤ人たちは「パレスチナ」に逃れ、そこに自分たち（ユダヤ人）の国をつくろうとしたのか？
　→・・・？
⑥・実は、紀元前10世紀頃、パレスチナの地には、 ユダヤ人 の国（イスラエル王国）があった。今から3,000年以上前の話だ。それから1,000年後、パレスチナに住んでいたユダヤ人たちは、当時のローマ帝国による迫害で、世界中に散り散りにさせられた。そこで2,000年ぶりに、ユダヤ人たちはパレスチナの地に「自分たちの国を再建しよう」と運動を起こした。
　・ところが、そのパレスチナの地には、1,200年も前からアラブ系住民（今ではパレスチナ人と呼ばれる人たち）が、自分たちの国をつくって住んでいた。
　・ちなみに、その人たちが信仰している宗教は、ユダヤ教ではなく、何教？
　→イスラム教・・・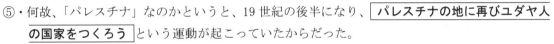
⑦・しかし、ユダヤ人にしてみれば、「もともと（パレスチナには）自分たちの国があった」「そこに再び自分たちの国をつくるのは当たり前だ」と主張した。一方のアラブ系住民（パレスチナ人）にすれば、「今頃になって、そんなことを主張されても認められない」「今ではアラブ系の住民が国をつくり暮らしている」と反論した。
　・さて、ユダヤ人とアラブ系住民（パレスチナ人）、どっちの主張が正しいのか？
　・A：当然、ユダヤ人の言っていることの方が正しいと思う人［挙手］！

- 129 -

▷ 〈 挙手による人数の確認のみ 〉
・B：いや、アラブ系住民（パレスチナ人）の主張の方が正しいと思う人［ 挙手 ］！
▷ 〈 挙手による人数の確認のみ 〉
・さて、どちらの主張が正しいのか、グループではなしあい！
▷ 〈 各班内のグループでのはなしあい 〉
※・ここから各班内のグループでのはなしあい　→　各グループからの発表へとつなげる。

2　パレスチナ分割案は、どんな結果を招いたのか？

①・この問題で、「どちらが正しいのか」を判断するのは、なかなか難しい。その上更に問題を深刻にしていることが、エルサレム（古代イスラエルの首都）にある。
・たとえば、この場所は「嘆きの壁」と呼ばれている〈 写真の提示 〉！
・何という宗教の聖地なのか？
　→ユダヤ教・・・

②・これは「岩のドーム」〈 写真の提示 〉！
・何という宗教の聖地（なのか）？
　→イスラム教・・・

③・そして、ここが、「受難の道」と呼ばれるキリスト教の聖地で、イエスが磔（はりつけ）にされとき十字架を背負って歩いたとされる道〈 写真の提示 〉！
・「ユダヤ人」とは、「ユダヤ教」を信仰する人のことを言う。だから、ユダヤ人にとって「エルサレム」は、信仰のよりどころとなる大切な場所だ。しかしそれは、イスラム教を信仰するアラブ系の人たちにとっても同じことだ。こうした問題も、事態を複雑にした。

※・ユダヤ教：モーセの律法を基に、唯一神ヤハウェを信奉するユダヤ人の宗教。
　　イスラム教：610年にムハンマドが創唱し、唯一神アラーのみを信仰し、神の啓示であるコーランを経典とする。
　　そのため、それぞれを支持する国が出てきた。
・パレスチナ人を支持したのは、どこだと思う？
　→アラブ諸国・西アジアの国々・・・（ 地図で色の濃い国々 ）

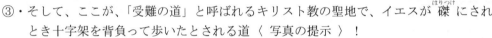

④・では、ユダヤ人を支持したのは？
　→（ イギリス・アメリカ ）

⑤・イギリスは、第1次世界大戦中に（ユダヤ人から「資金援助」を受けるため）パレスチナの地にユダヤ人国家をつくることを勝手に約束していた。そして、この約束の後押しをしたのがアメリカだった。

⑥・ここに、 アラブ・パレスチナ 対 ユダヤ・欧米 の対立が生じた。
・でも、こうした国際問題を解決する機関は、どこ？
　→国際連合

⑦・国際連合は、この問題を取り上げ、1947年11月に解決案を出した。
・それは、A：「ユダヤ人」の主張を支持する案だったのか？　B：「パレスチナ人」を支持する案だったのか？　C：両者の言い分を認める案だったのか？
※・ここで発言がなければ、挙手による確認をおこなってもよい。

⑧・国連の解決案は、パレスチナを 「パレスチナ人」と「ユダヤ人」で分割して、それぞれで国

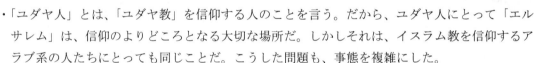

をつくる というものだった〈 分割案の地域がわかる地図を提示！ 〉。

・この国際連合の分割案は、A：認められるのか？　B：認められないのか？

・A：その方法しかない、認められると思う人[挙手]！

▷〈 挙手による人数の確認のみ 〉

・B：とんでもない、そんな案は認められないと思う人[挙手]！

▷〈 挙手による人数の確認のみ 〉

・さて、どうなのか、グループではなしあい！

▷〈 各班内のグループでのはなしあい 〉

※・ここから各班内のグループでのはなしあい　→　各グループからの発表へとつなげる。

⑨・国際連合での採決では、 賛成33 、 反対13 、 棄権10 。ということは(この分割案は)認められた。だが、アラブ諸国は「ユダヤ人の国は認められない」として、全て反対した。それでも分割案により、パレスチナの地にユダヤ人国家が建設されることになった。

・こうして1948年に、ユダヤ人が建国した国が？

⇨ イスラエル

⑩・でも、このイスラエル建国により、それまでパレスチナに住んでいたアラブ人（いわゆるパレスチナ人）たちは、どうなったのか？

→追い出された・住むところを奪われた・・・

⑪・(イスラエル建国により)土地を追われ、30万人もの パレスチナ難民 が生まれた。そしてこのことで、更に アラブ・パレスチナ 対 イスラエル・ユダヤ の対立は大きくなった。この対立が表面化したのは、イスラエルの独立宣言がなされた翌日だった。

3　中東戦争は、どのように戦われたのか？

①・1948年5月14日、イスラエル建国に反対するアラブ諸国との間に、何が起こったのか？

→ 第1次中東戦争 （パレスチナ戦争）

②・兵力3万弱のイスラエル 対 15万以上のアラブ諸国、勝ったのはどっち？

→アラブ諸国・イスラエル

③・アラブ諸国の足並みの乱れや準備不足のため、イスラエルが勝利した。勝利しただけでなく勢いづいたイスラエルは、国連の分割案の土地の1.5倍にまで領地を拡大してしまった。このことで、更に80万人ものパレスチナ難民を出してしまった。

　ただ、このときパレスチナ難民が出たのは、戦争を利用して、エジプトとヨルダンが、パレスチナを部分的に占領してしまったことにも原因があった。この(エジプトとヨルダンの)占領によって、部分的にではあるが、 アラブ 対 パレスチナ という構図も生まれた。

※・このあたりは複雑になってくるため、以下の板書〈 あるいはフリップ提示 〉で説明する。

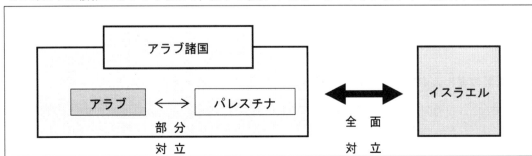

- 131 -

④・こうしてイスラエルは領土を拡大し、更にアラブ諸国への武力攻撃をおこなった。その攻撃も「普通の村を襲い、一般国民を殺害する」やり方だった。

・なぜ、そんな（一般市民を殺害する）武力攻撃をおこなったのか？（イスラエルの考えはわかる？）

→力を見せつける・おどしておく・反対する者を減らす・・・

⑤・そこでエジプトなどは、イスラエルに対抗するため、アメリカに武器の供給を依頼した。

・では、アメリカは、この（エジプトからの）依頼を承諾したのか？（断ったのか？）

→承諾した・断った

⑥・アメリカは「武器が欲しければ、イスラエルを認める条約に加盟するように」と、逆にエジプトに迫った。

・では、エジプトは、その条約に加盟したのか？

→した・しなかった

⑦・この条約への加盟は「アラブ諸国への裏切り」となる（エジプトは、もちろん断った）。しかし、このままではエジプトとしても窮地におちいる。そこでエジプトは、武器の供給を、別の「ある国」に頼んだ。

・その別の「ある国」とは？

→ソ連・・・

⑧・では、ソ連は、（その依頼を）承諾したのか？

→承諾した・断った・・・

⑨・ソ連は、もちろん承諾した。ところが、このことで勢いづいたエジプトは、 スエズ運河 の国有化宣言までおこなってしまった。そこ（＝スエズ運河の国有化）までやってしまったため、スエズ運河を管理していたヨーロッパの2つの国が（軍隊を派遣し）、エジプトを攻撃してきた。

・さて、その2つの国とは、どことどこ？

→イギリス・フランス・・・

⑩・更に、このとき（この2つの国と）一緒になって、エジプトを攻撃してきた国があった。

・それは、どこ（の国）だと思う？

→イスラエル・・・

⑪・これが、 第2次中東戦争 だ。

・イスラエル側対エジプト、さて、どっちが勝ったと思う？

→イスラエル側・エジプト

⑫・第2次中東戦争は「どちらかが勝った」というのではなく、ソ連の圧力などにより停戦の形で収まった。ただし、停戦後も占領地から軍隊を引き上げない国が、1つだけあった。

・それは、どこ（の国）だったのか？

→イスラエル

---

4 情勢の変化の中、イスラエルとパレスチナはどんなことをおこなったのか？

①・こうした対立が続く中、ヨーロッパ各国がイスラエルと対立している「アラブ諸国を支持する」ようになってきた。

・これは、何故なのかわかる？（考えられることは？）

- 132 -

→石油を売ってもらえなくなる・石油が手に入らなくなる・・・

②・しかし、そんなヨーロッパ各国の動きを、快く思わない国もあった。

　・それは、どこ（　の国　）だったのか？

　→イスラエル

③・アラブに「石油」がある限り、いつ欧米諸国に裏切られるかわからない。そこでイスラエルは、とんでもない兵器の開発を始めた。

　・さて、それは（　何だと思う　）？

　→・・・

④・「核爆弾」の開発だ。イスラエルは公式には認めていないが、200以上の核弾頭（80発の核兵器）が貯蔵されているらしい。「人類に対して、『アメリカの次に核爆弾を使う国』があるとしたら、それはイスラエルである」という声さえあるほどだ。

　・こうした戦乱状態の中、パレスチナ人たちは、1964年に自分たちを守る組織をつくった。それが PLO＝パレスチナ解放機構 だ。

　・その3年後の1967年に、イスラエルがシリアに攻撃を仕掛けて、 第3次中東戦争 が始まった。この戦争には、国際連合が動いた。そして、緊急安全保障理事会から「ただちに停戦するよう」勧告が出された。

　・国連からのこの勧告に対して、アラブ諸国やイスラエルは、どうしたのか？

　→停戦した・戦争をやめた・言うことを聞かなかった・・・

⑤・アラブ側は、すぐに受け入れ、停戦した。しかし、イスラエル側は、そのまま軍事行動を続けた。これまでの動きからわかるように、イスラエルは自分たちの主張を曲げることなく、反対勢力に対しては、武力で押し通してきている。

　・ではこれに対して、PLOがパレスチナ人を守るための方法は、話し合い？　武力対決？

　→武力対決・・・

⑥・こうして周辺のアラブ諸国は、態度を迫られることになった。つまり、A：PLOを支持して、イスラエルとの武力対立を続けるのか？　B：PLOの支持はしないで、イスラエルとの和平を進めるのか？　の決断を迫られた。

　・A：当然、アラブ諸国はPLOを支持すべきだと思う人［挙手］！

　▷〈　挙手による人数の確認のみ　〉

　・B：いや、PLO支持はできない・しないと思う人［挙手］！

　▷〈　挙手による人数の確認のみ　〉

　・さて、どうなのか、グループで討論！

　▷〈　各班内のグループでの討論　〉

※・ここから各班内のグループでの討論　→　各グループからの交互発表へとつなげる。

※・A＝同じアラブ系・イスラム教徒・反イスラエルである立場　→　支持する

　　B＝PLOの味方＝イスラエルの敵＝イスラエルの攻撃目標　→　支持しない

　・ 1970年：ヨルダンのPLO弾圧

　　 1979年：エジプトのイスラエルとの単独平和条約 締結

⑦・同じアラブ系の国から、パレスチナの人々を攻撃する国も出てきた。こうして、状況は更に複

- 133 -

雑になっていった。ただし、PLOは「武力対立」と言いながらも、中東の平和の実現を考えていた。

・【資料：3】に、PLO・アラファト議長の考えが出ているので見てみよう！

▷【 資料：3 】〈 平和実現の方法がわかる部分に線引き作業 〉

⑧・このアラファト議長の意見は、支持できる？　できない？

　→できる・・・

⑨・もし、この主張通りのことが実現できれば、中東での戦争は・・・（ なくなる？ ）

5 　日本の立場は、どうすべきなのか？

①・ところが、そう簡単にはいかないところに、中東戦争の複雑さがある。それは、建国されて間もないイスラエルが、アラブ諸国に対して勝ち続けることができたことからもわかる。

　・どうして、イスラエルは勝ち続けることができたのか？（ 考えられることは？ ）

　→援助をしている国がある・近代兵器を持っている・・・

②・イスラエルを支持し、武器援助をしている国がある。

　・さて、どこ（ だかわかるね ）？

　→アメリカ・イギリス・・・

③・アメリカが、イスラエルを援助している。

　・しかし、（ それは ）なぜなのか？

　→・・・

④・アメリカは、ある「大国」の勢力が中東（ ＝西アジア ）に延びるのを封じ込めるため、イスラエルを援助している。

　・その「ある大国」とは（ どこ ）？

　→ソ連

⑤・ソ連は、帝政ロシア時代から 南下政策 を取り続けてきた。また、ソ連はイランなどとは国境を接しているため、中東地域の紛争に巻き込まれる危険性もある。だからソ連は、中東のことに関しては、口も出すし、行動にも出る。 アフガニスタン紛争 ・ イラン・イラク戦争 への支援なども、その現れだ。そして、中東（ 西アジア ）地域には「石油」という資源が豊富にある。だから、ソ連の勢力が中東に広がってくると、アメリカにとっても大変な問題となる。

　・そのように複雑な状況の中、 第4次中東戦争 が勃発した。

　　この戦争で、軍事的に劣勢の続く アラブ諸国 が、とんでもないことを宣言した。

　　それは、 〇〇〇〇〇を支持する国には、□□を売らない というものだった。

　・さて、〇〇〇〇〇や□□の中には、何という言葉が入るのか（ わかる ）？

　→〇＝イスラエル・□＝石油

⑥・これを 石油戦略 という。

　・この石油戦略の発動により、日本では何が起こったのか？

　⇨ 石油ショック

⑦・日本では、石油ショックにより物価が跳ね上がり、国民生活に大変な影響が出た。こうして中東の出来事が日本にも大きな影響を与えるようになってきた。

　・イスラエルの建国後、パレスチナの領土は【資料：4】にある状態になっていった！

▷【 資料：4 】＆コピーの提示

- 134 -

⑧・どんどん狭められている。
　・パレスチナ人は現在、このガザ地区とヨルダン川西岸地区で暮らしている！
　▷【 ガザ地区 】【 ヨルダン川西岸 】の地図
⑨・こうして現在、もともとパレスチナの人々が住んでいた領土は
　　ほとんどなくなっている。
　・この状況は、国際的には認められるのか？
　→認められない・・・
⑩・では、日本としては、A：イスラエルを支持すべきなのか？　B：パレスチナ側（つまりアラブ側）を支持すべきなのか？　C：どちらの支持せずに中立でいるべきなのか？
　・A：パレスチナ側（つまりアラブ側）を支持すべきだと思う人［ 挙手 ］！
　▷〈 挙手による人数の確認のみ 〉
　・B：いや、イスラエルを支持すべきだと思う人［ 挙手 ］！
　▷〈 挙手による人数の確認のみ 〉
　・C：中立の態度を取るべきだと思う人［ 挙手 ］！
　▷〈 挙手による人数の確認のみ 〉
　・さて、日本としては、どんな態度で行くべきなのか？
　・班ではなしあい［ 3分間 ］！
　▷〈 各班でのはなしあい 〉
※・ここから各班でのはなしあい　→　学級全体での討論へとつなげていく。
⑪・ところで、第4次中東戦争以後、アラブ諸国とイスラエルの本格的な軍事衝突は起きていない。
　・それは、どうしてなのか？
　→・・・？
⑫・大きな理由の1つに、中東戦争に始めからかかわってきたアラブのある国の動きが関係している。
　・その国とは？
　→エジプト
⑬・アラブ諸国の中で、エジプトはイスラエルと対抗できる軍事力を唯一持っている国だったが、たびかさなる戦争で財政が立ちゆかなくなり、単独でイスラエルと平和条約を結んでしまったからだ。これに反発したアラブ諸国やPLO（パレスチナ解放機構）はエジプトと断交する事態となった。その後PLOを中心にパレスチナ自治政府が生まれ、2012年には国連へのオブザーバー加盟が承認された。しかし、イスラエル軍によるパレスチナへの侵攻は止まらず、パレスチナ側の過激組織による自爆攻撃なども続いていて、犠牲者は増える一方だ。イスラエルとパレスチナという2つの独立国家が共存するという構想も残念ながら実現していない。
　・果たして日本は、どうすべきなのか？
　→（ 投げかけのみ ）

〈 参考文献 〉

鈴木良國「三つの約束－『パレスチナ問題』の起源」千葉県歴史教育者協議会世界史部会編『たのしくわかる世界史100時間 下』あゆみ出版

中山義昭「奪われし民の告発―パレスチナ現代史」『たのしくわかる世界史100時間 下』あゆみ出版

池上彰「イスラエルが生まれ、戦争が始まった」『そうだったのか！現代史』集英社

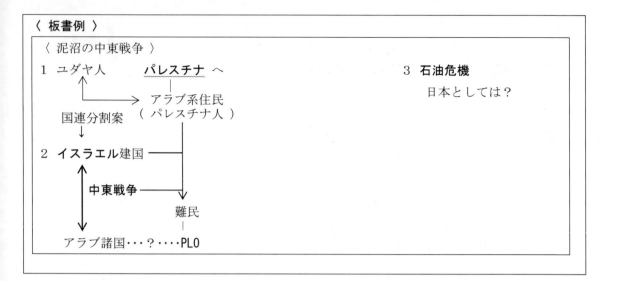

★授業〈 泥沼の中東戦争 〉について

　パレスチナ情勢について、中学生に理解させるのは難しい。そのため意外と時間がかかってしまい、1時間で終わりそうもない場合もあるが、この授業をおこなう時期が1・2月であるため、2時間扱いにはならないようにしている。時間不足になりそうな場合には提言5は省いてしまう。あるいは、最低でも提言5の助言⑤の前半までと助言⑩～⑫を省いている。この部分を省いても、とりあえずは全体の構成に影響はないからである。また、提言2の助言①～③を省くこともある。

　時間不足になる理由は、提言1（ イスラエル建国は認められるのか？ ）の助言⑥（ 正しいのはユダヤ人？　パレスチナの人？ ）での話し合い活動と中東情勢についての説明に時間がかかるためである。これらの場面をスムーズに進められればよいのだが、年々時間がかかるようになっているように感じている。もう少し指導言を簡潔にまとめることができればよいのだろうが、未だに上手くできていない（ あまりに簡単にしてしまうと、かえってわかりにくくなるように思えるからでもある ）。

　しかし、2016年度は、思い切って2時間扱いでの授業を試みてみた。そのときの授業では、提言2までを丁寧に取り扱うことでイスラエル建国に至るまでの状況をしっかりとつかませるようにして1時間目を終わり、その上で、その後の提言3以降を2時間目の授業として、中東情勢を考えさせるようにした。その方が生徒の理解はしやすいのではないかと判断したからだった。

　たとえば、提言1の助言⑦の話し合い活動では、「1ヶ月ほど留守にせざるを得なかったので家を出ていたが、何とか戻れる状況になったので、我が家に帰ってみると、そこには見知らぬ他人が生活をしていた。この場合は、どうなるのか？」などの例え話を途中に反論として教師側から出して、討論を盛り上げたりした（ もちろん、その場合には、「時間と空間を縮めた場合の例え話として考えると・・・」という条件付きであることを説明しての反論ではある ）。こうして西アジアでの問題を少しでも理解しやすくした上で、現状について考えさせるようにした。

　しかし、こうした2時間扱いの授業ができるのは、あくまで時間に余裕がある場合であり、基本的には1時間で終わるようにすべきだと考えている。

公民　学習プリント〈国際社会：04〉

■中東の地（パレスチナ）で戦争が絶えない。どうしてなんだろうか？　この戦争は、いつまで続くのか？　はたして、解決はするのだろうか？　日本や世界にも影響を及ぼすのだろうか？

1：【 ユダヤとパレスチナの意見の対立 】

■ イスラエルから見たパレスチナ

紀元2世紀のローマ人が「パレスチナ」と言う呼称をつけたこの地域に、ユダヤ人の王国が登場したのは、今から3000年以上も前のことである。

その時以来、しばしば他民族の支配下に置かれながらも、ユダヤ人は常に、この地域に居住してきた。・・・

——（『ヨルダンとイスラエル』）

■ アラブ側から見たイスラエル ■

「人のいない土地を、土地のない民族に」などと言うお題目は、世論をあざむくものでしかなく、パレスチナは何千年来、土着のパレスチナ人が住んできた。従って人のいない『土地の取得』ということは19世紀末に新たに創作された課題となった。・・・

——（『土地の日』）

3：【 PLO の考える "パレスチナ国家" 】

PLO の目的は、「ユダヤ教徒・キリスト教徒・イスラム教徒が、協調して生活できるような『民主的パレスチナ国家』を創造すること」である。さらに我々は、パレスチナに生活するために世界各地からすでに移住してきているユダヤ人が、パレスチナにとどまることを気持ち良く受け入れるであろう。我々は彼ら（ユダヤ人）を同胞（＝仲間）の市民と見なすであろう。

我々は、我々の権利が回復されるまでは武器を捨てないであろう。その間に、ただ一つの解決が否応なくやってくる。すなわち武装闘争の激化は日々人命と資金の損失をイスラエルに課しているが、この結果、イスラエルは「ユダヤ人とアラブの平和的共存のみが、中東の平和への唯一の道であること」をやがて悟ることになるであろう。

——（「ベイルートでの PLO 代表の声明」1969.6.8『アラブの解放』平凡社）

2：【 国連分割案 】　　4：【 歴史的パレスチナ 】

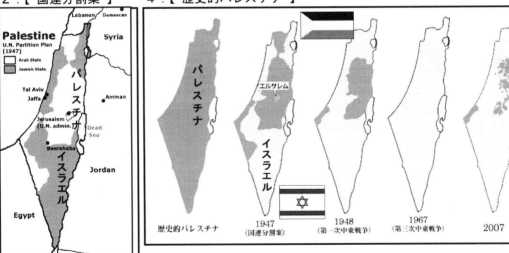

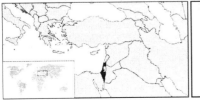

← パレスチナ

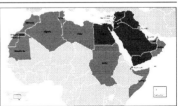

→ 当初、パレスチナに住む人々を支持したアラブやアフリカ北部の国々

公民 意見プリント 国際社会：04 〈 泥沼の中東戦争 〉

３年　　組　　号（　）班：名前

◇次の質問に対して、自分の考えを書いてみよう！

１．質問　◆政治・宗教・民族など、歴史的に複雑な背景があって、終わるメドが見えないパレスチナの戦争だが、この戦争には中東諸国のほか、かつてのソ連やアメリカの思惑が働き、より解決が難しくなっている。そんな中、日本はどんな立場を取るべきなのか？

２．結論

A：イスラエルを支持するべきだ　B：いやパレスチナを支持するべきだ　C：中立でいくべきだ

３．どうして、そのような結論を出したのか？（ **自分の考え** ）

〈　授業について意見・質問・考え・感想などあったら自由にどうぞ！　〉

[05] 核戦争後の地球　Ⅰ

◎『核戦争後の地球Ⅰ』を視聴し、核兵器の破壊力を知り、「核戦争」の結末を想像する。

1　もし全面核戦争が起きたら、どんなことになるのか。ビデオで見よう！

①・今日は、これまでの授業で何回となく出てきた「核戦争」について考える。そこで、初めに映画『インディジョーンズ／クリスタル・スカルの王国』の一場面を観ます。ただ、今から見る場面には、明らかにおかしな点がある。

　・「一体どこがおかしいのか」見終わってから答えてもらうので、よく観ておくように！

　▷〈 ビデオ（ 18:30 ～ 23:30 ）までを視聴 〉

②・さて、どこがおかしかった？

　→（ 自由発言が出てこなければ、指名発言で答えさせてもよい ）

③・いま観たのは、インディジョーンズが、何に巻き込まれた様子を描いていたのか？

　→核実験・・・

④・映画に出てくる核実験の様子は、そのままアメリカ人の核兵器に対する認識と同じものだと考えることもできる。

　・では、この認識は、正しいのか？（ 間違っているのか？ ）

　→間違っている・・・

⑤・答えを知るために、次に、科学的立場から核兵器について描かれたもう1つ別のビデオを観る。このビデオは、今から 30 年以上前につくられたものだが、内容的には現在でも十分に通用する。『インディジョーンズ』の映画と同じ場面が、実際の映像として出てくるので、何がおかしいのかがわかるはずだ。このビデオは、「もし全面核戦争が起きたら、地球はどうなるのか」ということを想定してつくられたもので、全面核戦争から一週間の地球の様子を映像化してある。

　・核戦争では、「何が恐ろしいのか」、核戦争に対して「何を考えておかなければならないのか」といったことを中心に観ておくように！

　▷〈 ビデオの視聴 〉

※・ここで『核戦争後の地球　第1部』（ NHK ビデオ ）（ 約 30 分 ）を視聴させる。そのための視点を持たせるような指示をする。

2　ビデオを見ての感想を書こう！

①・さて、映画『インディジョーンズ』の何がおかしいのかわかった？

　→熱戦・放射線・・・

②・核兵器の持つ威力の中の「放射線」と「熱線」の描き方が不十分過ぎる。そのため、映画を観る限りでは、「核兵器の何が恐ろしいのか」が、わからなくされている。では、「実際に核兵器が使われたら、どんな事態になるのか」「核兵器の恐ろしさとは、一体どんなことなのか」。

　・『核戦争後の地球　第1部』を見て、「全面核戦争か引き起こされた場合に一番恐ろしいと思ったこと」「核兵器について考えたこと」「特に印象に残ったこと」などについて、自分の感想を書きなさい！

　▷〈 意見プリントへの記入 〉

③・さて、どんなことを書いたか発表してもらおう！

- 139 -

▷〈 挙手発言による感想の発表 〉

※・挙手発言で意見を発表してもらう。挙手発言がなければ、指名発言で数名の生徒を指名して発表させる方法もある。

④・実は、核兵器の本当の恐ろしさは、ここで描かれたこと以外に、まだある。

・さて、それは一体どんなことなのか?

→・・・?

⑤・それは、次回の授業で見ていくことにする。

〈 参考文献 〉

安井俊夫「核危機の時代　ぼくらどう生きるべきか」『主権者を育てる公民の授業』あゆみ出版

〈 板書例 〉

〈 核戦争後の地球　Ⅰ 〉

1　核兵器とは?

　　威力　ex 1メガトン(広島型原爆の 80 倍)

　　　　　　直径 1.8 kmの火の玉

　　　　　　5,000 度の熱線

　　影響力

★授業〈 核戦争後の地球　Ⅰ 〉について

　『核戦争後の地球　第1部』は、1984年にNHKで放映された番組で、まだソ連や東ドイツなどが存在していた頃につくられたものである。しかし、内容的には今でも十分使えるものである。その後販売されたビデオは約30分に編集してあるため、授業で視聴させるには時間的にも適している(放映された番組は50分近くあり、視聴させるだけで授業が終わってしまう難点があった)。

　授業の初めに「インディジョーンズ」のビデオを見せる理由の1つは、少しでも生徒の興味や関心を引くことを考えてのことである(それでも、すでに生徒に知られた映画とは言えなくなってきているため、生徒が興味を持ちそうな内容で、核兵器の実験などに関係する場面が出てくる新作があれば、替えていこうとは考えている)。

　また、この映画を使っているもう1つの理由は、この映画には、アメリカでの核兵器の実験場面が出てくるからである。同じ場面が『核戦争後の地球』でも出てくるため、現実と映画の違いから「核兵器に対してどんな認識を持って映画が作られているのか」を指摘することができる。ここには、原爆を投下された日本と、原爆を投下したアメリカ側の認識の違いがはっきり出ている。そうしたことも説明するのに適していると考えて視聴させている。

　なお、提言2の助言③での生徒からの感想の発表は、(次時の授業で通信プリントとして配るため)時間がなければ省いている。

公民　学習プリント〈国際社会：05－1〉

■地球で全面核戦争が起こったら、全世界は、いったいどうなってしまうのか？　どんな被害があるのか？　映像に描かれているような程度の被害ですむのか？

1：【 地球炎上 】　　　　　　　　　　　　　　　　　－核戦争が起こったらどうなるのか？－

　全面核戦争から、1週間の地球の惨状を描く。これまでの核実験実写フィルムやNHKが新たに開発した特撮を駆使し、「世界の主要都市に1メガトンの核が落ちたらどうなるか？」を、科学的データにもとづいて想定し、核の破壊力を映像化する。

　科学者たちのシミュレーションによれば、世界にある核の20％が使われた場合、熱線・爆風・放射能、そして、高熱火炎により、地球は炎上！　約25億の人々が即死、または直後死するものと予測されている。

　　　　　　　　　　　　　　　　　　　　（『核戦争後の地球　第一部』　NHKビデオより ）

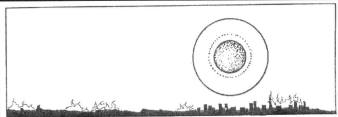
1メガトンの核爆弾が爆発。直径1.8キロメートルの火の玉ができる

強烈な熱線があらゆる可燃物を燃えあがらせる

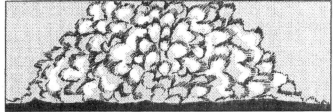
都市は火事嵐につつまれる

青い地球は灰色の星に！　　　　　（参考『サイエンス』1981）

【 メガトン 】
- 100万トンのこと

【 核弾頭の威力 】
- 1発の核弾頭の持つ爆発力のこと
- 小さいもので0.1メガトン（広島型原爆の7～8倍）で、大きいものは10メガトン

【 核爆発の総数 】
- 同じ爆発力でも、1発の核爆弾が爆発した場合と、いくつかにわけたものが爆発した場合とでは破壊の状況が違う。10メガトン爆弾1発より1メガトン爆弾10発の方が高い破壊効果が得られる。

公民 意見プリント 国際社会：05 〈 核戦争後の地球 Ⅰ 〉

３年　　組　　号（　　）班：名前

◇次の質問に対して、自分の考えを書いてみよう！

- -

◆『核戦争後の地球　第１部』のビデオを見て、「**核戦争が起こった場合に、いちばん恐ろしいと思ったこと**」、あるいは「**核兵器について考えたこと**」「**現在の世界の状況などから核兵器について考えたこと**」などについて自分の考えを書いてみよう！　または、ビデオを見て、「**特に印象に残ったこと**」についての自分の考えや感想を書いてみよう。

１．質問

- -

２．ビデオを見ての自分の**考えや感想**などについて

〈授業方法・内容について意見・質問・考え・感想などあったら自由にどうぞ！〉

[05] 核戦争後の地球 Ⅱ

◎『核戦争後の地球 Ⅱ』を視聴し、核戦争後の地球の状況について理解させる。そして、武力による解決の是非について考えさせる。

1 核戦争により、地球がどんな影響を受けていくのか…。ビデオで見よう！

① ・「核兵器の恐ろしさ」について、前回のビデオで観た。

　・では、核兵器は、どんなことが恐ろしいのか？（ ３つあることが説明されていたね？ ）

　→放射線・熱線・衝撃波・・・

② ・この３つの中で、核兵器が通常兵器と違うのは、どれなのか？

　→放射線・・・

③ ・核兵器は「使うこと」も恐ろしいが、実は「使った後」は更に恐ろしい。

　・何が恐ろしいのか？

　→・・・？

④ ・今日観るビデオは、全面核戦争により引き起こされる地球環境の変化を、核戦争後100年までを想定してつくられている。

　・核兵器が使われた地球では、「どんな変化が起きてくるのか」「どれくらいの規模で起きるのか」などを中心に観ておくこと！

　▷〈 ビデオの視聴 〉

※・ここで『核戦争後の地球 第２部』（NHKビデオ、約30分）を視聴させる。そのため、ここでも、そのための視点を持たせるような指示を出す。

2 ビデオを見ての感想を書こう！

① ・『核戦争後の地球 第２部』を見て、「全面核戦争か引き起こされた場合に一番恐ろしいと思ったこと」「核兵器について考えたこと」「特に印象に残ったこと」などについて、自分の感想を書きなさい！

　▷〈 意見プリントへの記入 〉

② ・さて、どんなことを書いたか発表してもらおう！

　▷〈 挙手発言による感想の発表 〉

※・挙手発言で意見を発表してもらう。挙手発言がなければ、指名発言で数名の生徒を指名して発表させる方法もある。

③ ・確かに、核兵器を使用した「核戦争」そのものは恐ろしい。しかし、核戦争後の地球の環境変化は、更に恐ろしい。にもかかわらず、「核兵器の開発・実験はやめよう」という世界の声を無視して核実験を続けている国がある。

　・何故これほど恐ろしい兵器を人間は開発し、造り続けているのか？

　→・・・？

④ ・「恐ろしい」とわかっているのならば、「造ることをやめればいい」ように思える。しかし、現実は、そうはなっていない。

　・それは、どうしてなのか？

　→・・・？

⑤ ・この点については、全面核戦争となるであろう第３次世界大戦、つまり、戦争そのものについ

て考えてみる。

3 武力行使は、最終的には仕方がないことなのか？

①・戦争には2つの種類があるといわれている。

・それは、何戦争と何戦争なのか？

→・・・？

②・1つは、侵略戦争。もう1つは、防衛戦争。「他国を力によって占領し支配する」侵略戦争は、当然許されない。

・では、その侵略戦争から自国を守るため、「自国の平和を守る」ための防衛戦争は、A：許されるのか？　B：許されないのか？

・A：防衛戦争は許されると思う人［ 挙手 ］！

▷〈 挙手による人数の確認のみ 〉

・B：防衛戦争も許されないと思う人［ 挙手 ］！

▷〈 挙手による人数の確認のみ 〉

・グループではなしあい！

▷〈 各グループでのはなしあい 〉

※・ここからグループでのはなしあい→各グループからの発表に入らせる。

③・「自国の平和を守るため」の防衛戦争が許されるのであれば、A：「世界の平和を守るための戦い＝戦争」も許されるのか？　B：それも許されないのか？

・A：世界平和を守る戦いは許されると思う人［ 挙手 ］！

▷〈 挙手による人数の確認のみ 〉

・B：それも許されないと思う人［ 挙手 ］！

▷〈 挙手による人数の確認のみ 〉

・グループではなしあい！

▷〈 各グループでのはなしあい 〉

※・ここからグループでのはなしあい→各グループからの発表に入らせる。ただし、時間不足が予想される場合には、挙手による人数の確認にとどめる。

④・たとえば、アメリカはイラクとの間でイラク戦争をおこなった。アメリカは、「イラクは大量破壊兵器を隠し持っている」「その大量破壊兵器を廃棄させなければ、世界の平和は脅かされ続ける」との理由で、イラクとの話し合いを進めていた。

・では、イラクのフセイン政権は、この話し合いをきちんとおこなったのか？

→おこなわなかった・・・

⑤・アメリカは、世界の平和の維持のために、話し合いによる解決を進めた。しかし、そのことにイラクが合意しなかった。つまり、「話し合いによる解決は難しい」ということになった。そして、（ 話し合いで解決しないのであれば ）最終的には「武力での解決も仕方がない」と判断され、イラクとの戦争へと発展した。こうした理屈は、たとえば最近の北朝鮮に対しても、同じようなことが言えるのではないかと考えられるが・・・。

・話し合いで解決しなければ、世界平和のためには、A：最終的には武力による解決も仕方がないのか。　B：そんな武力行使は認められないのか。

・A：話し合いで解決しなければ、世界平和のためには、最終的には武力による解決も仕方がな

- 144 -

いと思う人［ 挙手 ］！
　▷〈 挙手による人数の確認のみ 〉
　　・Ｂ：そんな武力行使は認められないと思う人［ 挙手 ］！
　▷〈 挙手による人数の確認のみ 〉
　　・では、班ではなしあい！
　▷〈 各班でのはなしあい 〉
※・ここから3分間の班でのはなしあいに入らせる。

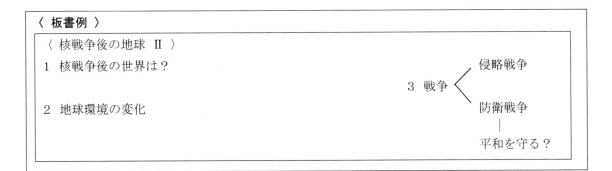

★授業〈 核戦争後の地球 Ⅱ 〉について
　この『核戦争後の地球　第2部』が映し出す映像は、かなり衝撃的である。そのため以前は、ビデオを観ての感想を求めると、すぐに発言があった。しかし、最近では、その発言があまり見られなくなった。「周りを気にしてのこと」なのか、「すぐに考えをまとめることが苦手になってきた」からなのか、あるいは、「その他に理由がある」ためなのか、生徒の様子を見ていても、はっきりとはわからない。そこで、授業の後半に、最終的な方法として武力の行使についての是非を話し合わせる場面を設定するようにした。こうした話し合い活動であれば、まず班でのはなしあいをおこなわせるため、意見が出やすく、そして次の授業にまでつなげることができる利点もある。
　提言3の助言②（ 防衛戦争は認められるのか？ ）は、グループでのはなしあいは必ず実施するようにしているが、時間の関係では助言③（ 世界平和を守る戦争は認められるのか？ ）については、挙手により人数を確認する程度で終わらせることもある。同じような内容での話し合い活動を助言⑤でおこなうため、とりあえず結論をどうするのかを意識させておき、助言⑤で活かすことができるからである。
　ビデオの第2部も30分程度なので、後半に話し合い活動を取り入れることができる。第1部では別の映画を見せていた時間を話し合い活動に使っているということになる。ただし、ビデオ視聴後の感想や意見を書くことで時間がかかってしまった場合には、班でのはなしあいの後、各班からの意見を発言させることはせず、意見プリントを宿題として持ち帰らせ、各自で書いて来るように指示を出している。そして次時の授業のはじめに、その意見プリントを基にして再び班でのはなしあいをおこなわせ、その後に意見を発表させるようにしている（ 実際は、この形で進むことが多い ）。

公民 学習プリント〈国際社会：05-2〉

■全面核戦争が起きてしまった後の地球は、いったいどんな世界になっているのか？ 核戦争（核兵器が使われた世界戦争）で、一番恐ろしいことは、本当はどんなことなのか？

2：【 地球凍結 】　　　　　　　　　　　　　　　－核戦争後の地球は、どうなるのか？－

核戦争から約100年後まで影響する地球の環境変化を描く。

"死の灰"が全世界に拡散し、長期的に人類や生態系に影響を及ぼすとともに、地球は"ニュークリア・ウィンター（＝核の冬）"に襲われる。

これは、大火災によって発生した煙により太陽光線がさえぎられ、大気循環が破壊される結果、地上の平均気温が約40度低下するというもの。

アメリカのシュナイダー博士が、大型コンピュータで予測した"ニュークリア・ウィンター"のデータが、コンピュータ画面上の地球を不気味に覆っていく。

（『核戦争後の地球　第2部』NHKビデオより）

3：【 火災によるススの拡散 】

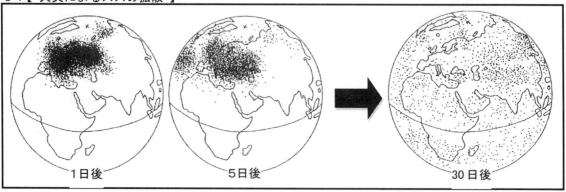

1日後　　　　5日後　　　　30日後

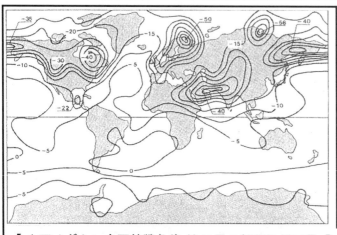

核戦争後1ヶ月後の状態

【 1万メガトン全面核戦争後40日目の気温の低下量 】

上図は、地上気温の低下量を示したもの。たとえば、「−40」は「マイナス40度C」ではなく、現在の気温より「40度低下した」ことをあらわしている。

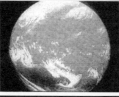
・凍りついていく地球の様子

公民 意見プリント 国際社会：05 〈 核戦争後の地球 Ⅱ 〉

３年　　組　　号（　　）班：名前　　　　　　　　　

◇次の質問に対して、自分の考えを書いてみよう！

. . . .

1．質問

◆『核戦争後の地球　第２部』のビデオを見ると、「**核戦争が起こることも怖いが、起こった後の地球の状態も怖い**」ことがわかる。では、その場合「**いちばん恐ろしいと思ったこと**」、あるいは「**それ程に恐ろしい核兵器をどうして持ち続けているのか**」「**なぜ、核兵器はなくならないのか**」ということについて自分の考えを書いてみよう！　または、ビデオを見て、「**特に印象に残ったこと**」についての自分の考えや感想などを書いてみよう。

. . . .

2．ビデオを見ての自分の考えや感想などについて

〈　授業について意見・質問・考え・感想などあったら自由にどうぞ！　〉

公民 意見プリント 国際社会：05 〈 核戦争後の地球Ⅱ 〉

３年　　　組　　　号（　　）班：名前　　　　　　　　　　　

◇次の質問に対して、自分の考えを書いてみよう！

・・

1．質問
◆アメリカは「大量破壊兵器を廃棄しない」こと、「査察に協力的でない」ことを理由に
イラクへの攻撃をおこないイラク戦争を引き起こした。それは、「イラクのような国と
は、いくら話し合いをしても解決しない。だから、世界平和のためには最終的には武力
での解決もしかたがない」との理由だった。しかし、このことはどうなのか？やはり、
しかたがないことなのか？　それとも・・・？

・・

2．結論

Ａ：最終的には武力行使もしかたがないと思う　Ｂ：いや、武力行使などは認められないと思う

・・

3．どうして、そのような結論を出したのか？（　自分の考え　）

_____

_____

_____

_____

_____

_____

_____

〈授業方法・内容について意見・質問・考え・感想などあったら自由にどうぞ！〉

[06] 恐怖の核戦争

◎核兵器の恐ろしさについて確認し、核による抑止の考え方の是非について考えさせる。

1 核兵器とは、どんな威力を持っているのか？

① ・侵略により他国から攻撃をされたとき、「自分の国を守るために戦争をすること」は、認められるのか？　認められないのか？

　→**認められる・認められない**・・・

※ ・発言内容によって、以下のA・Bの助言のいずれかをうつ。

A

② ・「自国の平和を守るための防衛戦争が許される」のであれば、「世界の平和を守るための戦争」も認められるのか？

　→**認められる・認められない**・・・

③ ・「世界の平和を守るために戦争をする」ことが認められるのなら、対立が、話し合いで解決できない場合には、「武力行使もやむを得ない」ことになるのか？（ならないのか？ ）

　→**なる**・・・

④ ・「世界の平和の実現」のためには、武力行使もやむを得ないということは、「武力による平和」もあり得るのか？

　→**あり得る・それはいや**・・・

B

② ・自国の平和を守るための戦争も、戦争は戦争だから「認められない」とすると、侵略されるがままになるが、それも仕方がないのか？

　→**仕方がない・そんなことはない**・・・

③ ・自衛隊は日本を守るための組織だが、「自国の平和を守るための戦争が認められない」のであれば、「自衛隊は日本を守れない」ことになるが、それも仕方がないのか？

　→**仕方がない・そうはならない**・・・

④ ・では、「自国の平和を守るための防衛戦争が許される」のであれば、「平和を守るための戦い」も許されるのか？

　→**許される・許されない**・・・

⑤ ・それぞれ考えられないことはないが・・・。

　・「自国の平和を守るための戦争」が認められるのであれば、「世界の平和を守るための戦争」も認められる？

　→**確かにそのとおり・そんなことはない**・・・

⑥ ・ただし、そのことを正当な主張と考えるなら、2003 年のアメリカのイラクへの攻撃は、「大量破壊兵器が使用される前に、つまり、世界の平和を守るため」におこなわれたことになり、正しかったことになる。しかし、それでは、「最終的には『武力』がモノをいう」ことになる。

　・そうなると、「巨大な軍事力を持った国に有利な世界」になっていくのではないだろうか？

　→**確かにそのとおり・そんなことはない**・・・

⑦ ・世界がそうなってきたから、巨大な軍事力を持つために「核兵器」の開発がおこなわれたのではないだろうか。

　　その「核兵器の威力」についてだが、ビデオをおさらいする意味でも、もう一度確認してみよう。はじめに、「もし核戦争が起きたら、どんな被害が広がるのか」を、１メガトン（＝広島型原爆の 80 倍）の核爆発を想定して考えてみる。核爆発には、3 つの効果がある。この本（『兵器最先端・7』読売新聞社 ）によると、それは、 熱線 ・ 爆風 ・ 放射線 とある。

　　まず、第 1 効果＝ 熱線 について。核爆弾が爆発すると、まず数百万度の高温と数百万気圧の

- 149 -

ガスからなる火の玉が形成される。この火の玉から熱線が放出される（ 一緒に放射線も出され
ている ）。１メガトンの核爆弾の場合、炎が人間を溶かし、半径 15 km地点においても皮膚の
垂れ下がり現象が見られる。

次に、その火の玉は急激に膨張して、巨大な 衝撃波 （ つまり爆風 ）となり（ 風速 70m 以上に
もなり ）、ビルがあちこちで倒壊していく。

そして、最後に 放射線 。これは、はじめの火の玉が消滅して大きな原子雲（ いわゆるキノコ
雲 ）を形成したあと、降ってくる死の灰から発せられる（ いわゆる放射能 ）。100 km離れてい
ても、風下ならば放射能による死者が続出することになる。

※・以上の説明を板書しながらおこなう。視覚資料として、パネル写真『ヒロシマ・
　ナガサキ』を見せながら、その被害の深刻さを具体的に実感させるようにする。

2　核兵器の使用は、現実的にあり得るのか？

①・次は、このような破壊力を持った核兵器を「どのようにして相手国に投下しようとしているの
　　か」。その方法についてだが、代表的な方法は４つある。まず、 ICBM 。つまり、 大陸間弾道
　　ミサイル 。これは、直接に基地から相手国をねらって、ボタン１つで発射される。
　　ワシントンからモスクワ（ あるいは、その逆も）、約１万kmを飛び、直撃する。
　　次に、 SLBM 。つまり、 潜水艦発射弾道ミサイル 。

・でも、どうして、「潜水艦から核を発射する」ことを考えたのか（ わかる ）？

→移動できる・発見されにくい・・・

②・ICBM は長距離飛行のミサイルだから、途中で相手国から迎撃される可能性があ
　　る。現にアメリカのスターウォーズ計画は、相手国の ICBM が大気圏外に出たところを狙って
　　撃ち落とすというものだった。また ICBM は、基地そのものが攻撃される可能性が高い。しか
　　し、潜水艦なら攻撃されにくい。また、発射地点もわかりにくいため、（ 相手に ）迎撃されに
　　くい。相手国に打撃を与える可能性が ICBM より、ずっと高くなるわけだ。
　　そして、 中距離核戦力（ ＝INF ） 。具体的にはアメリカの「パーシングⅡ」やソ連の「SS-20」な
　　どの中距離核ミサイルだ。わずか７分で相手国に届く。そのため飛行距離は短く「できるだけ
　　相手国に近いところに設置しなければならない」が、「迎撃はされにくい」利点がある。
　　最後に、 巡航ミサイル 。地形に沿って、しかもレーダーにかからないように低空で飛ぶため
　　迎撃されないし、命中精度が高い。湾岸戦争で初めて実戦使用されたトマホークが、この巡航
　　ミサイルにあたる。

・これは【資料：４】に載せてある！

▷【 資料：４ 】

③・もう１つ【資料：５】に載っているのが、ICBM の改良型ともいえる MIRV ミサイル（ 個別誘導
　　式多弾頭ミサイル ）。図からわかるように、これは１機の弾道ミサイルに複数の目標に誘導で
　　きる多数の核弾頭を搭載できるというすぐれものだ。

3　「核抑止論」という考え方は、成り立つのか？

①・ところで、このような核兵器だが、現在世界にはどれくらい存在しているのか？

　　→・・・

②・冷戦時代には、核弾頭の数では４〜５万個。爆発の威力は総計１万８千メガトンにもなる。地球

- 150 -

上の人間を何回も絶滅させるのに十分な破壊力だ。

※・この数字は、その後ソ連の崩壊や核軍縮の動きがあり、3分の1程度に縮小したといわれている。しかし、新型の核爆弾を開発するための核実験が今もおこなわれている。

・それにしても、なぜ人類は自分自身が何回も絶滅するに十分なほどの核兵器を生産してきたのか？（それは前回の授業でビデオを見たときも湧いてきた疑問だと思うが・・・？）

→・・・

③・「なぜ、そんな核軍拡をやったのか」という米・ソの考えが、【資料：7】【資料：8】に載っている！

▷【資料：7】【資料：8】〈 米ソそれぞれの主張の中心部分に線引き 〉

④・簡単にいうと、アメリカは、「何のために核軍拡をやった」と言っているのか？

→平和を確保するため（には、戦争に備えておくことが必要である）

⑤・では、ソ連は？

→我々は相手側が我々よりも優位に立つことを許しはしないであろう

※・助言⑤・⑥の発問は、資料の読み取りとしては、中学生には少し難しいとも思われるため、必ずしも生徒の発言を期待したものではない。だから、投げかけて反応がなかったら、すぐに次に進んだ方がよい。

⑥・これは、「核兵器は相手が恐れるから、相手より強力な核兵器を持っていれば、攻撃されることはない」、つまり、「相手を恐れさせていれば攻撃を受けることがなく、戦争は起きない」。「戦争が起きないということは、結果的に平和が保持できる」。ということは、「核兵器は戦争を引き起こすどころか、逆に戦争を『防止する力』になっている」。

・このような考え方を、何というのか知っている？

⇨ 核抑止論

⑦・核兵器の威力や破壊力など、これまで学んできたことからもわかるように、核兵器を使っての攻撃は、簡単にできるのか？（簡単には、できないのか？）

→簡単にはできない・・・

⑧・核兵器は恐ろしい。つまり、「核兵器は、あまりにもその破壊力が大き過ぎるので使えない」。そのため結果的に、「核兵器の力により、戦争が起きるのを防いでいる」という核抑止論の考え方が一般的になっていった。

・では、核抑止論の考え方は、A：正しいのか？　B：正しくないのか？

・A：やはり、それは正しいと思う人［ 挙手 ］！

▷〈 挙手による人数の確認のみ 〉

・B：いや、正しくないと思う人［ 挙手 ］！

▷〈 挙手による人数の確認のみ 〉

・では、班ではなしあい！

▷〈 各班でのはなしあい 〉

※・ここで3分間の班のはなしあいに入らせる。

※・班でのはなしあいの後、討論に入らせるが、そのとき「正しくない」という意見が多かった場合には、さらに深く考えさせるために、次のような助言をうつ。

⑨・ただ、現実的に考えると、アメリカなどは過去の経験から「核兵器さえ持っていれば（ 大丈夫 ）」という、強い自信を持っているのではないか？

- 151 -

→自信を持っている・・・

⑩・だから、核開発を続けているのではないだろうか？

　→そうだ・・・

⑪・部分的な戦争（局地戦）の段階で、核兵器による攻撃で相手をつぶしてしまえば、戦争に勝てるのではないのか？

　→そのとおり・そうはならない・・・

⑫・だが、冷戦の時代に問題となったのは、核軍拡競争が激しくなる一方で、核戦争に勝利するというシナリオが信じられなくなってきたことだ。何かのきっかけで核戦争が勃発する危険性だけが増大することになった。そのため1980年代には世界各国で核軍拡に反対する市民の反核平和運動が大規模におこなわれるようになった（「ヒバクシャ」という言葉が世界に知られるようになったのもこの時だ）。

⑬・その後、冷戦は終結したが、日本の被爆者たちは原爆の実相の体験者として核兵器の非人道性を世界に訴え続けてきた。そして2017年、国連で画期的な核兵器禁止条約が採決された。その前文にはヒバクシャと言う言葉が盛り込まれている。

　・いま、核抑止という考え方に賛成できるだろうか？

　→賛成できる・賛成できない

|4| 核シェルターの販売に対しては、何と言えばよいのか？

①・冷戦時代の1980年代に話をもどすと、当時世界では、どんなことがおこなわれたのか？

　→・・・？

②・例えば、ヨーロッパではオランダから「核兵器をなくせ」という運動が高まり、当時の西ドイツ・イタリア・イギリス、そしてアメリカへと広がり、1982年にはニューヨークの100万人集会となった。

　・これは、何集会？

　⇨ 反核集会

③・日本でも、広島や東京で大きな集会が開かれた。代々木公園に集まった40万人が、 ダイ・イン をやった。このとき日本では、被爆者の代表が核廃絶を世界に向かって訴えた。

　・さて、その場所は、どこだと思う？

　→・・・

④・国連だ。国連では、軍縮総会が開かれていた。先のニューヨークの100万人集会も、この総会に向けてのものだった。日本からも多くの人が参加をした。ヨーロッパでは、何と200万人が中距離核ミサイルを阻止しようと集まった。ミサイル配備のアメリカ軍基地を、参加者が108kmに渡って包囲してミサイル阻止を訴えた。こうして世界各地で反核の動きは起きている。しかし、そうした反核の動きと同時に、市民防衛の手段として、スイスなどでは、核シェルターの設置が義務づけられたりもしている。この核シェルターは、日本でも売りに出されるようになった。

　・「巡航ミサイルや中距離核ミサイルなどの核兵器が、実際に使われる可能性が高い」としたら、われわれ一般の国民は、どうするべきなのか？

　→・・・

⑤・例えば、この核シェルター。

・各家庭に備えつけておかなくてもいいのだろうか？
・Ａ：そうだ、核シェルターは必要だと思う人［ 挙手 ］！

▷〈 挙手による人数の確認のみ 〉
・Ｂ：いや、そんなもの、必要ないと思う人［ 挙手 ］！
▷〈 挙手による人数の確認のみ 〉
・では、班ではなしあい！
▷〈 各班でのはなしあい 〉

※・ここで３分間の班のはなしあいに入らせる。核シェルターが、どんなものなのかを理解していない生徒がいることも考えられるので、この班でのはなしあいのときに補足説明をおこなっていく必要も出てくる。

※・はなしあいの後の討論で、どちらかに意見が偏った場合には、次のような助言をうつことを考えておく。

■Ａ：必要ないという意見が多かった場合
⑥・核兵器が使用される可能性が高いのであれば、やはり核シェルターが必要なのではないか？
　→そうだ必要だ・・・
⑦・核シェルターの性能を高めれば、「核の冬」にも対応できるようになるのではないのか？
　→そうだ新型核シェルターの開発を進めるべきだ・・・

■Ｂ：必要だという意見が多かった場合
⑥・核シェルターは、核兵器が使用されることを前提しているのではないか。
　・そうすると、「核シェルターを備える」ことは、核戦争を防ぐ努力を弱めてしまわないか？
　→そうだ・そんなことはない・・・
⑦・そもそも、核戦争後の「核の冬」に覆われた地球で、核シェルターが役に立つのか？
　→役に立たない・少しは役に立つ・・・
※・全面核戦争が勃発すれば、シェルターに避難できたとしても、外にはもはや誰もいない世界が想定されている。
⑧・「必要ない」とするならば、「核シェルターを買いませんか」と、セールスマンに勧められた場合、何と言って言い返せばいいのか？
　→・・・

※・時間との関係になるが、ここで班のはなしあいに入ってもよい。時間がなければ、各自で意見を書かせて終わりとする。

※・次回の授業はビデオ視聴となる。ビデオ（『気候大異変』）は50分程かかるので、休み時間中に始めることを予告しておく。

〈 参考文献 〉
安井俊夫「核危機の時代　ぼくらどう生きるべきか」『主権者を育てる公民の授業』あゆみ出版

〈 板書例 〉

〈 恐怖の核戦争 〉
1 防衛戦争

2 核兵器

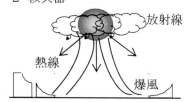

3 核兵器使用の現実性
　　大陸間弾道ミサイル
　　ＳＬＢＭ
　　ＩＮＦ
　　巡航ミサイル

4 核による戦争抑止？

◆授業〈 恐怖の核戦争 〉について

　この授業案では、まず前時までの『核戦争後の地球　第１部・第２部』のビデオの内容をおさらいするような形で進めている。ただし、前時の授業で意見プリントを宿題に出した場合には、その内容を基に班での話し合い活動をさせることになる。その場合には、最初に時間を取ってしまうため、提言４は省くことになる（もっともそうでなくても、時間不足の場合には提言４は省くことは多い）。提言３の助言⑨（核抑止論は正しいのか？）の話し合い活動で時間がかかるからである。ただし、このことは事前に予想できていることでもあるため、授業をおこなうクラスの状況で、どうするのかを判断しておいた方が進めやすくはなる。

　この授業案では、核抑止論の考え方の是非について話し合わせることを中心にしているため、そのための話し合い活動に時間をかけることを大事にしている。核抑止論の考え方は、核兵器の使用だけでなく、力による平和の実現という考え方が基になっているため、そのことについて生徒に考えさせることを目的としている。つまり、「世界平和の実現のため、武力が必要なのかどうか」を考えさせている。憲法９条の理念からすると、武力の行使は認められない。しかし、現実には自衛隊があり安保条約がある。そうした現状を含めて、日本の現在と将来を考えさせている。そのため、話し合い活動の中で、憲法９条の授業での意見プリントをまとめた通信プリントから自衛隊についてどう考えていたのかを紹介し、さらに考えを深めさせることもできる。通信プリントは、基本的には生徒はノートに貼っていることになっている。もし持っていない生徒が多いと判断されるような場合には、事前にもう１度印刷をして資料として渡してもよい。他のクラスの通信プリントを印刷し、それと一緒に渡すようにしてもよい。お互いがどんな考えをもっているのか、生徒はとても知りたがっている。

　この話し合い活動では、どちらか一方の意見に偏ることは少ない。必ず「平和の実現には、武力の行使も必要だ」との意見は出てくる。その意見を乗り越える考えとの練り合いが出来ればばいいのだが、なかなか難しい。

　しかし、「世界の平和をどう実現していくのか」について、これまでの歴史を踏まえて、未来の主権者に考えてもらうことは不可欠なことであると考え、話し合い活動をさせている。そのため、２つ目の意見プリントは準備していても使用しないことが多い。

公民　学習プリント〈国際社会：06-1〉

■冷戦時代、世界にはどんな核兵器が、どれくらいあったのか？　なぜ、そんなに核兵器を増やしたのか？　核兵器はまだ廃棄されていない。核シェルターは最近また売れ出しているという。

4：【 恐怖の核兵器 】　　　　　　　　　　　　　　　　　　　　　　　　　　－巡航ミサイル－

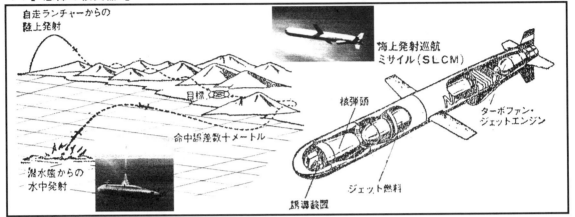

5：【 恐怖のMIRV弾頭 】　　　　## 6：【 核シェルターの販売 】　－不安が購入意欲刺激－

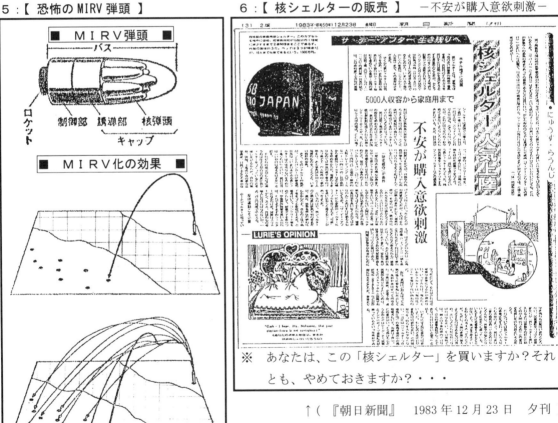

※ あなたは、この「核シェルター」を買いますか？それとも、やめておきますか？・・・

↑（『朝日新聞』 1983年12月23日　夕刊）
←（『現代の核兵器』 岩波新書などより）

公民　学習プリント〈国際社会：06－2〉

■恐ろしい「核兵器」がなぜ存在するのか？　「核兵器」によって「平和」が保たれているという『核抑止論』の考えは正しいのか？　冷戦時代の主張は成り立つのだろうか？

7：【 アメリカ政府の主張 】

　アメリカ軍事戦略の基本目標は、戦争を抑止する一方、アメリカとその同盟・友好国が、それぞれの正当な利益を追求し、それぞれの市民の権利と安寧をはぐくむことのできるような安全保障上の状況を維持することである。

　アメリカおよびその同盟国を攻撃しても、その戦争目的を達成できるものではない。なぜなら、そのコストはあまりにも高くつくからとの自明の理をソ連側に認識させることで、アメリカは戦争抑止に努めている。・・・弱い戦力では説得力を持たない。

　平和を確保するためには、戦争に備えておくことが必要である。

（『米軍事情勢報告』　1983.1.31　）

8：【 ソ連政府の主張 】　1981.2の党大会

　ソ連とアメリカ、ワルシャワ条約機構と北大西洋条約機構との間に存在する軍事戦略的均衡は、客観的には世界平和の維持に役立っている。

　我々は、相手側より軍事的に優位な立場に立とうとは努めなかったし、今でも努めていない。

　だが、我々は相手側が我々よりも優位に立つことを許しはしないであろう。

（ソ連共産党第26回大会　ブレジネフ発言）

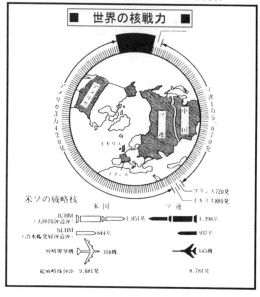

9：【 日本政府の主張 】

　世界の軍事構造、米・ソ両国の軍事力を基幹とする東西両陣営の対峙は、グローバルな規模となっているが、アメリカをはじめ西側諸国が信頼しうる抑止力の維持・強化に努めてきたこともあり、第2次世界大戦後、今日まで核戦争、それに至るような大規模な軍事衝突は回避されてきた。

　しかし、ソ連の一貫した軍事力増強による蓄積効果は近年特に顕著なものがあり、このまま放置すれば、東西間の軍事バランスは東側優位に傾くすう勢にある。

　アメリカは抑止力の維持・強化をはかるため、戦力の全般的な近代化と態勢の強化に着手し、米国以外の西側諸国も防衛力の強化に努めている。

（『防衛白書』　1983.8.26 閣議了承　）

- 156 -

公民 意見プリント 国際社会：06 〈 恐怖の核戦争 〉

３年　　　組　　　号（　　）班：名前 _____

◇次の質問に対して、自分の考えを書いてみよう！

・・

1．質問

◆現在、世界の核兵器の数は少しずつではあるが減少の傾向にある。しかし、それにより核戦争の危機がなくなっているわけではない、それは「核兵器の力により、（ 戦争が起こることを ）防ぐことができる」という「核抑止論」という考え方が大国にあるからなのだが、この「核抑止論」の考え方は、正しいのか、間違っているのか？

・・

2．結論

A：そのとおり、核抑止論の考えは正しい　B：いや、核抑止論の考え方は間違っている

・・

3．どうして、そのような結論を出したのか？（ 自分の考え ）

_____

_____

_____

_____

_____

_____

_____

_____

─── 〈授業方法・内容について意見・質問・考え・感想などあったら自由にどうぞ！〉 ───

- 157 -

公民 意見プリント 国際社会：06 〈 恐怖の核戦争 〉

３年　　組　　号（　　）班：名前

◇次の質問に対して、自分の考えを書いてみよう！

1．質問
◆核兵器が存在するかぎり、核兵器が使用される可能性はなくならないだろう。現在、各種の"核シェルター"が販売されている。一般国民として、自家用の"核シェルター"を備えつけるべきか？　そんなものは必要ないか？

2．結論

A：やはり、核シェルターは備えつけるべきだ。　B：いや、そんなものは必要ないと思う。

3．どうして、そのような結論を出したのか？（ 自分の考え ）

〈授業方法・内容について意見・質問・考え・感想などあったら自由にどうぞ！〉

[07] 気候大異変　Ⅰ

◎『気候大異変　Ⅰ』を視聴し、地球温暖化による地球の変化について知る。

1　ビデオ『気候大異変－地球シミュレータの警告』を観よう！

①・地球の気候異変についてのビデオ（『NHK スペシャル　気候大異変』）を観ます。内容は、「地球温暖化は、人類に何をもたらすのか」を、最新科学を用いて解明したものだ。

・余裕があれば、学習プリントにチェックを入れてもらいたいが、できなければ、ビデオを観ることを優先させてかまわない！

▷〈　『気候大異変　地球シミュレータの警告』の視聴　〉

※・ビデオは DVD 版 2 枚組セットとして販売されている。ビデオⅠは 50 分程の番組なので、学習プリントは休み時間内に配っておいた方がよい。

〈　参考文献　〉

『NHK スペシャル　気候大異変－地球シミュレータの警告』　NHK 出版

〈　板書例　〉

〈　気候大異変　Ⅰ　〉
　地球シミュレータからの警告

気候大異変　Ⅱ

◎『気候大異変　Ⅱ』を視聴し、地球温暖化によってどんな問題が起きるのかを知る。

1　ビデオ『気候大異変－環境の崩壊が止まらない』を観よう！

①・前回のビデオ『地球の気候異変』の 2 回目を観ます。1 回目とは違って、地球温暖化によって「どんなことが起きているのか（起きるのか）」を中心とした内容になっている。

・余裕があれば、学習プリントにチェックを入れてもらいたいが、できなければ、ビデオを観ることを優先させてかまわない！

▷〈　『気候大異変　環境の崩壊が止まらない』の視聴　〉

※今回のビデオも 50 分程なので、学習プリントは休み時間内に配っておいた方がよい。

〈　板書例　〉

〈　気候大異変　Ⅱ　〉
　止まらない環境の崩壊

◆授業〈　気候大異変　Ⅰ・Ⅱ　〉について

　ビデオの視聴には 50 分程の時間がかかるため、それだけで授業は終わってしまう。しかし具体的な映像を観ることで問題を理解しやすい面があるため、2 時間かけて視聴させている。2 時間とも学習プリントの準備はしているが、ビデオを観ながらチェックさせる余裕もなく、ノートを取らせる時間も実際にはない。そのため、次時の〈　核と温暖化　〉の授業で内容の復習をおこなうようにしている。

公民 学習プリント 〈国際社会：07-1〉

■地球規模で気候の大異変が起こっている。この大異変は、これから100年さらに続いていくと予測されているが、この原因にはどんなことが考えられるのか？

1：【 第Ⅰ部：異常気象 】

第1章：未来を描く地球シミュレータ
ハリケーン・カトリーナの雲の中から ／ 予言された大型ハリケーンの襲来 ／ 地球の将来像が目で見える ／ 世界最速クラスの計算能力／ 気候モデルの信頼性 ／ 熱帯低気圧が温帯に発生？ ／ 予報官の苦悩と決断 ／ 海の男たちを襲った猛威 ／ ブラジル沖の悲劇と地球シミュレータ予測

第2章：止まらない気温上昇
二酸化炭素濃度の未来のシナリオ ／ 1月に紅葉、5月に海開き ／ 熱波の襲来 ／ パリの悲劇、足りない遺体安置所 ／ 熱波の頻発と死者の激増 ／ アメリカの熱波対策

第3章：極端化する気候
温暖化が引き起こす大気の乱れ ／ 東アジアの豪雨と旱魃 ／ 干上がった「透明な湖」 ／ 日本を襲う豪雨

第4章：巨大化する熱帯低気圧
温暖化と熱帯低気圧 ／ 未来の熱帯低気圧 ／ 日本を襲う台風の衝撃 ／ 熱帯低気圧のもう一つの恐怖 ／ しのびよる高潮 ／ すべてを失った住民たち

第5章：気象災害との闘い
最悪のシナリオ「ニューヨークの壊滅」 ／ さらに深刻な発展途上国 ／ 避難する場所がない ／ 温暖化の新たな課題

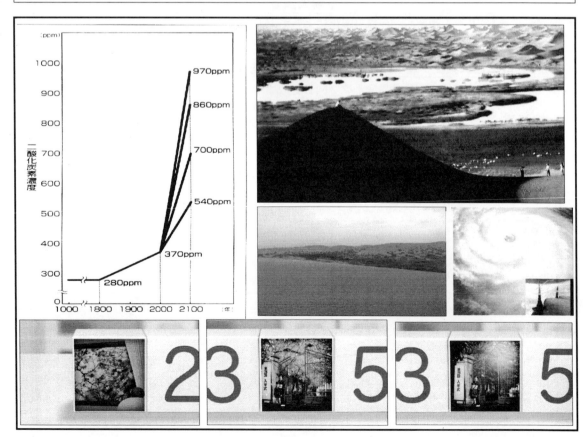

公民 学習プリント〈国際社会：07-2〉

■地球規模で気候の大異変が起こっている。この大異変は、これから100年さらに続いていくと予測されているが、この原因にはどんなことが考えられるのか？

1：【 第Ⅰ部：異常気象 】

低 ← 注目度（危険度）→ 強

第1章：未来を描く地球シミュレータ	1	2	3	4	5
1 カトリーナの雲の中から					
2 予言された大型ハリケーンの襲来					
3 地球の将来像が目で見える					
4 世界最速クラスの計算能力					
5 気候モデルの信頼性					
6 熱帯低気圧が温帯に発生？					
7 予報官の苦悩と決断					
8 海の男たちを襲った猛威					
9 ブラジル沖の悲劇と地球シミュレータ予測					

第2章：とまらない気温上昇	1	2	3	4	5
1 二酸化炭素濃度の未来のシナリオ					
2 1月に紅葉、5月に海開き					
3 熱波の襲来					
4 パリの悲劇、足りない遺体安置所					
5 熱波の頻発と死者の激増					
6 アメリカの熱波対策					

第3章： 極端化する気候	1	2	3	4	5
1 温暖化が引き起こす大気の乱れ					
2 東アジアの豪雨と旱魃					
3 干上がった「透明な湖」					
4 日本を襲う豪雨					

第4章：巨大化する熱帯低気圧	1	2	3	4	5
1 温暖化と熱帯低気圧					
2 未来の熱帯低気圧					
3 日本を襲う台風の衝撃					
4 熱帯低気圧のもう一つの恐怖					
5 しのびよる高潮					
6 すべてを失った住民たち					

第5章：気象災害との闘い	1	2	3	4	5
1 最悪のシナリオ「ニューヨークの壊滅」					
2 さらに深刻な発展途上国					
3 避難する場所がない					
4 温暖化の新たな課題					

3年　組　号（　）班：氏名

公民 学習プリント〈国際社会：07-3〉

■地球規模で気候の大異変が起こっている。この大異変は、これから100年さらに続いていくと予測されているが、どうすれば、この危機を回避できるのか？

2：【 第Ⅱ部：環境の崩壊がとまらない 】

第1章：アマゾン熱帯雨林の危機
地球温暖化と環境異変 ／ シミュレーションが警告する乾燥化 ／ アマゾン川の大渇水 ／
渇水と地球温暖化 ／ アマゾンの熱帯雨林が砂漠になる日

第2章：食料減産そして飢餓
スペインの大旱魃（かんばつ） ／ 黒いピーマン、小さな桃、実のない麦 ／ 乾燥化と旱魃 ／
温暖化と日本の農業 ／ 飢餓人口は5400万人増加

第3章：しのびよる熱帯病
台湾を襲ったデング熱の大流行 ／ 冬の気温上昇が大流行を引き起こした ／
日本にもデング熱は広がるのか ／

第4章：環境難民がさまよう
北極海の氷が消える ／ 自給自足の暮らしを脅かす温暖化 ／ 深刻な海岸浸食 ／
移住先の住民との摩擦 ／ 世界中で発生する環境難民

第5章：危機回避の道
気温上昇を2℃以下に抑えよ ／ 温室効果ガスの排出量は？ ／ 排出削減のシナリオ ／
今、私たちにできること ／ 世界は50％削減を実現できるのか

「人工衛星の観測による、1980年と2005年の永久氷の比較。日本の面積の3倍以上の氷が消えてしまった」（『気候大異変』 NHK出版）

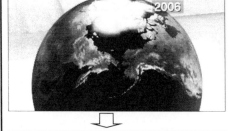
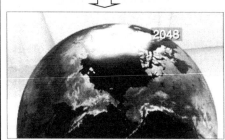

公民 学習プリント 〈国際社会：07-4〉

■地球規模で気候の大異変が起こっている。この大異変は、これから 100 年さらに続いていくと予測されているが、どうすれば、この危機を回避できるのか?

2:【 第Ⅱ部：環境の崩壊がとまらない 】

第1章：アマゾン熱帯雨林の危機	低 ← 注目度(危険度) → 強				
	1	2	3	4	5
1 地球温暖化と環境異変					
2 シミュレーションが警告する乾燥化					
3 アマゾン川の大渇水					
4 渇水と地球温暖化					
5 アマゾンの熱帯雨林が砂漠になる日					

第2章：食料減産そして飢餓	1	2	3	4	5
1 スペインの大旱魃					
2 黒いピーマン、小さな桃、実のない麦					
3 乾燥化と旱魃（かんばつ）					
4 温暖化と日本の農業					
5 飢餓人口は 5400 万人増加					

第3章：しのびよる熱帯病	1	2	3	4	5
1 台湾を襲ったデング熱の大流行					
2 冬の気温上昇が大流行を引き起こした					
3 日本にもデング熱は広がるのか					

第4章：環境難民がさまよう	1	2	3	4	5
1 北極海の氷が消える					
2 自給自足の暮らしを脅かす温暖化					
3 深刻な海岸浸食					
4 移住先の住民との摩擦					
5 世界中で発生する環境難民					

第5章：危機回避の道	1	2	3	4	5
1 気温上昇を 2℃以下に抑えよ					
2 温室効果ガスの排出量は?					
3 排出削減のシナリオ					
4 今、私たちにできること					
5 世界は 50%削減を実現できるのか					

3年　　組　　号（　　）班：氏名

[08] 核と温暖化

◎地球温暖化防止のためのCO₂削減に、どう取り組めばいいのかを考え、3つの発電方法のそれぞれの問題点を理解させる。その上で、今後「核」の利用はどうあるべきかを話し合わせる。

1 ビデオ『気候大異変』の内容をおさらいしよう！

① ・ビデオ（『気候大異変』）を観てわかったように、現代はニュークリアウィンター（ 核の冬 ）に見舞われる危険だけでなく、すでに地球の気候には大きな異変が起きている。まず、すでに起きている「気候大異変」とは実際どんな事態なのかを、ビデオの内容をおさらいしながら確認していく。

・学習プリントの【資料：1】の（　　　）の中に言葉を書き入れなさい！

▷【 資料：1 】〈 （　　　）の中に言葉を書き入れる作業 〉

※ ・まずは個人で答えを記入させ、その後に班内で確認させる。そして、班毎に指名し、テンポよく発表させていく。あるいは、最初から班毎に指名して答えさせていく。

② ・気候の異変は、「地球温暖化」によるものだった。

・では、その「地球温暖化」の原因は、何だったのか？

→二酸化炭素の増加・温室効果ガス・・・

③ ・（ 地球温暖化は ）CO₂に代表される「温室効果ガス」の増加に原因がある。そのためビデオでも、地球温暖化対策の国際会議の様子が映されていた。

・でも、どうして「世界で協力して取り組んでいる」のか？

→1つの国では解決できない問題だから・地球全体の問題だから・・・

④ ・そんな大事な会議だから、話し合いは、各国が協力して、進んでいた？（ いなかった？ ）

→進んでいなかった・協力できていなかった・・・

⑤ ・ビデオでの会議の発言が、【資料：2】に載せてある！

▷【 資料：2 】

※ ・資料に書かれているインドや中国の主張に付け足しとして、先進国は、これまで豊かな生活を手に入れるためにCO₂を排出してきた　先進国には許されて、どうして途上国には許されないのかそれは、おかしいと言っていることを説明する。

⑥ ・このインドや中国の主張は、認められるのか？（ 認められないのか？ ）

→認められない・それでは（ 地球温暖化は ）解決できない・・・

⑦ ・（ 認められなくても ）途上国は、その主張を曲げることはない。

・では、何と言って途上国を説得するのか？

→温暖化を防ぐことができない・自分勝手だ・・・？

⑧ ・ところが、先進国の中にも、アメリカのようにCO₂の削減に協力していない国もある。

・どうしてアメリカはCO₂の削減に協力をしないのか？

→・・・？

⑨ ・アメリカの主張も（ 同じく ）【資料：2】に載せてある！

▷【 資料：2 】

※ ・資料に書かれているアメリカの主張に付け足しとして、CO₂の排出を抑えることは、経済活動を阻害することになる　それでは、アメリカの発展ができなくなると言っていることを説明する。

⑩ ・このアメリカの主張は、認められるのか？（ 認められないのか？ ）

- 164 -

→認められない・それでは解決できない・・・

※・その後、2016年には、2020年以降の温室効果ガス排出削減のための新たな国際枠組み「パリ協定」が発効したが、翌年、アメリカのトランプ大統領は、同協定が中国・インドに有利だなどとして、離脱を表明した。

---

2 先進国と途上国がCO2削減で協力するためには、どうすればいいのか？

①・【資料：3】の円グラフを見ると、先進国と途上国とで、CO2の排出量が多いのはどっち？

→先進国・・・

②・（ 先進国は、CO2排出の約半分を占めている ）そんな先進国の中でも、特にCO2の排出量が多い国はどこなのか？

→アメリカ

③・ということは、アメリカの主張は認め、られるのか？（ られないのか？ ）

→認められない・・・

④・途上国の中で、CO2の排出量が多い国は、どこなのか？

→中国・インド・・・

⑤・中国（ 8.4％ ）は、日本（ 4.1％ ）の2倍以上ものCO2を排出している。

・ということは、中国やインドの主張は、認め、られるのか？（ られないのか？ ）

→認められない・・・

⑥・明らかに自分たちも大量のCO2を排出しているのだから、中国やアメリカの主張は、認められるものではない。しかし、中国やアメリカは、自分たちの主張を曲げる考えはない。

・では、どうすればいいのか？

→・・・

⑦・解決に対するヒントが、ネイティブ・アメリカン（ いわゆるインディアン ）のイロクォイ族の考え方にある。イロクォイ族は、何かの決定をするとき、祖先の声を聞く。そして、自問自答する。

※・以下の文章を黒板に貼り、全員で読み上げる。

```
■ 祖先の声
 おまえたちは、過去に関わりを持っている。
 伝統と盟約は守らねばならぬ。
 おまえたちには責任があるのだ。
 伝統を大切にせよと求めている歴史の重みを感じるがよい。
```

```
■ 自問自答
 きょう、われわれがおこなう決定は、七代後の世代まで影響を及ぼすであろうか？
```

⑧・このイロクォイ族が「自問自答」をおこなうのは、何を考えてのことなのか？

→未来のこと・子孫のこと・・・

⑨・中国やアメリカ、つまり途上国も先進国も共に考えなければならないことは何なのか？

→自分たち以外のこと・地球全体のこと・・・

3 地球温暖化を防ぐために、私たちがすべきことは何なのか？

① ・ところで、地球温暖化の原因のCO₂の排出量が地球上に増えたのは、いつからなのか？
　　→・・・？

② ・【資料４】の □ の中に入る出来事は何なのか？
　　→産業革命

③ ・産業革命では、工場の機械による大量生産がおこなわれるようになった。
　　・当時、その（ 工場の ）機械を動かす動力源（ エネルギー変換装置 ）は何だったのか？
　　→水蒸気・蒸気機関・・・

④ ・その水蒸気を発生させるために燃やした「化石燃料」が（ 何だったのか ）？
　　→石炭・・・

⑤ ・つまり、多くの工場で大量の石炭を燃やすようになったため、CO₂の発生が増えた。しかし今は、エネルギーを得るために、石炭を燃やしているわけではない。
　　・石炭から何に変わっている？
　　→石油・・・

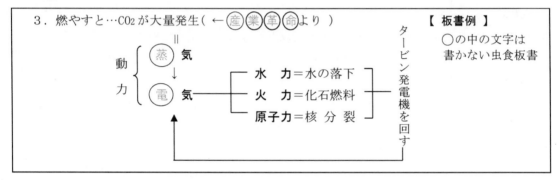

※ ・上記の板書例をもとに発問をおこなうと、「蒸気」や「電気」と答える発言は出やすくなる。

⑥ ・それに伴って、動力も、蒸気から何に変わっているのか？
　　→電気

⑦ ・そうした変化はあるものの、今も人類は生活に必要なエネルギーを得るために、大量のCO₂を発生させていることには変わりはない。
　　・ということは、地球温暖化の防止のために、私たちができることは、どんなことなのか？
　　→節電・エネルギーを使わない・・・

⑧ ・では、地球温暖化が止まらないのは、私たちの省エネや節電の努力が足りないということなのか？
　　→そうだ・そんなことはない・・・？

4 地球にやさしい発電方法とは、どれなのか？

① ・ただし、CO₂を排出しているのは、私たちの家庭だけではない。
　　・CO₂の排出が一番多いのは、次のうちのどれなのか？
　　　　Ａ：家庭　　Ｂ：発電所　　Ｃ：自動車　　Ｄ：工場
※ ・「Ａだと思う人［ 挙手 ］！」と、１つひとつ挙手による人数の確認をおこなう。

② ・【資料５】の円グラフを見ると、私たちの家庭から排出されているCO₂は、全体の何％になっている？

→14%

③・では、最もCO₂の排出量が多いのは、どこなのか？
　→工場など（39％）

④・つまり、地球温暖化防止のために、省エネ・節電に、一番取り組まなければならないのは誰なのか？
　→工場など（企業）

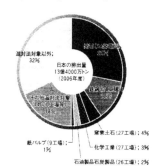

⑤・にもかかわらず、夏になるとテレビで見るのは、家庭に節電を呼び掛ける放送であって、工場などの企業への呼び掛けはほとんどない。更に〈グラフを提示しながら！〉、このグラフを見ると、わずか140の工場で日本全体の50％のCO₂が排出されていることもわかる。
　・工場の中でも、一番CO₂の排出量が多いのは、何？
　→発電所

⑥・30の発電所だけで、全体の28％にもなっている。
　・でも、発電でCO₂の排出が１番多くなっているのは何故なのか？
　→電気をつくるときにCO₂を発生するから・・・？

⑦・発電方法は、主に３つある。
　・【資料６】を見るとわかるが、その方法とは、何と何と何？
　→水力発電・火力発電・原子力発電・・・

⑧・【資料７】【資料８】を見ると、この（ A：水力発電　B：火力発電　C：原子力発電 ）の中で、CO₂の排出量が少ない（つまり、地球温暖化防止に役立つ）のは、どれだとわかるのか？
　→水力・原子力発電・・・

⑨・【資料８】を見ると、この（ A：水力発電　B：火力発電　C：原子力発電 ）の中で、一番安上がりな発電方法は、どれだとわかるのか？
　→原子力発電

⑩・つまり、「安く電気をつくることができ、CO₂の排出も少なく、地球にやさしい発電方法」は、３つの発電方法の中で総合的に考えると、どれ？
　→原子力発電

⑪・では、本当に原子力発電が一番いい発電方法なのか。
　・そもそも、この３つの発電は、それぞれどうやって電気をつくっているのか？
　→・・・？

5　３つの発電方法は、どうなっているのか？

①・水力発電では、どうやって電気をつくっているのか？
　→水を貯めて・水を落として・・・？

②・水力発電ではダムを造り、そこに貯めた水を落とすことでタービンを回して発電をおこなっている。これは、日本の地形には最も適した発電方法だ。
　・なぜ日本に適しているのか（わかる）？
　→山国だから・ダムが造りやすいから・・・

③・ただし、水力発電には、マイナス面もある。
　・それは何だかわかる？
　→電気を消費する場所から遠い・送電に費用がかかり過ぎる・・・

- 167 -

④・次に、火力発電では、どうやって電気をつくっているのか？
　→石油を燃やして・・・？
⑤・火力発電では、石炭や石油などの化石燃料を燃やして蒸気を発生させ、その力でタービンを回して発電をおこなっている。
　・ということは、火力発電のマイナス面が何だか、すぐにわかるね？
　→CO_2の排出が多い・地球温暖化を進めてしまう・・・
⑥・ただ、火力発電が一番多くおこなわれているのには、理由がある。
　・それは、どんな理由だかわかる？
　→電気を消費する場所の近くに発電所が造れる・燃料が得やすい・・
⑦・では最後に、CO_2を発生しない原子力発電は、どうやって電気をつくっているのか？
　→・・・？
⑧・原子力発電では、ウラン235 の核分裂のエネルギーを利用して蒸気を発生させ、その力でタービンを回して発電をおこなっている。これは火力発電と同じ方法。

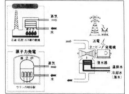

　・でも、火力発電と原子力発電では、何が違っているのか？
　→燃料・・・？

6　原子力発電の方法は、どうなっているのか？

①・これが何だかわかる？
　▷〈 ペレットの模型と写真を提示！ 〉
※・ペレットの模型は円筒形の小さな磁石を使用
②・これが原子力発電の核燃料ペレットだ。
　・直径1cm高さ1cmの核燃料ペレット1つで、次の、どれだけの電気がつくれるのか？
　　一般家庭の　　A：1日分　　B：1ヶ月分　　C：半年分
※・「Aだと思う人[挙手]！」と、1つひとつ挙手による人数の確認をおこなう。
③・一般家庭の半年分の電気をつくる。このペレットを4mほどの細長い金属のパイプ＝燃料棒に詰める〈 写真の提示！ 〉。その燃料棒が数万本束にして並べてあるのが、炉心 と言われる部分だ。1個のペレットにはウランが約9g入っているが、その中で核分裂をするウラン235はわずか数パーセントしかない。それでも核分裂させると途方もない熱を発生する。
　・では、いったい何度ぐらいの熱を発生するのか？
　→表面は300度で、中心部は2,000度にもなる
④・この熱で水蒸気を発生させて、タービンを回して発電している。ただこのときの核分裂で発生するのは熱だけではなく、もう1つある。
　・それは、何なのか？
　→放射性廃棄物・死の灰・・・
⑤・放射性廃棄物、「死の灰」と呼ばれることもある。使用済みの核燃料を処理するときに極めて強い放射能を持つ物質ができてしまう（ これに高温で溶かしたガラスを混ぜステンレス製の容器に入れたものが「ガラス固化体」と呼ばれる高レベル放射性廃棄物 ）。
⑥・いったい、どれほどの放射能を持っているのだろうか。発電に使われた核燃料の放射能は使用前の何倍になるのか？
　　A：100倍　　B：1000倍　　C：1万倍　　D：100万倍　　E：1億倍

※・「Aだと思う人〔 挙手 〕！」と、１つひとつ挙手による人数の確認をおこなう。
⑦・１億倍にもなった放射能はガラス固化体にした時点で放射能は少し下がるが、それでも人が近づけば20秒で死亡するほど危険なものだ。放射能をもった物質から出る放射線が人体に侵入して細胞（ＤＮＡ）が破壊されてしまうからだ。もとのウラン鉱石と同じレベルにまで低下させるには10万年もの歳月が必要だ。（ 数字は、NHK「クローズアップ現代」 2012年10月1日による ）。
 ・これは、A：とんでもなく危険なこと なのか？ それとも、B：死の灰を処理すれば問題ないこと なのか？
  →問題ない・危険だ・・・
⑧・では、この「死の灰」の処理は、どのようにおこなわれているのか？
  →・・・？
⑨・こうやっている！

  ▷【 地層処分とフィンランド・オンカロの写真 】
⑩・この写真では、何をしていることがわかる？
  →容器に詰めている・集めている・・・？
⑪・フィンランドでは、硬い岩盤をくり抜いて、地下520ｍに放射性廃棄物の100年分を貯蔵する オンカロ （＝洞穴）と呼ばれる施設を造っている。
 ・どうして、こんなに地下深くに埋めているのか？
  →・・・？
⑫・現在、放射能を処理する技術がないからだ。そのため、原子力発電所では、事故が絶対に起きないように対策を立ててある。にもかかわらず、2011年３月11日、事故は起きた。
 ・どこで？

  →福島第一原子力発電所〈 写真の提示！ 〉
⑬・この（福島第一原発の）事故は、A：たまたま起きた のか？
   それとも、B：起こるべくして起きた のか？

  →起こるべくして起きた事故
⑭・これは何の地図かわかる？
  ▷〈【 世界の地震地帯の分布図 】を提示！ 〉

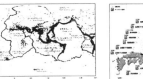

⑮・日本では、必ず地震が起き、津波の発生もみられる。それなのに、原子力発電所が54基も造られている（「事故が起きない」と考える方が不自然）。福島第一原発の放射能漏れ事故により、自分の家に帰れない人が約10万人いると言われている。
 ・では、その人たちは、一体いつになったら自分の家に帰れるのか？
  →・・・？
※・福島県内の市町村は、福島第一原発から20km以内の地域を「警戒区域」に、事故発生から１年の期間内に積算線量が20ミリシーベルトに達するおそれがある地域を「計画的避難区域」に設定している。
⑯・放射能漏れで避難している福島の人たちが家に帰れるための条件は、何だかわかる？
  →放射能が無くなること・・・
⑰・では、危険な放射能が無くなるのは、いつのことなのか？
  →・・・？

- 169 -

|7| 原子力発電と核兵器は、何が違うのか？

① ・|Nuclear Power|と|Nuclear Weapon|、それぞれどんな意味なのか？
  →・・・？

② ・「Nuclear Power」が原子力で、「Nuclear Weapon」が核兵器。
  ・何故ここで、英語では同じ単語（Nuclear）が違う言葉（原子・核）に訳されているのか？
  →・・・？

③ ・Nuclear Weapon が、実際に人類に対して使用されたときの形が、これとこれだ〈リトルボーイとファットマンの写真を提示〉！
  ▷【 リトルボーイとファットマンの写真 】

④ ・さて、この２つの原爆、何が違っているのか？
  →名前・落とされた場所・形・大きさ・・・

⑤ ・いちばん違うのは、リトルボーイは|ウラニウム型爆弾|で、ファットマンは|プルトニウム型爆弾|という点だ。
  （『核戦争後の地球』のビデオでもわかったが）これらの原爆は、核兵器の効果を調べる目的もあって使用された。そして、第２次世界大戦後もアメリカは、核兵器の実験を続けた。
  ・ではそれは、（リトルボーイと同じ）ウラニウム型爆弾だったのか？（ファットマンと同じ）プルトニウム型爆弾だったのか？
  →ウラニウム型爆弾・プルトニウム型爆弾

⑥ ・アメリカが量産を狙っていた爆弾は|パンプキン爆弾|と呼ばれていた。
  ・ということは、どっち？
  →プルトニウム型

⑦ ・パンプキン爆弾とは、こんな形だった〈写真の提示〉！
  ▷【 パンプキン爆弾の写真 】

⑧ ・アメリカが、戦後「プルトニウム型爆弾」で核兵器の実験を進めようとした理由は、何だったのか？
  →・・・？

⑨ ・原爆には、|ウラン 235|が必要。しかし、それ（＝ウラン 235）は、自然界にわずかしか存在しないため、爆弾をつくるのに費用がかかる。それに対し、|ウラン 238|は大量に存在する。そして、このウラン 238 は原子炉を使えばプルトニウムに変えることができる（原子炉内で核分裂したウラン 235 の中性子をウラン 238 に吸収させプルトニウムに変えることができる）。これは費用があまりかからない。しかも原子炉で発生した熱で発電もできることがわかった。つまり、アメリカがナガサキに投下したプルトニウム型爆弾の開発を戦後本格化させた理由は、そこにあった。
  ・こうして開発された原子炉が原子力発電所でも使われているわけだ。ということは、「原爆」も「原発」もはじまりは同じ。だから、英語では同じ単語（Nuclear＝核）が頭に使われている。
  ・では、どうして日本では同じ言葉に翻訳されていないのか？（つまり、なぜ|核発電|と言わないのか？）
  →・・・？

⑩ ・「核」という言葉を使うと、人々が危険や不安を感じるからだろう。
  ・でもそれは、何の危険性？

- 170 -

→死の灰・放射能・・・

⑪・原爆と核実験による恐ろしい被害が続いていたのだ。今でも放射線による障害に苦しめられている被爆者が大勢いる。被爆した人たちは核兵器の残虐性を世界に訴え続けてきた。そして2017年に、核兵器は非人道的で国際法に反する兵器だとする「核兵器禁止条約」が国連で採択された（日本政府は賛成しなかった）。

⑫・日本の原子力発電所の原子炉の設計技術はアメリカから伝えられたものだ。東京電力は事故を起こした福島第一原発の使用済み核燃料を取り出すと言っているが、まだメドは立っていない。原子炉内から強い放射線が出ているからだ。

現場で今も廃炉作業にあたっている人たちの健康状態も心配だ（『佐賀新聞』2017年2月2日付けに「福島第一原発事故の収束作業や佐賀県の玄海原発の定期点検で放射線に被ばくした後、白血病を発症し、労災認定された北九州市の男性」の記事がある）。

⑬・原子炉の技術を使ってつくる原子爆弾＝「原爆」と原子力発電所＝「原発」は、核エネルギーの取り出し方が違うものの、核技術としてほぼ同時に開発されたものだ。しかし、

核兵器（Nuclear Weapon）により、戦争を防ぐ という核抑止論は、国連の「核兵器禁止条約」によって、その非人道性を理由に正当性が否定された。

原子力発電（Nuclear Power）により、地球温暖化を防ぐ という原発推進論は、原子炉の危険性を真剣に考えているのだろうか。

・日本は、アメリカから核技術を伝えられて、原発を54基も造ったわけだが、アメリカにはもう1つ、古くから伝えられていた知恵があった。そう、イロクォイ族の「自問自答」だ。

きょう、われわれがおこなう決定は、七代後の世代まで影響を及ぼすであろうか？

・では、原子力発電は、A：推進すべきなのか、B：推進すべきではないのか？

→・・・

※・時間との兼ね合いもあるが、ここで［A：推進すべき　B：推進すべきではない］で、班でのはなしあい→学級での討論へ発展させても良い。

〈 参考文献 〉

「核と温暖化」『身近なことから世界と私を考える授業 Ⅱ』明石書店

「かけがえのない地球」『まるごと社会科　中学・公民』喜楽研

「現代」の授業を考える会編『エネルギーと放射線の授業』太郎次郎社エディタス

歴史教育者協議会編『明日の授業に使える　中学校社会科　公民』大月書店

〈 板書例 〉

〈 核と温暖化 〉

1　地球大異変　　　　　　　　　　　　　3　CO_2 の発生（←産業革命）
　　↑　　　　　　　　　　　　　　　　　　　蒸気
　地球温暖化　　　　　　　　　　　　　　　↓　┌水　力
　　↑　　　　　　　　　　　　　　　　電気─┼火　力
　CO_2（温室効果ガス）　　　　　　　　　　　└原子力

2　地球温暖化対策会議　　　　　　　　　4　Nuclear Power と Nuclear Weapon
　　先進国 ←→ 発展国　　　　　　　　　5　核と人類

- 171 -

★授業〈 核と温暖化 〉について

　この授業案では、提言を多めに立てているため、2時間扱いにしないと授業は終わらない。その場合には、提言4までを前半（ 1時間目 ）、提言5からを後半（ 2時間目 ）としている。また、前時の〈 気候大異変 〉の授業が、ビデオの視聴だけで終わっているので、この授業の初めの場面でその内容についての確認をおこなっている。そのため、なおさら授業時間が2時間は必要になっている。

　そこで、授業案には書いていないが、前半では、提言1の助言⑥（ インドや中国の主張は、認められるのか認められないのか ）と助言⑩（ アメリカの主張は、認められるのか ）の2箇所で、それぞれグループによるはなあしあいをおこなわせている。このときに、前時のビデオの内容をおさらいするような助言をうっている。そのおさらいの中で、先進国と途上国の主張の違いを確認することができ、CO_2削減の現実的問題を考えることにもなっていく。

　そうした現実的問題を考える場合、一時期メディアでは家庭の削減努力を強調していたように、「CO_2の削減が、本当に家庭の努力にかかっているのか」を考えさせたり、原子力発電が「資源の少ない日本で安定した電気の供給を可能にした」という「利点」ばかりでなく、「危険な放射性廃棄物を処理できない」という問題があることを知らせることにより、メディアの言い分を鵜呑みにしない見方・考え方を育てようともしている。

　そして、それまでの授業内容をもとに、「原子力発電」と「核兵器」の出発点は同じであることを理解させ、メディアが「核」を「原子力」と表現した背景にも気づかせるようにしている。

　最終的には、核技術（ 原子炉 ）で発生する人工放射能がもたらす人体損傷の危険性、特に後世への影響を考えさせるようにしている。

　なお提言2の助言⑦～⑨は、一番初めの単元【 現代社会 】での授業（〈 わたしたちの時代 〉）とつながっているので、もし〈 わたしたちの時代 〉の授業でその内容を省いていたら、ここでも省くことになる（ あるいは、ここでの助言を使うのであれば、少し表現を変える必要がある ）。

公民 学習プリント 〈国際社会：08-1〉

■地球温暖化により引き起こされている気候の異変。この気候大異変により、どんな影響が私たちの生活に現れてくるのか？　それに対して、私たちは何を考えなければいけないのか？

1：【 気候大異変 】　　　　　　　　　　　　　　　　ビデオの内容をふりかえって

■地球温暖化：1

→（　アマゾン　）川流域の大渇水　→　将来は（　砂　漠　）になる＝熱帯雨林の消滅

熱帯雨林の消滅　＝　空気中の（　CO_2　）が増える　→　（　温暖化　）が進む

■地球温暖化：2

→大干ばつ＝（　水　）不足　→　（　穀物　）生産の減少　→　（　食　糧　）難

→リンゴの産地［＝弘前］　→　（　みかん　）の産地に変わる

→米の生産：田植え＝6月［＝関西］　→　（　7　）月に変わる　→　日本全体で（ 10 ）％の米の
収穫量の減少　※　世界全体では（　20　）％も価格が上昇

⇨飢餓人口が（　5,400　）万人増加

■地球温暖化：3

→熱帯の（　感染症　）の拡大　→　日本などの（　温　帯　）の地域の人への感染

※デング熱の感染＝25億人　→　（ 52 ）億人へ(2080年)

■地球温暖化：4

→北極海の（ 氷 ）の消滅　→　波による海岸の（　浸　食　）┐

　　　　　　　　　　　→　（　海水面　）の上昇　　　　　┘→住む土地・国が無くなる

　　　　　　　　　　　　　　　　　　　　　　　　　　　　↓

　　　　　　　　　　　　　　　　　　　　　「環境（　難　民　）」の増加

　　　　　　　　　　　　　　　　　　　　　　　　　　　　↓

　　　　　　　　　　　　　　　　　　　　　　紛争・対立の原因

2：【 地球温暖化対策の国際会議 】

「京都議定書」が採択された1997年の地球温暖化防止会議以降も対策会議が開かれ、2016年には、2020年以降の温室効果ガス排出削減のための新たな国際枠組み「パリ協定」が発効したが、翌年、アメリカのトランプ大統領は、同協定が中国・インドに有利だなどとして、離脱を表明した。

■発展途上国「CO_2削減は、先進国だけに義務付けるべきだ」

インド「我々は貧困と闘ってきた。我々にCO_2の削減を求めることは、そうした努力を阻害する
ことだ」

中　　国「まず先進国が（ CO_2を削減する ）約束を実行すべきだ。先進国は、発展途上国（ CO_2削減
のための ）資金と技術を提供すべきだ」

アメリカ「こんな形式ばった（ CO_2削減を義務づける枠組みをつくる ）議論では、成果は得られま
せん。国際的な枠組み以外の方法を探すべきです」

公民 学習プリント〈国際社会：08-2〉

■地球の温暖化は、どのように進んでいるのか？ 人間の生活を支えるエネルギー（電気）を作り出す状況はどうなっているのか？ いま私たちにできることは、何なのか？

3：【各国のCO2の排出量】

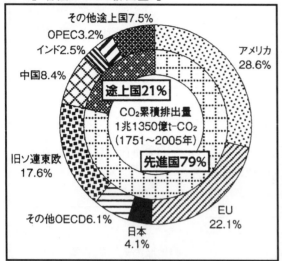

5：【国内のCO2の排出量】

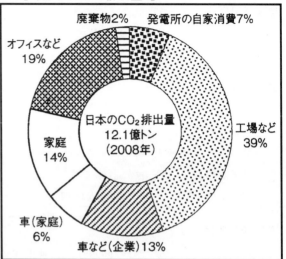

4：【エネルギーの歴史】

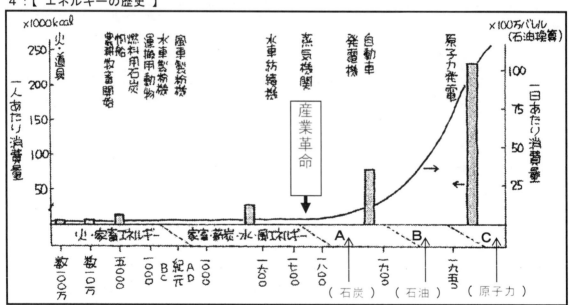

6：【3つの発電方法】

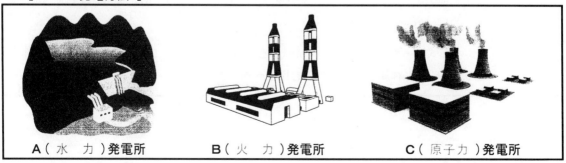

A（水力）発電所　　B（火力）発電所　　C（原子力）発電所

公民 学習プリント〈国際社会：08-3〉

■CO₂の排出量が少なく、安くつくれる発電方法は何なのか？ 地球温暖化が進む現在、私たちの生活を維持するためのエネルギーは、どのようにして手に入れるべきなのか？

7:【 各種電源別のライフサイクルCO₂排出量 】

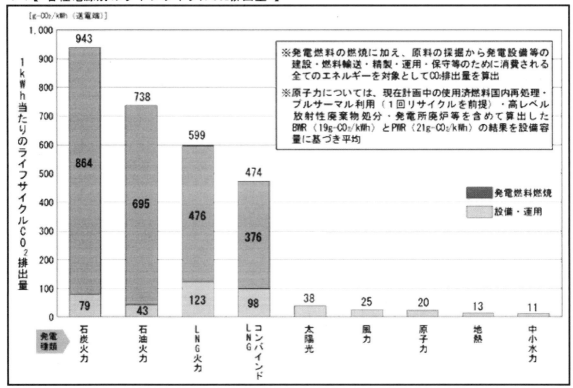

8:【 発電方法の比較 】　いちばん経済性が高い（値段が安い）のは、↓どの発電方法？

[09] 国連は何をしているのか

◎国連のしくみについて理解させ、今後、国連はどうあるべきか、日本はどうかかわっていくべきか考えさせる。

1 第2次世界大戦後、戦争に参加していない国は？

①・【資料：1】に「戦後を語る1枚の地図」がある！
  ▷【資料：1】の地図

②・この地図は、戦後の、あることを語っている。
　・さて、それは何なのか？
　→・・・？
③・地図で白くなっている国が、どこの国だかわかる？
　→スウェーデン・ノルウェー・フィンランド・デンマーク・スイス・アイスランド・ブータン・日本

※・答えが出なかったら、右のフリップを見せて、教師が説明をする。

| 1. スウェーデン |
| 2. ノルウェー |
| 3. フィンランド |
| 4. デンマーク |
| 5. スイス |
| 6. アイスランド |
| 7. ブータン |
| 8. 日　　本 |

④・さて、この8カ国に共通していることは、何なのか？
　→・・・？
⑤・この地図は、この8カ国以外の国を黒く塗りつぶしてある。
　・では、黒く塗りつぶされた国々は、戦後、何をしたのか？
　→・・・？
⑥・この地図では、1945年8月15日以後、戦争に参加した国を黒く塗りつぶしてある。ただし、それも1991年2月現在までのこと。
　・その後、西アジアで起きた 湾岸戦争 により、デンマークとノルウェーを黒く塗りつぶさなければならなくなった！
  ▷〈 デンマークとノルウェーを黒く塗りつぶさせる 〉
⑦・デンマークとノルウェーを黒く塗りつぶしたのは、この2カ国が何をしたからなのか？
　→湾岸戦争に参戦した・・・
⑧・ということは、現在、地球上にある約200ヵ国のうち、第2次世界大戦後に一度も戦争や紛争・内乱をしていない国は、何カ国なのか？
　→6カ国
⑨・200分の6ヵ国しかない。
　・ところで、日本は、白いままでいいのか？（黒く塗りつぶさなければならないのか？）
　→白いままでいい・・・
⑩・1991年1月からの湾岸戦争に対し、日本は多国籍軍に対して、「兵力」は出さなかったが、「資金援助」はおこなった。
　・ということは、日本は（湾岸）戦争に参加したと、言えるのか？　言えないのか？
　→言えない・言える・・・
⑪・つまり、日本は、白いままでいいのか？　黒く塗りつぶさなければいけないのか？
　→白のままでいい・黒く塗りつぶさなければいけない・・・
⑫・この湾岸戦争の後、日本は国連の平和維持活動（PKO）に参加するとしてPKO協力法を国会で成立させ、自衛隊を海外に派遣するようになった。
　※・自衛隊の派遣先は、カンボジア/1992〜93年、東ティモール/2002〜04年、ハイチ/2010〜13年、南

スーダン/2012〜17年。

・南スーダンでは現地の治安が悪化して、結局撤退することになった。防衛大臣は、国会で何と発言したのか?

▷「事実行為としての殺傷行為はあったが、憲法9条上の問題になる言葉は使うべきではないことから、武力衝突という言葉を使っている」

⑬・この発言によると、南スーダンで「戦闘」、つまり「武力行使」が起きて、いるのか?　いないのか?

→起きている・いない・・・?

⑭・それ(「戦闘」＝武力行使が起きていないの)は、事実なのか?

→事実ではない・ウソ・ごまかし・・・

⑮・どうして日本の防衛大臣が、こんな発言をするのか?

→・・・

⑯・「武力の行使」は日本国憲法で禁止されている。だから、「武力行使」ではなく「武力衝突」という言葉を使っていることを、防衛大臣は発言している。

・でも、それで日本国憲法に違反していないと、言えるのか?(言えないのか?)

→言えない・日本国憲法に違反している・・・

⑰・こうした事実から考えると、現在の日本は、白いままでいいのか?　黒く塗りつぶさなければいけないのか?

・A：黒く塗りつぶさなければならないと思う人［ 挙手]!

▷〈 挙手による人数の確認のみ 〉

・B：いや、白いままでいいと思う人［ 挙手]!

▷〈 挙手による人数の確認のみ 〉

⑱・また、2003年3月からのイラク戦争に対して、日本は非戦闘地区に限って自衛隊を派遣した。ところがこの時、航空自衛隊が多国籍軍の「武装兵力」を、戦闘地域であるバグダッドに輸送していた。

・ということは、日本は(イラク)戦争に参加したと、言えるのか?　言えないのか?

→言えない・言える・・・

⑲・つまり、日本は、白いままでいいのか?　黒く塗りつぶさなければいけないのか?

→白のままでいい・黒く塗りつぶさなければいけない・・・

⑳・航空自衛隊の行動については、「多国籍軍武装兵力の戦闘地域であるバグダッドへの輸送は『武力行使』と同じ行動で、後方支援の空輸活動は、戦闘行為の重要な要素である」とし、「航空自衛隊の空輸活動は、武力行使を禁止する憲法はもちろん、イラク特別措置法に違反している」という裁定が(名古屋地方裁判所で)出された。

しかし、陸上自衛隊の行動については、憲法違反の裁定は出されていない。

・ということは、日本は、イラク戦争に参加したと、言えるのか?　言えないのか?

→言える・言えない・・・

▷〈 挙手による人数の確認のみ 〉

・B：いや、白いままでいいと思う人［ 挙手]!

▷〈 挙手による人数の確認のみ 〉

2　平和を守る国連の仕組みは、どうなっているのか？

①・ところで、第2次世界大戦が終わってから、世界中で一体どれくらいの戦争や紛争があったと説明したのか覚えている？

　　→・・・

②・すでに 300 回は越えている。

　　・その中でも大きかった戦争は（ 何戦争 ）？

　　→・・・

③・ ベトナム戦争 。ベトナム戦争で投下された爆弾の量は、第2次世界大戦でアメリカ軍が使用した量の3倍もあった。それは、広島型原爆の 385 発分に相当し、死傷者が 400 万人にも達する凄まじい戦争だった。また、中東地域では、「イラン・イラク戦争が 10 年ほど続いて終わった」と思ったら、湾岸戦争・イラク戦争・シリア内戦が起こり、イスラエル・パレスチナ問題もまだ解決していない。アフリカでの民族紛争なども、泥沼化の様相にある。最近はテロによる攻撃も目立ってきた。まさに、「世界平和の実現は単なる理想でしかないのか」という感じもする。しかし、このような国際紛争を解決する国際機関はある。

　　・それが、1945 年に生まれた、何と言う機関なのか？

　⇨ 国際連合

④・（ 国際連合の ）本部はどこにあるのか？

　⇨ ニューヨーク

⑤・設立当時、国際連合の加盟国は、51 カ国だった。

　　・では、現在の（ 国連 ）加盟国数は、どれくらいになっているのか？

　⇨ 193 か国

⑥・193 ヵ国というのは、全世界の総人口のほとんど 99％に相当する。特に加盟が多いのは、非同盟主義を唱えたアジア・アフリカ諸国。

　　・ところで、この国際連合の大きな役割は何と何なのか？

　⇨ 国際紛争の解決と平和維持

⑦・国際紛争の解決と世界の平和維持を目的に設立された国連には、2つの主要機関がある。その1つは、全ての加盟国からなり、年1回定期的に開かれている 総会 。

　　・その（ 国連 ）総会と同じく大きな権限を与えられ、国際紛争の解決に取り組んでいる機関が何なのか？

　⇨ 安全保障理事会

⑧・（ 国連 ）総会の方の「平和を守るための話し合い」は、多数決でおこなわれる。

　　・その（ 多数決を取る ）場合、大国でも小国でも、同じ一票なのか？　それとも、国の大きさに比例した票数になっているのか？

　　→同じ・大きさによって違う

⑨・大国であろうと小国であろうと、同じ一票。つまり完全な 一国一票制 となっている。 一国一票制 で多数決を取るのだから、普通は、過半数の賛成があれば決定となる（ また、重要な事柄については、3分の2以上の賛成で決定となる ）。

- 178 -

3　どうして国連軍は、組織されなかったのか？

①・国連が平和を守るために活動した紛争・事件には、このようなもの
　　があった！

　▷〈　紛争・事件を年表にした右の表を提示　〉

| 1950 年：朝鮮戦争 |
| 1956 年：スエズ危機 |
| 1960 年：コンゴ動乱 |
| 1962 年：西イリアン紛争 |
| 1963 年：キプロス紛争 |
| 1973 年：第 4 次中東戦争 |
| 1978 年：南レバノン事件 |

②・ところで、この国際連合がつくられる前にも、第 1 次世界大戦が起
　　こったことを反省して 1920 年に生まれた組織があった。

　　・それは（ 何という組織だったのか ）？

　⇨ 国際連盟

③・その国際連盟は、第 2 次世界大戦が起きることを防げなかった。

　　・それは、国際連盟に、どんな力がなかったためだったのか？

　→・・・

※・生徒の発言がなければ、「平和を脅かす国に対して、経済制裁はできるが武力制裁することはできな
　　かったから」との説明をおこなう。

④・だから、現在の国連の安全保障理事会では、「戦争を防止し平和を維持するため」に、武力行為
　　をおこなった国に対しては、 武力を含む制裁措置を加える ことができるようになっている。
　　現在の国連は「世界の平和を脅かす国に対しては、制裁措置として 国連軍 を組織し、その軍
　　事力によって抑えていかなければ、真の世界平和は実現できない」との考えを採っている。し
　　かし、現実には、今日まで国連軍が組織されたことは一度もない（ 朝鮮戦争で北朝鮮と戦った
　　いわゆる「国連軍」は正式なものではない ）。

　　・それは、何故なのか？

　→・・・？

⑤・国連軍を組織し、世界平和を実現していくために国際紛争の解決に取り組んでいる機関は、総
　　会ではない。

　　・では、その機関は、何なのか？

　⇨ 安全保障理事会

⑥・その安全保障理事会は、何と何で構成されているのか？

　⇨ 5 カ国の常任理事国と 10 カ国の非常任理事国

⑦・この 5 つの常任理事国とは、どんな国々なのか？

　⇨ イギリス・アメリカ・ロシア・フランス・中国

⑧・この安全保障理事会での決定方法は、総会の一国一票制とは異なっている。安全保障理事会で
　　の採決は、安全保障理事国 15 カ国のうち 9 カ国以上の賛成が必要で、その上、 5 大国一致の
　　原則 を採っている。この 2 つ目の条件のため、5 つの常任理事国に「ある特権」を認めている
　　ことになる。

　　・この権利のことを何権と言うのか？

　⇨ 拒否権

⑨・拒否権とは、どんなしくみ？

　→ 1 カ国でも反対すれば決定することができないしくみ

⑩・つまり、世界平和実現のための話し合いにおいて、「常任理事国のうち 1 カ国でも『拒否権』を
　　行使した場合には、国連軍の派遣はできない」。「重大な決定だから、慎重にするため」の決ま
　　りだが、逆に「世界平和が実現できない」ことになっている。

- 179 -

・具体的には、それは、どんなことなのか？

→アメリカとロシアが、拒否権をそれぞれに使う・・・

⑪・実際に、そんなことがあったのか。

・【資料：2】を見てみよう！

▷【資料：2】

⑫・この他には、イスラエルがレバノンに侵攻したとき、イスラエルを非難する決議がなされよう
としたが、このときもアメリカは、「拒否権」を行使している。

※・助言の数が多くなりすぎているため、ここで打ち切ってもよいが、時間の余裕があれば、以下のよ
うな助言もうってよい。

・ここに出ている事件以外では、国連が組織されてからの最大の戦争であったベトナム戦争でも、
国連は、何ら有効な手段をとることができなかった。

・それはなぜか？（これは、ベトナムが戦っていた相手国を考えればわかる・・・）

→アメリカが拒否権を行使する・・・

・アメリカの拒否権行使ということもあるが、じつはベトナム側の思惑もあった。ベトナムは、
戦争の解決に向けての訴えを国連ではしなかった。当時は、アメリカと貿易・軍事などで深く
つながった国が多かった。だから、安全保障理事会ではなく国連総会で話し合ったとしても、「ア
メリカに有利な決定」に持ち込まれたりしてしまうからだ。

⑬・しかし、そうなると、国連の信用はどうなるのか？

→信用がなくなる・アメリカの言いなりになっているような印象だ・・・

⑭・「国連＝正義とは言えない」ことにもなる。そこで表舞台に出てきたのが PKO である。

・PKO がつくられた詳しい事情は、【資料：3】にある！

▷【資料：3】

4 国連に、その存在の意味があるのか？

①・しかし、PKOは、 Peace Keeping Operations ＝ 国連平和維持活動 であって、軍隊で
はない。PKOが出動するのは「停戦が実現した地域」に限られている。そのためルワンダで
おきたような大虐殺が止められなかったともいわれている。現在は紛争に武力で介入すること
も多くなってきているが、そうなると犠牲者も増大するため、PKOへの参加をためらう国も
増えてきているのが現状だ。

・そんな国連に、その存在の意味は、あるのか？（ないのか？）

→ない・ある・・・

②・現在は、冷戦は終わり、一方のソ連は崩壊してしまった。

・ということは、その後の大国の対立による拒否権発動は、（どうなっているということ）？

→なくなった・減ってきている・・・

③・こうした現状を考えていくと、国連の存在は、やはり意味があるのか？

・A：現状では、国連の存在意味はあまりないと思う人［挙手］！

▷〈挙手による人数の確認のみ〉

・B：いや、それでも国連の存在には意味はあると思う人［挙手］！

▷〈挙手による人数の確認のみ〉

・さて、どっちなのか？

- 180 -

・班ではなしあい［ 3分間 ］！

▷ 〈 各班でのはなしあい 〉

※・ここで、この発問によるはなしあい → 討論でもよいが、ここでは人数の確認程度にとどめて、
　　次の発問によるはなしあい → 討論に持って行ってもよい。

・「国連の存在意味があるかないか」は、重要な問題である。だから日本は、国連の活動に積極的
　にかかわっていくため、安全保障理事会の常任理事国入りを打ち出している。

・でも、日本としては常任理事国入りをすべきなのか（ すべきでないのか ）？

・Ａ：やはり日本は、常任理事国入りをすべきだと思う人［ 挙手 ］！

▷ 〈 挙手による人数の確認のみ 〉

・Ｂ：日本が常任理事国に入る必要はないと思う人［ 挙手 ］！

▷ 〈 挙手による人数の確認のみ 〉

・さて、どうなのか？
　班ではなしあい［ 3分間 ］！

▷ 〈 各班でのはなしあい 〉

5 国連の進むべき道は？

①・ところで、「国際連合」を英語で言うと、次のうちのどれなのか？

▷ World Union ・ International Union ・ United Nations ・ League of Nations

②・第2次世界大戦で、日本はドイツ、イタリアと共に戦った。

・それは、何故だったのか？

→同盟国だったから・・・

③・何という同盟を結んだのか？

→日独伊三国同盟

④・日独伊三国同盟で結ばれた3国（ 日本・ドイツ・イタリア ）は、「枢軸国」と呼ばれた。

・その「枢軸国」と戦ったアメリカ・イギリス・フランス・ソ連・中国の国々は、何と呼ばれた
　のか？（ 枢軸国に対して・・・？ ）

→連合国・・・

⑤・その「連合国」を英語で表現すると、何となるのか？

→ United Nations

⑥・どうして（ 国際連合と ）同じ名称なのか？

→・・・？

⑦・第2次世界大戦の連合国が、そのまま国際連合になったからだ。だから、安全保障理事会の常
　任理事国にドイツは入っていない。

・（ ドイツが入っていない ）その理由は、わかる？

→第2次世界大戦の敗戦国だから・第2次世界大戦を起こした国だから・・・

⑧・ということは、日本は「安全保障理事会の常任理事国入りすべきかどうか」の前に、そもそも
　「日本の常任理事国入り」は、可能なのか？（ 不可能なのか？ ）

→不可能・可能・・・？

⑨・しかし、ドイツは地球温暖化防止の積極的政策を進めたり、国内の原子力発電所を廃止するな
　どの世界的な視野に立っての活動をおこなっている。それに対して、常任理事国のフランスは

- 181 -

原発大国の上に、フランス国内の原子力発電所でつくった多くの電気を周りの国に売っている。また、アメリカは京都議定書やパリ協定から離脱して地球温暖化防止には前向きではない。

戦争も、国と国との戦いというよりは、テロ組織との戦いが目立ってきている。

こうした状況を考えると、国際連合には、各国の利害の調整・解決の場としての存在意味はあり、枢軸国だったとか連合国だったということにとらわれる必要はないように思える。国際連合には限界もあるが、その発展の可能性も大きい。つまり、国際連合も組織の見直しが必要な時期にきているともいえる。

そのとき、「日本として、何ができるのか?」「何をしなければならないのか?」を考えなければならないだろう。

〈 参考文献 〉

大野一夫「二つの世界と戦争」『新訂　中学校公民の板書』地歴社

〈 板書例 〉

〈 国連は何をしているのか 〉　　　　　　　　目　的＝世界平和の維持

1　第2次世界大戦後の世界

　戦争不参加の国＝$\dfrac{?}{200}$　　　　　　　　総会　　　安全保障理事会

　　　　　　　　　　　　　　　　　　　　　　　　　　　　5 常任理事国

　　日本は?　　　　　　　　　　　　　　　一国一票制　　（米・ロ・英・仏・中）

　　　　　　　　　　　　　　　　　　　　　　　　　　10 非常任理事国

2　国際連合（ 1945 年〜 ）　　　　　　　　　　　　　　拒否権

　　本　　部＝ニューヨーク　　　　　　　　　決定

　　加盟国＝51→193　　　　　　　　　　3　PKO

◆授業〈 国連は何をしているのか 〉について

　国連の役割について考えるときに、現在の世界をどう見るのかで変わってくる。そこで授業の初めの場面では、日本も世界の動きと無関係ではないことを意識させるようにしている。そこから、国連の組織を基に、「本当に国連は世界平和の実現を進めているのか」を考えさせるようにしてみた。当然その動きに、「日本としてどうかかわるのか」も考えさせなければならないことである。

　時代とともに変化していく状況の中で、「世界平和の実現のために、国連がどうあるべきか」を考えさせたい。そのための話し合い活動を設定し、意見プリントも2種類準備しているが、2つも意見プリントを書かせる時間はない場合には、どちらか1つを書かせるようにしている。

公民　学習プリント〈国際社会：09-1〉

■戦争が絶えないが、国連は何をしているのか？　また、何をしてきたのか？　国連はどんな力を持っているのか？　戦争をどうやってくいとめるのだろうか？

1：【 戦後を語る1枚の世界地図 】　　　　　　　　　　　　　　　―『クラウゼヴィッツの暗号文』新潮社より―

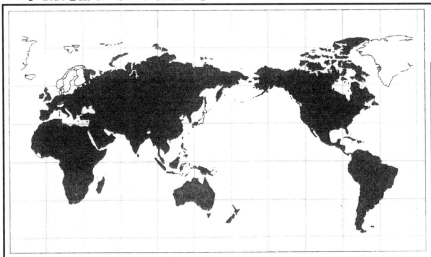

※右の地図で白くあらわされている国を答えなさい。

日本
スウェーデン
フィンランド
スイス
アイスランド
ブータン
ノルウェー
デンマーク

2：【 安全保障理事会の実情 】　　　　　　　　　　　　　　　　　―アメリカとソ連の拒否権行使―

　1980年1月上旬、「ソ連の軍事介入により国際平和と安全がおびやかされている」という52ヵ国の要請によって、安全保障理事会が緊急に開催された。アフガニスタン代表は「外敵からの脅威があったので、アフガニスタンがソ連の軍事援助を要請したのだ」と主張して、国連における審議に反対した。
　"武力介入を深く遺憾とし、アフガニスタンの独立と主権の尊重をうたい、外国軍隊の即時撤退により地元の政府がつくられることを希望する"決議案は、**ソ連の拒否権**のため採択されなかった。

―『国際連合』　岩波新書より―

　ニカラグアでは、1979年の革命の結果、サンディニスタ民族解放戦線による社会主義政権が樹立された。これにたいしアメリカのレーガン政権は、1981年の発足以来「ソ連とキューバの影響が、中央アメリカに浸透するのを防がなければならない」と主張。このためニカラグアは、中央アメリカ情勢を国連の安全保障理事会の議題とするよう要請。安保理事会では、「内政不干渉・領土保全」の原則から「中央アメリカとカリブ海諸国に対する直接ないし間接の武力行使を慎むように」という決議案が提出されたが、**アメリカの拒否権**のため採択されなかった。

ソ連のアフガニスタン侵攻

公民　学習プリント〈国際社会：09-2〉

■「湾岸戦争」以来、国連と日本との関わりで "PKOへの参加" が問題になった。"PKO" とはいったい何か？　PKO参加には、どんな意味があるのか？

3：【 PKOは、なぜつくられたのか？ 】　　　－国際紛争の解決手段として－

　国際紛争解決の方法として、国連憲章は、まず「第6章　紛争の平和的解決」を置き、平和的解決が大原則であることを示している。続いて第7章を「平和に対する脅威、平和の破壊及び侵略行為に関する行動」に当てている。

　しかし、ここでも、まず第41条で「非軍事的行動（経済制裁など）によって解決する」ことをうたい、「それでは不十分なとき、初めて軍事行動を取る」ことを第42条で定めた。ただし、この42条の発動は、これまで実際におこなわれたことはない。また米・ソの対立の中では、実際には不可能でもあった。

　そこで拒否権の定めがない「総会決議によって派遣できる部隊をつくろう」とする動きが起こり、「紛争地域の平和の回復・維持を助けるための軍事要員をともなうが、強制力は持たない活動」としてPKOが生まれた。

4：【 国連軍 】　　　　　　　　　　　　　　　　　　『歴史教育月報　No. 255』より

　国連憲章・第1章の第1条では、国連の目的として「平和安全の維持」「人民の同権と自決の原則」「人権と自由の尊重」がうたわれている。また、第2条では行動の原則として、「各国の主権の平等」「武力行使を慎むこと」「国際紛争の平和的解決」「内政不干渉」などが規定されている。

　これらは、まさに日本国憲法の原則とも一致するものであり、私たちが「どのような原則に立って国際貢献をしなければならないか」を明確に示しているといえよう。しかし、実際に国連が今まで取ってきた行動は、必ずしもこれらの原則に忠実に従ってきたものということはできない。

　具体的事例としては、・・・朝鮮戦争のときの問題である。当時、ソ連が安全保障理事会をボイコットしていた事態を利用し、アメリカの主張にそって安全保障理事会が、憲章第39条にもとづく韓国援助の勧告をおこない、それにもとづいて16ヵ国がアメリカの指揮のもとに "国連軍" を朝鮮に派遣したのであった。

　これは、国連がおこなう軍事行動について規定した憲章42条にもとづくものではなく、16ヵ国が安全保障理事会の勧告にもとづいて、自発的に軍隊を派遣したに過ぎない。従って、厳密な意味では国連軍と呼ぶべきものではなく、いわば湾岸戦争での多国籍軍と同質のものである。

朝鮮戦争での国連軍

コンゴでの国連軍

公民 意見プリント 国際社会：09 〈 国連は何をしているのか 〉

３年　　組　　号（　）班：名前

◇次の質問に対して、自分の考えを書いてみよう！

・・・

1．質問

◆国連の活動を見ていると、安全保障理事会では大国の拒否権などのために実際は "国連軍" などは結成されることはなかったし、安保理によらない国連総会でのＰＫＯでも「湾岸戦争」のように大国の思うままに動かされてしまったという感じもあり、実質的には国連には力がないようも思えるが、本当はどうなのか・・・

・・・

2．結論

Ａ：国連の存在には大きな意味があると思う　Ｂ：いや、国連の存在にはあまり意味がないと思う

・・・

3．どうして、そのような結論を出したのか？（ 自分の考え ）

〈 授業について意見・質問・考え・感想などあったら自由にどうぞ！ 〉

公民 意見プリント 国際社会：09 〈 国連は何をしているのか 〉

３年　　組　　号（　　）班：名前 _____

◇次の質問に対して、自分の考えを書いてみよう！

・・・

1. 質問

◆国連の活動では、安全保障理事会では大国の拒否権などのために実際は"国連軍"は結成されることはなく、総会でのＰＫＯでも「湾岸戦争」のように大国の思うままに動かされてしまったという感じもある。そんな中、日本は安保理の常任理事国入りを考えている。本当に、そんな必要があるのか？

・・・

2. 結論

Ａ：やはり、日本は常任理事国入りすべきである　　Ｂ：いや、常任理事国入りはすべきでない

・・・

3. どうして、そのような結論を出したのか？（ 自分の考え ）

_____

_____

_____

_____

_____

_____

_____

_____

〈　授業について意見・質問・考え・感想などあったら自由にどうぞ！　〉

[10] 予 言

◎記録映画『予言』を視聴して、核兵器によりもたらされた被害を理解させる。その中でも特に、放射線の恐ろしさ・危険性については、核兵器だけではなく原子力発電(核発電)にもあることも理解させ、これからの社会について考えさせる。

1 ビデオ『予言』を見て、これからの世の中を考えよう！

※・ビデオは 42 分あるため、休み時間内に始められるように予告をしておいた方がよい。

①・今日は、これまでの学習のまとめとして、「核により地球を救うことができる」という考えが本当かウソかを判断するために、『予言』という記録映画を見てもらう。多少、惨い映像(＝目を背けたくなる場面)もあるが、事実として知って欲しい。

・この記録映画は、「過去」の映像にも関わらず、『予言』(1982 平和博物館を創る会)という「未来」へ向けてのタイトルになっている。このタイトルの意味・映像の意味を考えながら見て欲しい。そして、中学校の社会科の授業での最後となる意見プリントを書いてもらいたい。

・なお、この映画の最後に、1 つの問いかけがおこなわれる。その質問に対しても、「何と答えればいいのか？」を考えて欲しい。そのことが意見プリントの内容にも、大きく関係してくるはずだ。

・そのためにも、最後の方のナレーションには、特に気をつけて聞いておくように！

▷〈 ビデオの視聴 〉

②・「戦争は終わっているのに、広島・長崎では、家族の死体を焼く火が絶えなかった」(26:00)とのナレーションがあった。

・広島・長崎では、「戦争は終わっている」のに、なぜ家族が死んでいったのか？

→放射線障害で・・・

③・放射線の恐ろしさは、その後も続くことにある。映画の前半は、原爆の爆風と熱線による被害が中心だったが、後半は放射能による被害が記録されていた。つまり、前半は「原爆」、後半は「原爆」と「原発」で起こることを伝えていた。この放射能による被害は、「原爆」でなくても、「原発」でも起きる(起きた)。

・そうすると、本当に「核」で地球を救うことができるのだろうか？

→できない・できる・・・？

④・原子力発電(核発電)は稼働させると、必ず放射性廃棄物をつくる。しかし、その放射性廃棄物を処理する技術を人類は、まだ持たない。現在、日本には 50 基の原子炉があるため、たとえ戦争が起きなくても、放射線の被害については、常に考えておかなければならない状況にある。そうした意味での「予言」でもあった。

今日、映画を観てもらったのは、言葉ではなく映像でしか伝えられないこともあるからだ。特に最後の場面などは、観る方も辛いが、観られる方はもっと辛く苦しかったことを想像できないといけない。

※・ビデオの視聴が終わりしだい、意見プリントを書かせる。

〈 参考文献 〉

安井俊夫「核危機の時代 ぼくらどう生きるべきか」『主権者を育てる公民の授業』あゆみ出版

〈 板書例 〉

〈 予言 〉
1 「予言」者からの問い
　　　　→ 何と答えるのか？

★授業〈 予言 〉について

　この授業で、中学校社会科の授業は最後となる。実施時期は、高校入試がおこなわれている最中になる。そのため、少し暗い教室（あるいは映写室）でのビデオ視聴は、受験勉強で疲れた生徒が眠気に襲われることもある。また、視聴させる映像（『予言』）には目を背けたくなるような場面もある。以上のような状況を考えると、「しっかり観るように」との指示も出しにくい。しかし、そうした指示がなくても、ビデオに見入っている生徒がほとんどである。それほど映像が強烈なのである。内容的にも、中学校での社会科授業を締めくくるのに適したビデオだと思っている。

　このビデオは、かつては核兵器（核戦争）について考えさせるためにのみ視聴させていた。しかし、今では原子力発電（＝核発電）とのかかわりでも視聴させている。核については、3.11の福島第一原発の事故から、本当に身近な問題、現実的問題として考えなければならないことだと感じているからである。特に、玄海原子力発電所のある佐賀県においては、本当に他人ごとではなく、核発電所の事故は、いつ起きるかわからない身近な問題なのである。そうした現実も踏まえて、生徒の将来について考えるきっかけをつくって社会科の授業を終わりたいとの考えの下、3年生の授業を終えている。

　なお、『予言』の映像には、生徒によっては直視できないような場面があるのも事実である。そのため、見ることを強制はしていない（視聴の途中で目をつぶったり手で覆ったりしている生徒がいてもそのままにしていた）。それでも、ここまでの授業の流れから、映像に見入る生徒がほとんどだった。しかし、近年、こうした映像を拒否して受けつけない生徒が出てくるようになった（まれにだが、最初から教室に入らない生徒も出てきた）。そのため、映像を観た生徒が、映像を観ることができなかった生徒に、映像を観ることの意味を少しでも伝えることができるようにと考えて、説明の内容を変更した。

　もっとも、これだけの説明でうまく伝えられるとは考えてはいないが、（映像を観るだけで授業のほとんどが使われるため）時間もない中、こうした映像を観る意味を伝えたいと考えてのことである。授業でも観ることを拒否するわけだから、日常の生活では、なおさらこうした映像を観る機会はないと思われる。そうすると、事実を知る機会はほとんどなくなるわけだから、友だちから間接的にでも知らせられたらとの思いである。こうした映像を見せた後には、生徒は大抵自分たちが観た内容について話題にしているからである。

　ＤＶＤ版『予言』は、各地の図書館視聴覚ライブラリーで貸し出されているほか、長崎平和推進協会のミュージアムショップでも入手できた。

公民　学習プリント〈国際社会：10〉

■20世紀も終わり近くになって、米・ソの首脳会議が開かれ東西の緊張が緩和され、冷戦が終結し、ソ連は崩壊して、世界情勢は大きく変化した。では世界が平和になったのか？　現在はテロとの戦いという戦争もあり、「どうしたら世界を平和にできるのか？」を一人ひとりが考えないといけない時代でもある。

1：【 記録映画『予言』はこうして出来た 】　　−あってはならない映像・忘れてはならない映像−

記録映画『予言』は、アメリカの公文書館で上映されることもなく眠っていたヒロシマ・ナガサキの惨劇の跡を撮影した映画フィルムを、一般市民の募金で買い取り、それをもとに記録映画を制作して世界に発信しようと立ち上がった市民運動によってつくられた。映画フィルム10フィート分（約3メートル）・1口3000円の買い取り費用を出し合うことによって進められたため、「10フィート運動」と呼ばれた。

2：【 これからの日本、これからの世界 】　　　　　　−みんなの未来は、みんなの手で！−

?

※さて、上の空白の部分には、どんな未来の姿が書き入れられるのだろうか？
　それは、君たち一人ひとりの手で、実際に書き上げていくことになるだろう！

公民 意見プリント 国際社会：10 〈予言〉

３年　　組　　号（　　）班：名前

◇次の質問に対して、自分の考えを書いてみよう！

・・

１．質問
◆最後に、記録映画『予言』を見て、未来を見つめ、考えて、自分の感想・意見を書き、社会科の授業の意見プリントのしめくくりとしよう（ あるいは、「預言者たちの眼に、何と答えるのか」を考えて意見を書いてみよう ）！

・・

２．中学校・社会科の授業での最後の意見プリント（ 未来を考えての「**自分の考え**」 ）

_____

_____

_____

_____

_____

_____

_____

_____

_____

■社会科の授業では、みんなが「これからの時代を、自分（ たち ）がどう生きていくべきなのか？」を考えることができる力をつけることを目標にやってきました。そのために、まず「事実」を知り、その事実について「考え」、そして、その考えを「表現」できるように、問答や班やグループでの話し合い活動をおこない、そこでの意見をもとに、各自で意見プリントに自分の考えを書いてきた。
そうしたことを踏まえ、これまで知った「事実」をもとに、中学校の社会科として最後の意見プリントに、しっかりと自分の考えを書いて欲しいと思っています。

田中　龍彦（たなか たつひこ）

1959年生まれ
現　在　嬉野市立塩田中学校教諭
住　所　〒849-1411 佐賀県嬉野市塩田町大字馬場下甲1956

続・討論する歴史の授業── 物語る授業と授業案づくり

2018年12月10日初版第1刷発行

著　者　田中龍彦

発行所　地 歴 社　　東京都文京区湯島2-32-6（〒113-0034）
　　　　　　　　　　　Tel03(5688)6866／Fax03(5688)6867

製本所／坂田製本　　ISBN978-4-88527-233-2 C0037

●地歴社の本 （本体価格）

討論する歴史の授業①〜⑤ シナリオ・プリント・方法　田中龍彦	各 2300 円
探究を生む歴史の授業〔上下〕プリント・資料付き　加藤好一	各 2300 円
歴史授業プリント〔上下〕生徒をつかむ　加藤好一	各 2000 円
歴史授業シナリオ〔上下〕"愛情たっプリント"付き　白鳥晃司	各 2500 円
日本史授業シナリオ〔上下〕わかる板書付き　河名 勉	2500 円
教師授業から生徒授業へ 社会科授業技術をどう活かすか　加藤好一	1900 円
学びあう社会科授業〔上中下〕加藤好一	各 2000 円
子どもの目でまなぶ近現代史　安井俊夫	2000 円
新・歴史の授業と板書　大野一夫	2000 円
新・美しい日本史ノート〔第 2 版〕上田 肇	1600 円
新・日本史授業プリント 付・ビデオ学習と話し合い授業　松村啓一	2600 円
資料で学ぶ日本史 120 時間 小松克己・大野一夫・鬼頭明成ほか	2500 円
〔授業中継〕エピソードでまなぶ日本の歴史①②③　松井秀明	各 2200 円
エピソードで語る日本文化史〔上下〕松井秀明	各 2000 円
学校史でまなぶ日本近現代史　歴史教育者協議会	2200 円
考える日本史授業・4 今求められる《討論する歴史授業》　加藤公明	2500 円
続・手に取る日本史教材 入手と活用　阿部泉	2000 円
日本史モノ教材 入手と活用　阿部泉	2000 円
新・公民の授業80時間 子ども・教材研究・資料と扱い方　大野一夫	2000 円
新・公民授業プリント　加藤好一	2500 円
新・世界地理授業プリント　加藤好一	2000 円
新・日本地理授業プリント　加藤好一	2500 円
地理授業シナリオ〔上〕謎解きプリント付き　春名政弘	2500 円
新・モノでまなぶ世界地理／日本地理　小田忠市郎	各 2000 円
中学校の地理 30 テーマ+地域学習の新展開　大谷猛夫+春名政弘	2000 円
やってみました地図活用授業 小学校から高校まで　加藤好一+ゆい	1200 円
〔授業中継〕最新世界の地理 国際感覚を育てる楽しい授業　川島孝郎	700 円
徹底探究！世界史ノート〔上〕鈴木法仁	1600 円
地図を書いて学ぶ世界史 世界地図を 5 秒で書いて考える 千葉歴教協世界部会	2200 円
世界史との対話 〔上中下〕70 時間の歴史批評　小川幸司	各 2500 円
世界史授業ライブ①〜⑥ 使えるプリント付き　河原孝哲	各 2000 円
新しい歴史教育のパラダイムを拓く　加藤公明／和田悠	3000 円

付録DVD▶PDF版『考える日本史授業1』『考える日本史授業2』授業記録映像付き